陆建华◇著

文典古籍丛书

仁礼与天性

孔子的思想世界

安徽师范大学出版社

ANHUI NORMAL UNIVERSITY PRESS

·芜湖·

图书在版编目(CIP)数据

仁礼与天性:孔子的思想世界/陆建华著. -- 芜
湖:安徽师范大学出版社,2024.12
ISBN 978-7-5676-6693-1

Ⅰ.①仁… Ⅱ.①陆… Ⅲ.①儒家—哲学思想—文集
Ⅳ.①B222.05-53

中国国家版本馆CIP数据核字(2024)第055838号

仁礼与天性:孔子的思想世界   陆建华◎著

RENLI YU TIANXING KONGZI DE SIXIANG SHIJIE

责任编辑:陈贻云   责任校对:戴兆国
装帧设计:王晴晴 冯君君   责任印制:桑国磊
出版发行:安徽师范大学出版社
　　　　　芜湖市北京中路2号安徽师范大学赭山校区
网　　址:http://www.ahnupress.com/
发 行 部:0553-3883578 5910327 5910310(传真)
印　　刷:安徽联众印刷有限公司
版　　次:2024年12月第1版
印　　次:2024年12月第1次印刷
规　　格:880 mm×1230 mm 1/32
印　　张:11.75
字　　数:238千字
书　　号:978-7-5676-6693-1
定　　价:56.80元

凡发现图书有质量问题,请与我社联系(联系电话:0553-5910315)

回到孔子：统合孟荀之路（代序）

李泽厚先生在 2017 年第 4 期的《探索与争鸣》上发文，提出"举孟旗行荀学"[①]，希望在尊孟的外表下发展荀学思想，意在打破唐宋以来"尊孟抑荀"的局面。于是，统合孟荀成为学术研究的新热点。为此，2020 年第 2 期的《文史哲》还刊发了郭沂、刘悦笛、梁涛等所写的关于"孟荀之争与统合"的一组笔谈。

从目前关于孟荀统合问题的探讨来看，多是从儒学的现代重建维度谈孟荀的价值，从儒学发展史的维度谈历史上孟荀地位的变化。这局限于孟荀统合的外围，或者说没有直面孟荀统合本身。关于孟荀统合的方法，一般主张对于孟荀作同等看待，既不可以孟统荀，也不可以荀统孟，否则，就成了孟学吞并荀学，或者荀学吞并孟学。关于孟荀统合的具体做法，有学者从孟荀共有的范畴维度予以尝

[①] 李泽厚：《举孟旗 行荀学——为〈伦理学纲要〉一辩》，《探索与争鸣》2017 年第 4 期，第 58—62 页。

试，试图通过对孟荀思想中天、性、情、心等的统合来统合孟荀。这种尝试值得重视。

李泽厚、刘悦笛在《关于"情本体"的中国哲学对话录》中提出"孟荀统一于孔子"[①]，有学者据此认为这也可以作为统合孟荀的方法。其实，孟荀出于孔子，而不是统一于孔子。不过，李泽厚等人的说法还是给我们以启发，那就是，我们可以从孔子的视角统合孟荀，或者说立足于孔子哲学统合孟荀。简言之，就是通过"回到孔子"来统合孟荀。

一

我们知道，孔子虽说"吾道一以贯之"（《论语·里仁》），但是，未明言其一以贯之之道究竟是什么，曾子虽说"夫子之道，忠恕而已矣"（《论语·里仁》），但是，这并不准确，不足为据。后人对于孔子之道的理解，有仁、礼、仁和礼等说法。客观上，把孔子之道理解为仁或礼，都不足以概括孔子哲学的核心，因为孔子哲学既具有仁学性质，也具有礼学性质；把孔子之道理解为仁和礼，虽然能够概括孔子哲学的仁学和礼学性质，但是，说孔子哲学具有两个核心，等于说没有真正的核心。这就使得孔子哲学虽有丰富的内容，包括仁学和礼学，涉及形上

[①] 李泽厚、刘悦笛：《关于"情本体"的中国哲学对话录》，《文史哲》2014年第3期，第22页。

层面的天和性，人生层面的圣人和君子，政治层面的德治和礼治等丰富内容，但至少在形式上没有内在的逻辑结构，没有明晰的逻辑体系。此外，"夫子之言性与天道，不可得而闻也"（《论语·公冶长》），导致孔子哲学中关于天道、人性等重要领域的论述语焉不详，引起后世儒学的兴趣，也引起后世儒学的纷争。这些，都给后世儒学的发展带来了某种不确定性。

不过，孔子哲学的上述缺点在给后世儒学发展带来某种不确定性，使得后世儒学在某些重要方面可能会呈现向相反的方向发展趋势的同时，又恰恰给后世儒学带来了广阔的发展空间和高度的自由。

孔子之后，儒学至孟子、荀子而有大发展。孟子继承并发扬了孔子的仁学思想，建构出以仁为核心，以人性善为特色的哲学体系；荀子则继承并发展了孔子的礼学思想，建构出以礼为核心，以性恶论为特色的哲学体系。从而将孔子哲学中难以融为一体的仁、礼两面割裂开来，将儒学带入两个明显不同的发展方向。他们的性善论与性恶论，更是给秦汉以来的儒学家出了难题。

秦汉以来的儒学发展，大体沿着归本孔子、兼容孟荀的模式，就兼容孟荀而言，大体有以孟为主、吸纳荀学与以荀为主、吸纳孟学的模式，只是以孟为主、吸纳荀学的模式更为普遍，更有影响。但是，无论是以孟为主、吸纳荀学，还是以荀为主、吸纳孟学，在立场上都是失之偏颇的，都有以一方为准，而排斥另一方的明确目的。

二

由于历史上儒学的发展兼有以孟为主、吸纳荀学的模式和以荀为主、吸纳孟学的模式，而且这两种模式都没有处理好孟荀关系，学者们在讨论当代儒学的新发展时便提出了统合孟荀的设想，意在客观、平等地看待孟学和荀学在当代新儒学建构中的作用。问题是，统合孟荀，在孟荀的选择上肯定会不自觉地有所侧重，对二者作绝对的同等看待是不可能做得到的。我认为，与其计较统合孟荀时立场上的"中立性"，计较统合孟荀时孟、荀各自的地位、各自所占的"份额"，不如回到孟、荀共同的思想之源，也即"回到孔子"，以孔子哲学为坐标，对孟、荀哲学作出整合，既消除孔子哲学中固有的缺憾，又将孟、荀合并、融合为一个完整的哲学体系，从而打造出一个新的儒学体系。具体做法如下：

在孔子的哲学中，天是最高范畴，具有明显的主宰性与道德性，但是也有一定的自然性，不过，孔子没有将天作为其哲学的基石，没有将仁、礼等与天相联系，造成其哲学缺乏内在的逻辑，其仁学和礼学的紧张，以及缺乏形上根据。孟子改变了这一现象，凸显天之主宰性与道德性，并以天为其仁学的最高依据，但是忽视了礼。荀子则张扬天的自然性，割裂天与礼的联系，使其礼学缺乏形上依据，同时忽视了仁。统合孟荀，从哲学核心的层面看，就是要重塑天的至上性，同时赋予其道德性和自然性，并且使其道德性和自然性处于同等地位，将其作为仁和礼共同的基石和形上根据，化解孔子哲学中仁和礼不该有的紧张。

孔子虽然言及人性，也仅留下"性相近也，习相远也"（《论语·阳货》）一语，并未明言人性的内容与善恶，更没有将其与其仁学及礼学相关联。孟子为了建构其仁学体系，强调人性善，为此将人性的内容主要确定为"德"；荀子为了建构其礼学体系，强调人性恶，为此将人性的内容主要确定为"情""欲"。从孟、荀人性论反观孔子人性论，并结合孔子关于道德和情、欲的相关论述，可以推测孔子人性论有性善与性恶、以"德"为性与以"情""欲"为性这两种倾向。统合孟荀，从人性层面看，就是要立足于"性相近也，习相远也"（《论语·阳货》），将人性的内容整合为"德""情""欲"，将人性的价值指向的确定性改变为不确定性，使之具有向善与向恶这两种趋向。

孔子哲学在人生层面强调通过对于仁的践行达至君子乃至圣人，孟、荀对于孔子所提出的君子、圣人的理想人格是认可的，他们的不同之处在于如何达到君子、圣人的理想境界，也即达至君子、圣人的路径。孟子认为这路径是"由仁义行"（《孟子·离娄下》）和"养心"（《孟子·尽心下》），荀子认为这路径是"化性而起伪"（《荀子·性恶》），学礼、守礼。统合孟荀，从理想人格的层

面看，就是要在坚守孔子守德行仁的前提下，在道德上践行仁义，在政治上遵守礼义，并将遵仁守礼的外在行为与心性的内在修养相结合。

孔子哲学意在为政治服务，实现其政治理想，为此，孔子在政治层面提出德治和礼治这两种主张。孟子将孔子的德治主张发展为既具有理论深度，又具有可操作性的仁政，荀子将孔子的礼治主张进一步系统化，并融入法的因素。统合孟荀，从政治层面看，就是要将孟子的仁政和荀子的礼治融为一体，在孔子"道之以德，齐之以礼"（《论语·为政》）的基础上，妥善处理好仁、礼关系，在仁与礼之间，让仁处于礼的约束之下，建构出以礼为治国之道的礼主仁辅的政治模式；或者让礼处于仁的约束之下，建构出以仁为治国之道的政治模式。

这样，以"回到孔子"的路径、方式统合孟荀，所统合出的新的儒学体系，就以天为最高存在和核心范畴。从逻辑的层面看，由天而有仁和礼，由仁和礼的内在化以及情、欲而有人性内容的复杂性和人性的善恶倾向，由对仁和礼的修持、遵守而有圣人、君子等理想人格，由仁和礼在政治领域的并用而有具有仁政特色的礼治或具有礼治特色的仁政。这样，仁和礼从本原上讲来源于天，从人自身来说又存在于人之"内"。这么看，通过"回到孔子"，既解决了孔子哲学中缺乏内在逻辑的缺点，又解决了孟荀各执一偏的缺点。

（原载《中国社会科学报》2021年9月28日，有改动）

目　录

第一辑

孔子的自然世界

　　孔子的智慧除了出自三代礼乐文化，还来源于自然界，得益于自然万物的启发。可以说，对自然万物的认知，是孔子智慧的重要源泉。比如，孔子云"为政以德，譬如北辰，居其所而众星共之"（《论语·为政》），就是通过对北极星的认知，从北极星安居于自己的位置，周围的星辰围绕、拱卫北极星而获得启发，论证"为政以德"即德治的价值。孔子对自然万物的认知，构成了孔子视界中的自然世界。孔子认为，自然世界大体而言由天地雷风水火山川与草木鸟兽等所构成。在天地雷风水火山川与草木鸟兽之间，孔子更重视前者，这与其精通《易经》有关①。《易经》八卦为乾、坤、震、巽、坎、离、艮、兑，分别象征天、地、雷、风、水、火、山、泽等。当然，也与天地雷风水火山泽本身在自然界中所处的重要位置，以

---

　　① 孔子曾云："加我数年，五十以学易，可以无大过矣。"（《论语·述而》）

及对于人类的重要性有关。还有，与人类无力驾驭天地雷风水火山泽，在天地雷风水火山泽面前无能为力有关。

一

在自然世界中，孔子认为天是最为重要、高贵而伟大的存在，所以，孔子论天最为细密。孔子曰："大哉，尧之为君也！巍巍乎，唯天为大，唯尧则之。荡荡乎，民无能名焉。巍巍乎其有成功也，焕乎其有文章。"（《论语·泰伯》）因天之高贵与伟大而将尧与天相联系，认为尧之所以能够成就伟业，成为圣明的君主，就是因为尧遵从、效法天，而其他人不懂得遵从、效法天。这里，孔子以"唯天为大"，界定天与万物、天与人的差别，说明天之于万物、之于人的优越性乃至主宰性的根源就在于天是最"大"的存在。这种"大"不仅在于形体或曰存在意义上的"大"，还在于价值意义上的"大"。当然，天之价值意义上的"大"基于其存在意义上的"大"。正因为如此，人类对天有崇拜与服从的心理，于是，使得天具有自然与宗教之双重意蕴。[①] 在存在意义上，天是自然的，是自然存在；在价值意义上，天是宗教的，是宗教存在；在天的

[①] 不仅孔子心目中的"天"具有自然与宗教的双重意蕴，老子心目中的"天"也是如此。参见陆建华：《自然与宗教的双重存在——对老子之天的考察》，《江西社会科学》2014年第3期，第5—10页。

自然属性与宗教属性之间，自然属性是更为根本的，因此，在逻辑上天首先是自然之天，然后才是宗教之天，而在时间维度，天的自然性与宗教性则是同时的，且是不可分割的。

由于天的高贵而伟大，孔子在教育弟子时曾用"天"作喻："子曰：'予欲无言。'子贡曰：'子如不言，则小子何述焉?'子曰：'天何言哉? 四时行焉，百物生焉，天何言哉?'"（《论语·阳货》）[1]孔子长于言传，也长于不言之教。孔子的"无言"意在培养弟子独立思考的能力，针对子贡的疑虑，孔子谓自己的"无言"之教源于天的启发。在孔子看来，天"无言"，不安排、干涉四时之行、百物之生，但是，四时按其规律而运行，百物按其规律而生长。单纯从四时按其规律而运行、百物按其规律而生长来说，四时、百物可以自我决定，不受也不需天之所命，天无疑是自然的；从天与四时、百物的关系来说，天不曾言，而四时、百物都能够合乎天意，按其规律同时在本质上也是遵从天意而运行、生长，天又是宗教的。这如同孔子与子贡的关系，孔子希望子贡独立思考，懂得学而思，但是，子贡的学而思则又是自觉遵从孔子之意愿的。

基于天的宗教性、主宰性，孔子曰"获罪于天，无所

孔子的自然世界

---

[1] 关于此处之"天"的本质，"有人认为这是说，天虽然不讲话，操纵着自然界四时的变化和万物的生长，仍是个有意志的天。也有解释为，天没有意志，能说什么呢? 天不过是不断运行着的自然界罢了"。参见肖萐父、李锦全主编：《中国哲学史纲要》，外文出版社2000年出版，第47页。

祷也"（《论语·八佾》），认为违反天意，其过失是不可以弥补的；子路对孔子有误解时，孔子以天为誓，表明自己的清白："子见南子，子路不说。夫子矢之曰：'予所否者，天厌之！天厌之'"（《论语·雍也》）；孔子最得意的弟子颜渊死，孔子悲痛至极，以天意来解释颜渊之死："颜渊死，子曰：'噫！天丧予！天丧予'"（《论语·先进》）。基于此，孔子弟子子夏曰"商闻之矣：死生有命，富贵在天"（《论语·颜渊》），认为天决定人的命运、人的现实处境，决定人的自然存在（生死）、人的社会存在（富贵）。孔子又曰"吾谁欺？欺天乎"（《论语·子罕》），"君子有三畏：畏天命，畏大人，畏圣人之言。小人不知天命而不畏也，狎大人，侮圣人之言"（《论语·季氏》），认为天不仅"善"，而且"智"，因此，天命不可违，天不可以被欺骗，君子要懂得并敬畏、顺从天命，从而在敬畏、顺从天命中成就自己。

由于天的高贵与伟大，孔子自觉地将自己与天相联系，而敬重孔子的人也主动将孔子与天相联系。"天生德于予，桓魋其如予何"（《论语·述而》），"文王既没，文不在兹乎？天之将丧斯文也，后死者不得与于斯文也；天之未丧斯文也，匡人其如予何"（《论语·子罕》），"不怨天，不尤人。下学而上达，知我者其天乎"（《论语·宪问》），这些都是孔子在其人生困顿乃至绝望时所说的话，将自己的文化使命、政治使命、道德使命等说成是天意。这是用天来解脱自己的困境，为自己提供精神动力和信仰支撑，同时，也是自我神化，在天人关系境域将"我"与他人分别开来——"我"可以沟通天、人，从天那里获得旨意，他人则与天相隔。仪封人曰"天下之无道也久矣，天将以夫子为木铎"（《论语·八佾》），子贡曰"固天纵之将圣，又多能也"（《论语·子罕》），"夫子之不可及也，犹天之不可阶而升也"（《论语·子张》）。仪封人认为孔子的政治使命出自天意，孔子弟子子贡认为孔子成为圣人也是出自天意。这是"他人"对孔子的神化，从天人关系维度将孔子与他人区别开来。由于孔子是天意的承载者、实践者，孔子与常人的圣、凡之别犹如"天"、人之别。

天在孔子看来，不是空洞的存在，它是由日月星辰等所构成的。所以，孔子论天，也论及日月星辰等。孔子曰"为政以德，譬如北辰，居其所而众星共之"（《论语·为政》），"回也其心三月不违仁，其余则日月至焉而已矣"（《论语·雍也》），注意到了日月的运转、变化及其规律以及不同星辰的位置，并将之称作"天道"（《论语·公冶长》）。洞悉孔子之天由日月星辰等所构成，孔子弟子子贡论述君子之过、评价孔子时论及日月："君子之过也，如日月之食焉。过也，人皆见之；更也，人皆仰之。"（《论语·子张》）"仲尼不可毁也。他人之贤者，丘陵也，犹可逾也；仲尼，日月也，无得而逾焉。人虽欲自绝，其何伤于日月乎？多见其不知量也。"（《论语·子张》）这表明，日月虽有日食、月食，但是，不损害其光

明与伟大；日月之伟大是人力所无法撼动的，也是"丘陵"之类所无法比拟的。

这样，孔子论述天，并非把天看作与"人"无关的存在而作纯粹客观的、科学的论述，孔子主要是从天人关系的视角、从天的价值之维论述天之于人的意义。在孔子看来，天是自然世界中最为伟大而高贵的存在，乃由日月星辰等所构成；天高居于人之上，具有自然与宗教双重属性；在天与人之间，天主宰人，人必须信奉、崇拜天，从天那里获得道德、智慧与力量。

二

在天地之间的自然万物中，孔子最看重水、火、山、川、风、雷等与人类关系密切，且具有代表性的自然物。这些自然物虽然没有生命，但却是人类生存与发展所必需的。孔子论述水、火、山、川之时，有时水、火连用，有时将山、水对比。这是其论述水、火、山、川的特点或曰方式。孔子论述风、雷，也有一处将风、雷并举。

关于水、火，孔子曰："民之于仁也，甚于水火。水火吾见蹈而死者矣，未见蹈仁而死者也。"（《论语·卫灵公》）这是水、火连用，从人的生存维度论述水、火之于人的基础性作用与根本性价值，同时指出水、火之于人的潜在危害性，要求人们避免水、火的伤害。这样，从人的维度审视水、火，水、火既是人类生存所必需的基本的物质条件，又是人类死亡之可能的外在原因。不过，孔子在此并未涉及水、火自身的本性，而是侧重于水、火的实用价值的阐释，以及水、火的负面作用的说明。

关于山、水，孔子曰："知者乐水，仁者乐山；知者动，仁者静；知者乐，仁者寿。"（《论语·雍也》）这是将山、水对比，谓水本质上是动态的存在，水的本性是"动"，又同时论述山本质上是静态的存在，山的本性是"静"。就山、水与人的关系来说，孔子认为智者偏爱水，从水之"动"中获取人生智慧，并因此而享有快意人生；仁者偏爱山，从山之"静"中获得道德给养，并因此而拥有长久的人生。关于水之"动"的本性，孔子在论述水之一种——"川"时，也有论述。"子在川上曰：'逝者如斯夫，不舍昼夜'"（《论语·子罕》），谓水本质上是流动的存在，水的本性是"动"，水之动是永恒的，永不停息的，犹如岁月，犹如时光。这里，孔子不仅论述了山、水的各自本性，而且还论述了山、水的各自本性中所隐喻的人生智慧；孔子不拘限于山、水之于人类的实用价值，还发掘其之于人类生命追求的启迪，"在山水审美中把握到了最深的道德境界"①。

另外，孔子除了关注普遍意义上的"山"，还关注特殊的"山"——泰山。孔子与弟子冉有的如下对话可以作证："季氏旅于泰山，子谓冉有曰：'女弗能救与？'对曰：

---

① 徐仪明、蒋伟：《论孔子山水思想中的仁学内涵》，《河南师范大学学报》（哲学社会科学版）2013年第6期，第2页。

'不能。'子曰：'呜呼！曾谓泰山不如林放乎？'"（《论语·八佾》）按照周礼，只有天子才可以祭祀泰山，作为鲁国大夫的季氏祭祀泰山，明显违背周礼，泰山神是不会接受的。这里，泰山不仅仅是自然之山，而且还是宗教之山、政治之山，有其特别的宗教与政治使命。

还有，水之至大者为"海"。海是古人不可战胜的，同时也存在于统治者的势力范围之外。孔子将人类意志所不能及且无法居住的海视作人生的自由之地、心灵的最后港湾。孔子曰"道不行，乘桴浮于海，从我者其由与"（《论语·公冶长》），在人生失意之时，在走投无路之时，想到的只有海——唯有海之宽广的胸怀、无声的柔情，能够安顿迷茫与失落的人生，能够给人以自由的向往。水之聚集形成江河湖海，孔子对普遍意义上的"河"没有特别在意，而是关注特殊的"河"——黄河。孔子曰："凤鸟不至，河不出图，吾已矣夫！"（《论语·子罕》）传说伏羲盛世，龙马从黄河中出现，背上有八卦图。所谓"河出图"，乃圣王明君将要出现时的祥瑞之征兆，而"河不出图"，说明道丧世衰。这里，黄河不仅是养育中华民族的自然之河、母亲之河，还是昭示中华民族前途命运的政治之河，被赋予超越自身、超越自然的"魔力"。

关于风、雷，孔子曰："迅雷风烈必变。"（《论语·乡党》）在遇见迅雷、狂风时改变神色，诚惶诚恐，表示对迅雷、狂风的敬畏。这种敬畏是基于迅雷、狂风之于自然万物的破坏性、之于人类的危害性，更是基于人类在迅雷、狂风面前的无力与无助。孔子曾以风与草的关系类比君子与小人的关系曰："子为政，焉用杀？子欲善而民善矣。君子之德风，小人之德草，草上之风必偃。"（《论语·颜渊》）这可以看出，在自然界中风向决定草的倾斜方向，风的大小决定草的倾斜程度，草在风面前是被动的存在，只能"偃"。扩而言之，自然万物之间有其联系，自然万物之间的联系可以呈现为决定与被决定、主宰与服从的关系，比如，风与草之间的联系就是如此。

天因其神圣而被信仰，天地之间的水、火、山、川、风、雷等因其不可战胜而被敬畏。面对水、火、山、川、风、雷等，孔子希望人们顺应之、利用之，而不是抗拒之。由此，孔子弟子曾点言其志向曰："莫春者，春服既成，冠者五六人，童子六七人，浴乎沂，风乎舞雩，咏而归。"（《论语·先进》）孔子肯定道："吾与点也。"（《论语·先进》）试想，在沂水边洗浴，在舞雩台上吹风，享受绿水、春风，这是何等畅快！这种人与自然的和谐相融，"人对自然的敬意"①，何其美妙！

这样，孔子论述水、火、山、川、风、雷等，主要基于这些自然物之于人类的重要性，基于人类对这些自然物的敬畏。在孔子看来，水、火、山、川、风、雷等不是单纯的外在于人类的存在，不是与人类"无关"的存在，而

---

① 张妮妮：《敬意的自然观：怀特海和孔子的进路》，《自然辩证法研究》2007年第8期，第1页。

是进入人类"生活"并且"干涉"人类生存的存在。因此，水、火、山、川、风、雷等不仅仅是自然的存在，而且还有着道德的、政治的意味。

三

对于"地"，孔子没有从总体上加以论述，更没有将其与天并举。孔子关注的是"地"上的万物，尤其是"地"上的草木鸟兽等自然物。这些自然物同人类一样，同属生命存在，也是人类生存与发展所必需的。因此，孔子鼓励弟子"多识于鸟兽草木之名"（《论语·阳货》）。

关于鸟、兽，孔子曰"鸟兽不可与同群"（《论语·微子》），认为人类作为自然万物中高贵的存在，是不可以与鸟兽同群、不可以与鸟兽相伴的，人类与鸟兽各有其本性、生活方式等。这里，孔子并没有如道家那样视鸟兽为人类的伙伴，而是在人类与鸟兽之间"划清界限"，突出人之于鸟兽的优越性。就兽类而言，孔子没有具体论述。具体到鸟类，孔子关注过雌雉和凤鸟。前者是普通的鸟，后者是特殊的鸟。《论语·乡党》载："色斯举矣，翔而后集。曰：'山梁雌雉，时哉时哉！'子路共之，三嗅而作。"这描写的是孔子、子路师徒与雌雉的相遇。在此相遇中，孔子、子路师徒与雌雉彼此友善，雌雉在"翔""集""作"中展示其悠然自得的生存状态。从孔子"山梁雌雉，时哉时哉"的慨叹中，似乎可以看出，孔子感叹人世间的不如意，羡慕雌雉的自由自得，无牵无碍；孔子心目中的自然世界中的飞鸟是自由的，由飞鸟等所构成的自然世界也是自由的。关于凤鸟，孔子曰："凤鸟不至，河不出图，吾已矣夫。"（《论语·子罕》）凤鸟是传说中的神鸟，凤鸟至与河出图，都是圣王明君将要出现时的祥瑞之征兆，而"凤鸟不至"，说明世道衰微。这里，凤鸟不是一般的、普通的鸟，而是被神化为预兆中华民族前途与未来的神圣之鸟。

由于孔子关注鸟，孔子弟子曾子也关注鸟。曾子在生病时曾曰："鸟之将死，其鸣也哀；人之将死，其言也善。"（《论语·泰伯》）曾子认为鸟类虽然自由自在，可以通过飞翔躲过"他者"尤其是人类的侵扰，但是，作为有限的存在，鸟类有其生，也有其死，有其生之"乐"，也有其死之"哀"。鸟类的死之"哀"，通过其最后的凄切而惨悲的声音表达出来。这声音无论大小、强弱、长短、缓急，传达的只有一个"哀"字。

关于草、木，孔子仅仅从总体上论述草，谓"草上之风必偃"（《论语·颜渊》），认为风的方向与大小决定草的倾斜方向与倾斜幅度。但是，孔子没有从总体上论述"木"。其弟子子夏则曰"譬诸草木，区以别矣"（《论语·子张》），认为草木之类需要分门别类，加以区分。孔子所关注的是具体的一草一木，比如松柏、禾苗等。关于松柏，孔子曰"岁寒然后知松柏之后凋也"（《论语·子罕》），认为所有的树木在春夏秋季都会郁郁葱葱，但

是，只有松柏经得住风霜严寒，在冬季依然挺拔屹立、苍翠欲滴。这是松柏的特点，也是其区别于、优越于其他树木的地方。当然，孔子在此有以松柏喻人格的意思，我们姑且不论。关于禾苗，孔子曰"苗而不秀者有矣夫，秀而不实者有矣夫"（《论语·子罕》），认为禾苗不一定都能吐穗扬花，即使吐穗扬花也不一定都能灌浆结实。这说明，庄稼的生长不是一帆风顺的，即便外在的自然条件良好，即便有人类的辛勤耕耘，自身也会出现问题。另外，《论语》中有一处引文曰"唐棣之华，偏其反而"（《论语·子罕》），描写唐棣花开，翩翩摇摆的样子。

"地"上的草木鸟兽等不似水、火、山、川、风、雷等不可战胜，更不似"天"那样充满神性，孔子因而对草木鸟兽等没有敬畏之心，相反，草木鸟兽等乃人类重要的生活资料，在人类的制约之下。为了人类能够获取持久的生活资料，孔子提出"钓而不纲，弋不射宿"①（《论语·述而》），不拉网捕鱼，不射击归宿的鸟，让鱼、鸟等得以休养生息，不因人类的捕捉而减少。当然，孔子此语也有爱护自然、怜悯万物之意。

这样，孔子论述"地"上的草木鸟兽等，多数情况下出于有感而发，所以其所论述的草木鸟兽等多是具体的。

---

① 谢翠蓉、李承宗认为："这里用了两个'不'字，意思有两层：一是孔子的仁爱思想的表示，二是他去除破坏自然环境的'恶'之情的表达。"（谢翠蓉、李承宗：《孔子自然哲学观中的生态伦理意蕴》，《孔子研究》2010年第6期，第29页）其实，这是把孔子的观点伦理化了。

在孔子看来，鸟类是自由的存在，其栖息与飞翔等从容自如，无不是肆意而为；树木繁多，各有其性，只有松柏四季苍苍，有凛然正气；禾苗的生长除了外在条件之外，更取决于其内在的因素。

由上可知，孔子没有论及自然世界的由来，而是着重论述自然世界的构成。孔子认为自然世界由天地万物所构成，包括无生命的世界和生命世界这两个组成部分。无生命的世界主要由天、水、火、山、川、风、雷等所构成，是人类所无法战胜的，为人类提供最基础的生存环境，其中，天由日月星辰构成，既是自然的存在，又是宗教的存在，还为人类的生存提供信仰支撑。生命世界主要由草木鸟兽等构成，是人类可以控制的，为人类的生存提供物质基础。简言之，在孔子那里，自然世界是从人的视域所观照的世界，自然世界与人类息息相关，是人类生存的依靠，此与老子理解的自然世界有着根本区别。老子理解的自然世界虽然也是由天地万物所构成，但是老子致力于对自然世界的本原的追寻，并且从自然本身的视域观照自然世界。①

（原载《兰州学刊》2017年第11期，有改动）

① 陆建华：《老子的自然世界》，《鹅湖》2013年第10期，第28—32页。

　　每个人都有属于自己的天空，每个人的智慧都体现在自己所塑造的天空中，每个人都活在自己的天空中。是天空而不是别的，给予人活着的勇气和理由。孔子的天空，是至高无上的存在，所以，他说："大哉，尧之为君也！巍巍乎，唯天为大，唯尧则之。荡荡乎，民无能名焉。巍巍乎其有成功也，焕乎其有文章。"（《论语·泰伯》）这是借赞颂尧来称颂天。尧的功绩崇高而伟大，就在于其效法天，以天为则。尧之所以效法天、以天为则，并能够取得如此丰功伟绩，深得民众的爱戴，恰是因为天是这个世界上最高从而也最伟大的存在，主宰着同时也支撑着万物和人类。

　　正因为天是至高无上的存在，主宰、支撑着万物和人类，所以，孔子把人生的苦难归结为天意，例如，颜渊死，孔子不停地说："天丧予！天丧予！"（《论语·先进》）孔子遇事还指天为誓，例如，子路怀疑孔子见南子有不正当行为，孔子发誓曰："予所否者，天厌之！天厌之！"（《论语·雍也》）孔子还把自己的某些行为理解为效法天意，例如，孔子一向循循善诱，诲人不倦，有一天居然说"予欲无言"，子贡不解地问道："子如不言，则小子何述焉？"孔子答道："天何言哉？四时行焉，百物生焉，天何言哉？"（《论语·阳货》）以天不言、天无所为而天所关照下的四时、百物却能既顺从天意，又自主发展，实现四时行、百物生的美好状态，说明自己"无言"，行不言之教，是仿效乃至顺应天意，意在鼓励弟子们独立求知，独自发展。

孔子对天的上述解读和利用，并未超越前人。可以说，此是孔子的天空和他人的天空的共性，或者说，此是孔子和他人共同的天空、共有的世界。以天为最高主宰，把人生的一切幸福和苦难归源于天、归源于大的福佑和惩罚，这是当时的"常识"。孔子超越前人的地方在于把天空和自己直接联系起来，让自己成为天意的选择者、承担者和实践者。这样，在经过"绝地天通"之后，孔子为了肩负起道德与文化使命，让自己超越了自身的限制，获得了与天沟通的权力。桓魋想谋害孔子，孔子说："天生德于予，桓魋其如予何？"（《论语·述而》）这明显是以天意承担者自居，并且把自身的德性视作天之所与。既然是天意的承担者，甚乃天意的化身，而天又是至高无上的，人间的坎坷就不足畏，并且人间的坎坷也就不再是坎坷。这里值得注意的是，天在具有主宰性的前提下被塑造为道

德性存在，于是才有天之"德"下落而为人之"德"。孔子路过匡，匡人误以为孔子就是他们所憎恨的阳虎，将孔子围困起来，孔子说："文王既没，文不在兹乎？天之将丧斯文也，后死者不得与于斯文也；天之未丧斯文也，匡人其如予何？"（《论语·子罕》）此处，孔子所言虽是疑问句，实则是以天意的选择者、实践者自居。天要让周代的礼乐文化得以传承下去，孔子认为自己是不二人选。既然如此，被天所主宰的匡人岂能谋害天所选择的孔子？这里，天在具有主宰性的前提下又被塑造为政治性存在，于是才有天对于人世间为政之道的抉择。

孔子这种连接天人，以天意的选择者、承担者和实践者自许的思路，不仅影响了自己的弟子，还影响了同时代的其他人。太宰问子贡曰："夫子圣者与？何其多能也？"子贡毫不犹豫地回答："固天纵之将圣，又多能也。"（《论语·子罕》）这是说，孔子能成为圣人、孔子多才多艺，表面上看是后天的、人为的，是其学而不厌、好学深思的结果，实乃先天的、与生俱来的，是天之所赐、天意所在。仪封人拜见孔子之后说"天下之无道也久矣，天将以夫子为木铎"（《论语·八佾》），无疑将孔子当作传达天意，受天托付，改变天下无道局面从而拯救天下的救星。

由于孔子弟子视孔子为天意的传达者、天意的化身，孔子在弟子中的形象就不免被神化。例如，子贡在叔孙武叔诋毁孔子时说："他人之贤者，丘陵也，犹可逾也；仲尼，日月也，无得而逾焉。"（《论语·子张》）再如，在陈子禽以为子贡比孔子贤能时，子贡说："夫子之不可及也，犹天之不可阶而升也。"（《论语·子张》）前者，子贡将孔子比作天空中最为明亮、耀眼的日月；后者，子贡将孔子直接比作至上、高贵的天空。这样，作为圣人的孔子不仅是人世间道德的偶像、人们效法的对象，还升任人世间道德的天，成了永远不可以企及的高高在上的被仰望者、被膜拜者。这样，孔子就从"人"被神化为"神"，进而被神化为"天"，成为他人的天空以及他人所仰望的天空，恐是孔子本人也想象不到的。

由此可见，孔子之"天"既是空间即自然意义上最高的存在，也是"神"即主宰意义上至高的存在。作为主宰性存在，天具有道德与政治双重意蕴。在孔子那里，天是人的行为的示范者，是人间道德的施予者，也是社会政治的决定者；天是人类的依靠和支撑者，是人间赏善罚恶的裁判者，也是人类共有的"神"。孔子通过天人交通的路径，将自己与天相联系，在昭示天的神意的同时，也把自己神化。孔子后来被神化为"神"、神化为他人的"天"，都与此有关。

（原载《中国社会科学报》2017年8月22日，有改动）

孔子的天空

孔子之礼学

　　礼崩乐坏是春秋末期政治和文化的基本特征，礼的存废是思想家们论辩的重心。对待礼的不同态度直接导致不同学派的产生，决定不同学派的学术旨趣。孔子认为社会政治之乱，根源在于礼的毁坏与丧失，变乱为治的唯一手段就是重新拾起被毁弃的礼，恢复礼治。为此，孔子从三代之礼的相因与损益入手，承认三代之礼在礼仪层面的变化发展，坚持三代之礼的宗法等级性，宣扬三代之礼的治世价值，鼓吹礼治为治世良方；在礼失却强制性，越礼违礼难以禁止的情形下，试图以德为礼的支撑和约束力量，以血亲之情为礼的基础。另外，孔子还固守《韶》《武》等旧乐，批评新乐。这些观点，大体上构成了孔子礼学的基本框架和基本内容。

一

夏、商、周三代都实行礼治。但是汤武等圣王统治天下开创了王道盛世的局面，桀纣等昏君为政却上演了亡乱天下的悲剧。这说明作为治道的礼的政治作用具有两面性，国家的治乱存亡取决于君而不取决于礼，或者说，取决于君和礼双方而不仅仅取决于礼。春秋后期，礼崩乐坏愈演愈烈，诸侯争霸不可避免，礼治的合法性即礼的政治价值受到质疑，弃礼"变法"的序幕由此拉开。孔子则以天下的"有道"与"无道"来解读三代的盛衰治乱，化解礼治在理论上的危机，他把汤武的强盛归结为施行礼治，桀纣的败亡归结为背弃礼治。这样，国家的盛衰存亡取决于礼而不取决于君，礼之于三代乃不可替代的理想的治道；三代之治体现的是礼的政治价值，而三代之乱反衬的也是礼的政治价值。

在弃礼与复礼的争辩中，孔子弟子子张对礼治前途表示担忧，对周之后治道的选择充满疑虑，试图通过寻问未来的治世之道是否可以预先知道的方式追问未来的治世之道究竟是什么。孔子坚守礼治立场，在礼不仅是三代之治道，而且还是周之后的治世之道的逻辑前提下，通过夏、商、周之礼的继承性推论未来的治道是礼，未来的礼可以预知，未来的礼应该是什么。《论语·为政》载之曰："子张问：'十世可知也？'子曰：'殷因于夏礼，所损益可知

孔子之礼学

二一

也；周因于殷礼，所损益可知也。其或继周者，虽百世可知也。'"这里，面对子张"十世可知也"的疑问，孔子由夏以礼治天下、商以礼治天下、周还是以礼治天下，已有的所有的朝代都以礼治天下，论证周之后的统治者、周之后的王朝依然还会以礼治天下；就是说，孔子由礼是夏、商、周的治世之道，也即由礼是有阶级有国家以来所有的朝代的治世之道，论证礼一定是周之后的治世之道。另外，孔子由夏礼与商礼以及商礼与周礼的相因与损益关系，论证由夏礼可推知商礼、由商礼可推知周礼，由周礼可推知周之后的礼，从而最终论证"百世可知"。而且，这"百世可知"包括"百世"的治道可知——治道是礼，"百世"的治道（礼）的具体内容可知——这礼是对周礼因袭与损益后的礼。这样，子张"十世可知也"的疑问，被孔子"虽百世可知也"的回答所化解，礼由三代时的特殊的治道上升为超越历史时空限制的、人类长久的乃至唯一的治道；礼治由三代的政治模式扩大并普遍化为人类唯一的政治模式。

值得注意的是，孔子提出的"殷因于夏礼，所损益可知也；周因于殷礼，所损益可知也"，涉及三代之礼的同异与继承和发展问题。三代之礼相"因"，表明夏礼、商礼、周礼不仅都属于礼，而且前后相续，有其内在的连续性、继承性。三代之礼有"损益"，说明三代之礼各不相同，有其彼此相异的成分，这是三代之礼可以分别出夏礼、商礼和周礼的原因。如果三代之礼无损益，完全相同，则没有必要同时也不可能分出所谓夏礼、商礼和周礼，即使分出夏、商、周之礼，其中的商、周之礼也与夏礼无异，就是夏礼而已。那么，如何理解孔子所云的三代之礼的"因"与"损益"？换言之，三代之礼的"因"与"损益"究竟属质的层面还是量的界域？由于夏礼和商礼丧失，我们已无法通过比较分析作出清晰、准确的判断。但是，从孔子的殷、周之礼"所损益可知"，以及周之后的百世之礼依然可知，似可推断孔子的三代之礼相因属质的层面，其三代之礼的损益应属量的界域。此与商鞅"三代不同礼"（《商君书·更法》），断定三代之礼相异，并且把相异定性为质的差别不同。客观地说，三代之礼有同有异，孔子和商鞅对此无异议，他们的分歧在于对三代之礼之"异"的理解。造成他们产生分歧的根本原因在于孔子主张恢复礼治，以礼治国；商鞅主张弃礼更法，变法强国。

三代之礼有同有异，相因又有损益。那么，夏礼、商礼和周礼在哪些方面相同相因，在哪些方面相异且有损有益？孔子没有明确说明。从其"周监于二代，郁郁乎文哉，吾从周"（《论语·八佾》），谓周礼因袭、借鉴夏礼和商礼，可是，对夏、商之礼又有所发展，比夏、商之礼更富有文采，可推知三代之礼的相异、损益主要是指礼节仪式的变化，而礼节仪式的变化趋势是从质朴简陋走向华美完备。从孔子的"吾从周"来看，孔子是肯定礼仪的不断变化、不断完善的。而从三代之礼的相异、损益限定于

礼仪领域，又可进而推知三代之礼的相同相因主要是指礼的本质方面。关于这一点，我们从孔子"麻冕，礼也；今也纯，俭，吾从众。拜下，礼也；今拜乎上，泰也。虽违众，吾从下"（《论语·子罕》），捍卫礼所规定的君臣关系、君臣等级以及君臣之别，又顺应礼仪形式的革新，似可获得辅证。此处，孔子认为用麻编织帽子，是礼的规定，现在改用黑丝，这是形式方面的变化，没有涉及礼的内容和本质，他可以接受，因而"从众"；拜见国君要先在堂下跪拜，这也是礼的规定，现在都直接到堂上拜，是骄纵不敬的表现，也是通过压低君的权威、抬升臣的地位以"淡化"君臣界限的表现，属于本质方面的变化，他坚决反对，主张先在堂下跪拜。由孔子反对礼在质的层面的变化，说明孔子心目中的三代之礼在本质上只能相同相因，而决不能有丝毫损益变革。

不过，孔子上述三代之礼因袭与损益的观点，似乎不是其辨析夏礼、商礼和周礼之同异所得出的结论，而是其想象的产物。孔子说："夏礼吾能言之，杞不足徵也；殷礼吾能言之，宋不足徵也。文献不足故也。足，则吾能徵之矣。"（《论语·八佾》）声称其能够说出夏礼，只是杞国不足以证明他的话；能够说出商礼，只是宋国不足以证明他的话。这是表面上言其知晓夏礼和商礼，实则表达其并不真正知晓夏、商之礼及其缘由。其间，不无失落与遗憾。因为夏禹后裔居住的杞国、商汤后裔居住的宋国已无夏礼和商礼，又缺少通晓夏礼和商礼的学者以及记载夏礼和商礼的典籍，孔子并非生而知之者，在夏、商之礼荡然无存的情况下如何能够学习和精通夏礼、商礼？既然孔子仅仅通晓周礼，而不真正知道夏、商之礼，其关于三代之礼的因袭与损益关系的论述，以及关于三代之礼"所损益可知"的断定，从根本上来说都是源于自己的想象，绝非对于三者关系的客观概括。当然，孔子的这种想象当是出于"复礼"的政治需要。

二

出于"复礼"的政治目的，孔子设想三代之礼相因，鼓吹礼为治理天下唯一的治道。[①]在孔子的心目中，天子至上、礼乐兴盛所呈现的"礼乐征伐自天子出"（《论语·季氏》）的有序局面才是有道之世，王权失落、诸侯争霸所招致的"礼乐征伐自诸侯出"（《论语·季氏》）的混乱情势是应被拯救的无道之世。他说："天下有道，则礼乐征伐自天子出；天下无道，则礼乐征伐自诸侯出。自诸侯出，盖十世希不失矣；自大夫出，五世希不失矣；陪臣执国命，三世希不失矣。天下有道，则政不在大夫。天下有道，则庶人不议。"（《论语·季氏》）天下有道，礼制完备，礼治盛行，政权掌握在天子手里，制礼作乐和征伐他国都由天子决定；天下无道，礼制被废弃，礼治不

① 陆建华：《先秦诸子礼学研究》，人民出版社2008年出版，第61页。

孔子之礼学

行，天子丧失权力，名存实亡，政权依次旁落到诸侯、大夫、家臣手里，制礼作乐和征伐他国竟然由诸侯、大夫甚至家臣来决定；而无道之世，诸侯、大夫、家臣的强权统治也不可能像有道之世那样长久，诸侯"十世"、大夫"五世"、家臣"三世"的宿命，说明毁礼篡权者不可能实现其长久的贪欲，更何况毁礼篡权者统治下的国家乱而不治。

基于"复礼"的政治目的，孔子对违礼毁礼者的批判异常激烈。根据礼制，举行祭礼时的舞蹈队伍，天子八佾、诸侯六佾、大夫四佾、士二佾。鲁国大夫季孙氏竟然"八佾舞于庭"（《论语·八佾》），以大夫的身份行天子之礼。孔子忍无可忍，说道"是可忍，孰不可忍也"（《论语·八佾》），指斥季孙氏这种僭礼的事都敢狠心去做，还有什么事不敢狠心去做呢，同时表达自己无法容忍的愤怒之情。根据古礼，祭礼举行完毕、撤去祭品时要唱诗，《雍》是《诗经》中的一首诗，是为天子举行祭祀后、撤去祭品时唱的诗，鲁国大夫孟孙、叔孙、季孙三家祭祀祖先，撤去祭品时，居然命令乐工唱此诗。孔子说道："'相维辟公，天子穆穆'，奚取于三家之堂？"（《论语·八佾》）以《雍》诗中所唱的诸侯助祭、天子主祭，说明这样的意思不适用于三家的庙堂，指责三家用《雍》是越礼行为。

如何救治无道之世？孔子提出"为国以礼"（《论语·先进》）的主张，也即以礼治国的礼治诉求。他说：

"能以礼让为国乎？何有？不能以礼让为国，如礼何？"
（《论语·里仁》）孔子用反问的语气问道，以礼来治理
国家，有何难；不以礼来治理国家，对于礼将如何。他坚
信以礼治国，礼乐兴，国家治；弃礼为政，礼乐坏，国家
乱：把礼治与"国家治"紧密地联系起来，并把这种内在
联系定位为因果联系。

在无道乱世恢复、实践礼治，孔子有感于诸侯大夫违
礼废礼造成礼乐亡乱，甚至不为人知，列"知礼"为礼治
的前提和基础。《论语·八佾》载："或问禘之说。子曰：
'不知也。知其说者之于天下也，其如示诸斯乎！'指其
掌。"禘祭属于吉礼，乃祭礼之一种，用于天子、诸侯对
于祖先的祭祀。孔子言其不知道禘祭的规定，并言能知禘
祭规定的人一定能治理好天下。这是借用禘祭之礼，或者
说以禘祭之礼为例，说明知礼对于统治者治理天下的根本
价值及基础作用。当然，这种关于知礼意义的极度夸张实
质上是把礼治的政治价值、社会效果理想化，然后完全赋
予知礼之中，既反映了孔子对礼治的渴望，又反映了在礼
亡而不可知的社会危机中知礼的重要性。基于知礼的重要
性，孔子批评管仲不知礼。《论语·八佾》载，有人问孔
子，管仲是否"知礼"，孔子说："邦君树塞门，管氏亦树
塞门；邦君为两君之好有反坫，管氏亦有反坫。管氏而知
礼，孰不知礼？"以国君的门口立有矮墙以别内外，而管
仲也在自家门外立有矮墙，国君为宴请别国君主设有放置
酒具的土台，而管仲也设有这种放置酒具的土台，批评管

仲因不懂礼而僭越礼。①

　　无道乱世的显著特征就是"君不君，臣不臣，父不父，子不子"（《论语·颜渊》），君不行君道，臣不行臣道，父不行父道，子不行子道，君臣父子错位，乱臣贼子当道，由此决定了恢复、实践礼治的核心内容，或曰首要任务就是正名。所谓正名，就是以礼为准则划分君臣父子界限，端正君臣父子名分，确立社会等级秩序，使处于各种等级结构中的人们各司其职，各守其分。正名之后，"君使臣以礼"，"臣事君以忠"，且"事君尽礼"（《论语·八佾》），"君君、臣臣、父父、子子"（《论语·颜渊》）的局面得以恢复。如此，君行君道，臣行臣道，礼成为君和臣共同遵守的原则；"不在其位，不谋其政"（《论语·泰伯》），不同身份、不同等级的人安分守己，明确自己的职责与义务，犯上作乱之风彻底禁绝。我们从

---

　　① 鲁昭公不"知礼"，孔子却言其"知礼"，那是"为尊者讳"的缘故："陈司败问：'昭公知礼乎？'孔子曰：'知礼。'孔子退，揖巫马期而进之，曰：'吾闻君子不党。君子亦党乎？君取于吴，为同姓，谓之吴孟子。君而知礼，孰不知礼？'巫马期以告。子曰：'丘也幸，苟有过，人必知之。'"（《论语·述而》）另外，孔子虽言管仲不知礼，但是，却称赞其"仁"："子路曰：'桓公杀公子纠，召忽死之，管仲不死。'曰：'未仁乎？'子曰：'桓公九合诸侯，不以兵车，管仲之力也。如其仁，如其仁。'"（《论语·宪问》）"子贡曰：'管仲非仁者与？桓公杀公子纠，不能死，又相之。'子曰：'管仲相桓公，霸诸侯，一匡天下，民到于今受其赐。微管仲，吾其被发左衽矣。岂若匹夫匹妇之为谅也，自经于沟渎而莫之知也。'"（《论语·宪问》）这些话是耐人寻味的。

孔子"名不正则言不顺，言不顺则事不成，事不成则礼乐不兴，礼乐不兴则刑罚不中，刑罚不中则民无所措手足"（《论语·子路》）等语言中可以看出，孔子认为名分不正，说话就不顺当合理；说话不顺当合理，政事就不能办成；政事不能办成，礼乐就不会兴盛；礼乐不兴盛，刑罚就不得当；刑罚不得当，民众就手足无措。正名的价值在于使君臣父子万民之言行符合礼的要求，国家刑罚接受礼的制约，民众立身处世遵从礼的规定，从而带来言顺、事成、刑罚"中"、民有归依的礼治美景。简言之，正名是言顺、事成、刑罚"中"、民有归依的根基。正因为孔子看到正名之于治国的如上价值，所以，当子路问孔子"卫君待子而为政，子将奚先"时，孔子说"必也正名乎"（《论语·子路》），将正名列为为政之首。

礼节制法，礼治包括法治。礼主法辅，或谓礼主刑从是礼法关系的基本模式。随着春秋中后期礼的衰落，法的地位迅速提升，有替代礼而为新的治世之道的趋势。为了抵抗法治，孔子特意从为政后果的角度比较礼治与法治的优劣，并通过这种比较肯定和维护礼治，否定和批评法治。《论语·为政》载孔子之语曰："道之以政，齐之以刑，民免而无耻；道之以德，齐之以礼，有耻且格。"认为以法制引导民众，用刑罚规定、约束民众的行为，其结果是民众只求免于犯罪、免于受罚，而没有羞耻之心；以道德教化民众，用礼制规范民众的行为，民众不但有羞耻之心，而且还会主动归服。这是直接指斥法治刑政的局限

性——只能制止人的外在行为，阻止人们为"恶"，并不能促使人们行"善"，更不能从根本上改造人、教育人，因而不能创造国家长治久安的治世面貌；赞扬礼治及礼治主导下的道德教化的优越性——不仅能够规范人的外在行为、内在思虑，诱导人们弃"恶"从"善"，而且还能激发人的道德自觉，提高人的道德素质，因而能够开显君臣上下有序、内外亲疏有分、民众和睦相处的王道盛世。战国末期的法家人物韩非为了以法治对抗儒家仁治（德治），袭用孔子上述批评法治的思路而批评仁治，在法治与仁治的利弊比较中论证法治优越于仁治："法之为道，前苦而长利；仁之为道，偷乐而后穷。"（《韩非子·六反》）韩非认为依法治国，开始时有短暂的苦痛，最终却为国家和人民带来长久的利益；以仁（德）治国，开始时会给民众带来短暂的快乐，最终却使国贫民穷。就是说，法治以国家和人民短暂的苦痛为代价谋取其长久的幸福，仁（德）治以牺牲国家和人民的长远利益为代价换取其眼前的快乐。这是孔子未曾料到的。不过，孔子比较礼治和法治优劣时，避免谈论礼治之弊、法治之利，突出礼治之利、法治之弊，而韩非比较法治和仁治（德治）优劣时，既谈法治之利，也谈仁治（德治）之利，既谈法治之弊，也谈仁治（德治）之弊，这一点与孔子稍有不同。这种不同似乎透视了二人不同的心态。

三

礼治时代，礼是一切行为和规范的"立法者"，当然也是德的规定者、德的评判标准。在此意义上，合礼便是有德，悖礼便是无德；有德肯定合礼，无德肯定悖礼。即使在春秋中后期的礼乐崩坏之时，赵衰、内史兴等依然维持德礼关系的这种政治定性。赵衰说礼乐是"德之则"（《左传·僖公二十七年》），内史兴言礼是"所以观忠信仁义"（《国语·周语上》）者，用礼来观察、考量忠信仁义诸德，视礼为判断德的准则，就是如此。孔子对此也持肯定和承袭态度，他说"恭而无礼则劳，慎而无礼则葸，勇而无礼则乱，直而无礼则绞"（《论语·泰伯》），以为恭不以礼为准则将转变为"劳"，慎不以礼为准则将转变为"葸"，勇不以礼为准则将转变为"乱"，直不以礼为准则将转变为"绞"。换言之，恭、慎、勇、直诸德如果失却礼的规范、控制将丧失其本质，不再是恭、慎、勇、直。这就是以礼为恭、慎、勇、直等的决定者和引导者，将德的确立和实践限定在礼的框架之内。这种德，以礼为其内在本质。因此，失去礼的调控，德便不再是德。

对于涵括一切具体道德的人生大德或者说人生最高之德——仁，孔子也将其置于礼的控制之下。颜渊问仁，孔子说"克己复礼为仁"（《论语·颜渊》），认为主动自觉地克制、约束自己，使自己的言行举止都符合礼，或者

说，以礼要求自己的言行举止，就是仁。当颜渊又问实践仁德的具体条目、具体方法时，孔子又说"非礼勿视，非礼勿听，非礼勿言，非礼勿动"（《论语·颜渊》），认为实践仁，就是要按照礼的规定去视、听、言、动。在此，孔子不仅用礼框定、规矩仁，而且用礼指导与掌握仁的求索、仁的践行。至于仁的根基孝①，孔子解其为"无违"（《论语·为政》）于礼，具体言之，就是"生，事之以礼；死，葬之以礼，祭之以礼"（《论语·为政》）。这是说，在父母生前，以礼侍奉他们；在父母去世时，以礼埋葬他们；在父母去世后，以礼祭祀他们。这依旧是用礼来解读、规定之。如此，"孝"之德与"孝"之行皆在礼的约束之下。

礼规范道德仁义，德以礼为其本质内涵。在此意义上，德隶属于礼，甚至是构成礼的重要组成部分。因此，德有礼的属性。孔子用礼要求仁，便逻辑地决定了仁具有礼的属性。孔子说"君子去仁，恶乎成名"（《论语·里仁》），君子如果丢弃了"仁"就不再是君子，从道德层面划分人的存在状况和存在差别，用仁定义君子且区分君子和小人。同时又说"为仁由己，而由人乎哉"（《论语·颜渊》），以行仁践仁完全取决于自己而不必依赖于他人的说明，宣告任何外在力量、社会因素都不能影响，

————————

① 孔子弟子有子曾云："其为人也孝弟而好犯上者，鲜矣；不好犯上而好作乱者，未之有也。君子务本，本立而道生。孝弟也者，其为仁之本与？"（《论语·学而》）这是论证孝悌为仁的根基。

更不能剥夺一个人对仁的追求，给予所有人成就仁的机会，以及获得君子人格的权利，强调人在仁面前的平等性。①但是，孔子在《论语·宪问》里却说"君子而不仁者有矣夫，未有小人而仁者也"，认为君子中有不具备仁的人，小人中不可能有具备仁的人，君子有时不仁，小人不可能"仁"，将君子和小人固定化，将仁限定、缩小至君子阶层，剥夺小人经由求仁得仁的途径实现人格提升、人格转化的权利。由此，不仅仅君子、小人被政治化、等级化，仁也被政治化、等级化，从而成为特殊阶层的特殊之德。

礼崩乐坏时期，礼的政治权威丧失，礼治的恢复、礼的实践不再有外在的强制约束，必然依赖于统治者的道德自觉和行礼者的自我需求。也就是说，礼的存废完全依赖于人的抉择。此时，道德走向政治前台，其本身的力量被发掘和放大，承载着救治礼的使命。孔子说："人而不仁，如礼何？人而不仁，如乐何？"（《论语·八佾》）这是说，一个人如果没有仁德，他将怎样对待礼和乐呢？通过质问德礼（包括乐）关系的方式，表达仁越过礼的束缚与主宰而统摄和支持礼，成为礼最后的支撑力量。在此种情境下，仁反过来变为礼的存在基础。而仁为礼的基础，则

① 孔子曾云："有能一日用其力于仁矣乎？我未见力不足者。盖有之矣，我未之见也。"（《论语·里仁》）从"力"的角度说明绝大多数人有能力追求仁、实践仁，可能有少数人没有能力追求仁、实践仁。这虽是说能否行仁践仁取决于自己，同样也是说有能力行仁践仁者的行仁践仁取决于自己，而不依赖于他人。

意味着礼有道德化的倾向，甚至有"堕落"为德的可能。孔子弟子曾子说："慎终追远，民德归厚矣。"（《论语·学而》）谓慎重地对待父母的去世，按照丧礼办理父母的丧事；追思怀念久远的祖先，按照祭礼祭祀祖先，民众的道德风尚就会归向淳厚。将礼指向德，透过丧礼（慎终）和祭礼（追远）的外表揭示其所包裹的道德基调与道德目的。其后，子思宣扬"五行"，将仁义礼智圣并列，而孟子又将仁义礼智并举，则表明礼完全道德化，质变为儒家所宣扬的德之一种。

四

礼根植于宗法血缘，礼制所规定的贵贱尊卑、长幼亲疏的背后是血亲之情。在此意义上，礼的宗法等级奠基于血缘情感，礼情合一乃至礼中含情构成情礼关系的基调。相应的，情礼分离以及情礼分离所造成的礼中之情的缺失、礼的形式化和工具化等则意味着礼的异化、毁坏，并且表达礼的异化和毁坏的式样。面对春秋末期礼崩乐坏，孔子就是从情、礼二分的维度，以"为礼不敬，临丧不哀"（《论语·八佾》），也即行礼时没有恭敬之情，参加丧礼时没有哀悲之情，为之作注解与说明。礼无敬，丧（丧礼）无哀，抽去情感意蕴的礼已不再是原来的礼，甚至可以说不是礼。

基于礼崩乐坏下情礼分离的现象，孔子特别强调礼中之情，突出情在礼中的基础地位。因此，鲁国林放因礼乐混乱而追问"礼之本"也即礼之根基、本质时，孔子答曰："大哉问！礼，与其奢也，宁俭；丧，与其易也，宁戚。"（《论语·八佾》）孔子首先肯定林放所问问题意义重大，然后说，对于礼，与其礼仪完备造成财物上的奢侈浪费，不如礼仪简略，节省财物；对于丧礼，与其仪式周全，不如心存哀戚。孔子表面上并未刻意揭明礼的由来、根本，实质上则是超越礼的器具、仪节、形式等多方面的表层规定，着意于礼的内在的、情感方面的营造，在礼之情与礼之仪之间择取情作为礼的基石和本根，凸显礼之深处所凝结的宗法血缘亲情，最终从情礼关系的维度回答了"礼之本"究竟是什么。由情为"礼之本"出发，孔子便从情的角度"打量"礼，以情礼不离、礼中有情要求礼。这些，主要表现在其关于祭礼、丧礼的论述中。

关于祭礼，《论语·八佾》载："祭如在，祭神如神在。子曰：'吾不与祭，如不祭。'"这是说，祭祀祖先的时候，就像真的感受到祖先在接受祭祀；祭祀神灵的时候，就像真的感受到神灵在接受祭祀；如果自己没有参加祭祀，没能亲身感受到祖先、神灵在接受祭祀，虽然祭祀了，就像没有举行祭祀。这里，孔子强调祭祀过程和行为的庄重肃穆，祭祀者对于祭祀对象真实存在以及祭祀对象接受祭祀的真切感受，祭礼所包含的子孙之于祖先、人之于神的崇敬与感恩之情；反对祭礼实践中祭祀者的"缺

席"所意味的祭礼中情的丧失。① 由此，孔子以"敬鬼神"②（《论语·雍也》）为智者的表现，把祭祀这种特定场合下祭祀者对祖先、神灵的"敬"扩展为任何情形下人对鬼神的普遍应有的情感，并且把这种情感列入"智"的范围。而孔子弟子子张不仅提出"祭思敬"③，而且还将之列为士之德、士之为士的素质，认为一个人祭祀祖先、鬼神时能够做到"敬"，才有可能成为"士"。由于重视祭祀过程中的"情"，孔子才谨慎地对待祭祀之前的"斋"④，以"斋"表示对祭祀的虔诚、对祭祀对象的敬畏。

关于丧礼，孔子以"临丧不哀"（《论语·八佾》）揭露礼乐崩毁形势下丧礼的扭曲与异化，揭示丧礼除了表达生者与死者的"关系"，还表达生者对死者的"感情"。《论语·述而》即载有孔子亲历丧事，参加丧礼，哀伤不止："子于是日哭，则不歌。"即为吊丧而痛哭，不再有放

---

① 由于强调祭祀中祭祀者的"情"，孔子反对人们为了某种政治或物质的利益去祭祀自己不应该祭祀的鬼神。他说："非其鬼而祭之，谄也。"（《论语·为政》）

② 《论语·雍也》载："樊迟问知，子曰：'务民之义，敬鬼神而远之，可谓知矣。'"关于"敬鬼神而远之"，有些学者认为这反映了孔子对鬼神的存疑态度，其实不然。唯有"远之"，才能产生"敬"。

③ 《论语·子张》载："子张曰：'士见危致命，见得思义，祭思敬，丧思哀，其可已矣。'"

④ 《论语·述而》载："子之所慎：齐、战、疾。"《论语·乡党》载："齐，必有明衣，布。齐必变食，居必迁坐。"

声歌唱的愉快心情。《论语·述而》还载有孔子面对居丧者时对居丧者的同情、理解之情，甚至感同身受的悲情："子食于有丧者之侧，未尝饱也。"即与居丧者同餐共食，因居丧者之哀悲而哀悲，没有饱食畅饮的生理与心理欲望。《论语·乡党》则载有孔子"见齐衰者，虽狎，必变……凶服者式之"。即见到穿丧服的人，即使是亲近的人，也一定改变脸色、表情，以示哀痛；在车上遇到穿丧服的人，一定俯身伏在车前的横木上，以示哀敬。明确丧礼的情感基础，孔子弟子子游曰"丧致乎哀而止"（《论语·子张》），子张曰"丧思哀"（《论语·子张》），都是强化吊丧者之"哀"为丧礼的情感基础。后来的墨家亦是如此，墨子说"丧虽有礼，而哀为本焉"（《墨子·修身》），直接用"哀"标识丧礼的特征。

立足于丧礼的情感基础，孔子从情的维度解释丧礼中"三年之丧"的规定，并且据此批评弟子宰我。《论语·阳货》对此有详细的记载："宰我问：'三年之丧，期已久矣。君子三年不为礼，礼必坏；三年不为乐，乐必崩。旧谷既没，新谷既升，钻燧改火，期可已矣。'子曰：'食夫稻，衣夫锦，于女安乎？'曰：'安。''女安则为之。夫君子之居丧，食旨不甘，闻乐不乐，居处不安，故不为也。今女安，则为之！'宰我出，子曰：'予之不仁也！子生三年，然后免于父母之怀，夫三年之丧，天下之通丧也。予也有三年之爱于其父母乎？'"宰我的意思是，服丧三年，时间太长，因为君子三年不习礼、不奏乐，礼（礼仪）必

然败坏，乐必然崩毁；旧谷食完，新谷登场，钻燧取火所用的木头已经换了一轮，服丧一年就可以了。孔子问其服丧一年之后食米饭、着锦衣是否心安，他说心安。对此，孔子说君子服丧期间，食用美味不觉得甘甜，听音乐不觉得快乐，起居不觉得舒适，所以不这样做。孩子生下来三年，才能离开父母的怀抱，服丧三年，回报父母，是天下通行的丧礼，宰我仅愿为父母服丧一年，乃是不仁、无情的表现。由宰我与孔子的对话以及孔子对宰我的批评可以看出，宰我以久丧耽误习礼奏乐导致礼乐崩坏为由，否定三年之丧，提出改革丧礼、缩短丧礼期限的想法，欲改三年之丧为一年之丧；孔子以父母与子女的亲情为例，从久丧所寄托的情感意义出发，驳斥宰我割舍丧礼所包含的道德情感，把丧礼视作纯粹形式性的存在，论证三年之丧的普遍性与合理性。①可惜的是，墨家无视孔子坚持三年之丧的上述理由，站在"短丧"的立场批评儒家"久丧"，而指责其"伪哀"（《墨子·非儒下》），即徒有丧礼所要求的"哀"的表面形式，而无发端于心灵至深处的真情。这不免冤枉了孔子及其儒家。

　　另外，由于看重丧礼中的情或者说丧礼所表达、寄托的情，孔子在坚持"久丧"的同时，并不看重"厚葬"，甚至还反对"厚葬"。据《论语·先进》记载，孔子弟子

---

　　① 基于对"三年之丧"的肯定与倡导，孔子才从"三年之丧"的维度论孝："父在观其志，父没观其行，三年无改于父之道，可谓孝矣。"（《论语·学而》）

颜回死，孔子一方面"哭之恸"，哀伤过度而不知[①]；另一方面制止弟子们"厚葬"颜回。当弟子们按照三代丧礼的厚葬要求"厚葬"颜回后，孔子还说："回也视予犹父也，予不得视犹子也。非我也，夫二三子也。"（《论语·先进》）话语中既有对自己深深的自责，又有对厚葬颜回的弟子们的委婉批评。[②]

五

孔子精通"乐"，曾给鲁国的乐官讲解乐理[③]。孔子论乐，有时礼乐并称，有时单独言乐。礼乐并称，是因为礼中有乐、乐在礼中，而且礼决定乐、乐表现礼。当孔子礼乐并称时，其所言礼乐主要指礼。就其单独论乐来看，涉

---

① 《论语·先进》云："颜渊死，子哭之恸。从者曰：'子恸矣。'曰：'有恸乎？非夫人之为恸而谁为？'"

② 由于孔子并不看重"厚葬"，其子孔鲤死时，即"有棺而无椁"，弟子颜回死时，孔子也主张有棺无椁："颜渊死，颜路请子之车以为之椁。子曰：'才不才，亦各言其子也。鲤也死，有棺而无椁。吾不徒行以为之椁。以吾从大夫之后，不可徒行也。'"（《论语·先进》）其对于自己死后之葬更不太在意。《论语·子罕》载："子疾病，子路使门人为臣。病间，曰：'久矣哉，由之行诈也。无臣而为有臣。吾谁欺？欺天乎？且予与其死于臣之手也，无宁死于二三子之手乎？且予纵不得大葬，予死于道路乎？'"孔子的话中即有此意。

③ 《论语·八佾》载："子语鲁大师乐，曰：'乐其可知也：始作，翕如也；从之，纯如也，皦如也，绎如也，以成。'"

及乐的政治性质的认定、对三代之乐和尧舜之乐的赞美、对郑卫之音的批评等内容。

礼在三代是政治性存在，作为礼之重要组成部分且依附于礼的乐来说，当然也是政治性存在。孔子说："礼云礼云，玉帛云乎哉？乐云乐云，钟鼓云乎哉？"（《论语·阳货》）通过礼仅仅是指玉帛之类的礼器吗、乐仅仅是指钟鼓之类的乐器吗这样的反问，提醒人们礼和乐在玉帛、钟鼓的背后包含着政治特质。由于礼崩乐坏，乐自身的权威丧失，决定乐的礼的权威也丧失，孔子试图通过"德"来救治"乐"。他说："人而不仁，如乐何？"（《论语·八佾》）认为一个人如果不具有仁这种德，将不可能正确地对待和使用乐。

对于三代之乐及三代之乐的源头——尧舜之乐，孔子大为赞赏。据《论语·八佾》载，孔子曾评价舜之乐——《韶》"尽美矣，又尽善也"、武王之乐——《武》"尽美矣，未尽善也"。孔子认为《韶》乐尽善尽美，达到了形式和艺术的极致、内容和思想的极致，以及形式与内容、艺术与思想的完美统一；《武》乐达到了形式和艺术的极致，以及形式与内容、艺术与思想的高度统一，只是在内容和思想方面稍有欠缺而已。由于对尧舜之乐和三代之乐的赞美，特别是对尧舜之乐的崇拜，孔子对《韶》乐简直达到了痴迷的程度，"子在齐闻《韶》，三月不知肉味，曰：'不图为乐之至于斯也'"（《论语·述而》），感叹《韶》乐所能达至的极高境界。孔子在颜回问其如何治理国家时说道："行夏之时，乘殷之辂，服周之冕，乐则《韶》《舞》。"（《论语·卫灵公》）他认为治国要用夏代的历法，乘商代的车子，戴周代的礼帽，奏舜之《韶》乐。也由于对尧舜之乐和三代之乐的赞美，孔子把"乐"列为日常教学的重要内容，要求学生"兴于诗，立于礼，成于乐"（《论语·泰伯》），并且，还利用其丰富的音乐知识，整理被毁坏的乐，恢复雅乐的真实面貌，"吾自卫反鲁，然后乐正，雅颂各得其所"（《论语·子罕》）。

基于对乐的肯定、赞美，孔子反对季孙氏"八佾舞于庭"，以及孟孙、叔孙、季孙三家"以《雍》彻"（《论语·八佾》）等违乐越礼行为，批评他们以大夫的身份行天子之乐、天子之礼。同时，孔子也反对郑卫之声等新乐的兴起及其对三代之乐的冲击和破坏。在颜回问其如何治理国家时，他还说"放郑声""郑声淫"（《论语·卫灵公》），要求治国时禁绝淫乱、违礼的郑国之乐。另外，《论语·阳货》还载其"恶郑声之乱雅乐也"，即厌恶郑国之乐扰乱三代雅乐，甚或警惕郑国之乐取代三代雅乐。

以上表明，孔子所论之礼表面上是三代之礼，其实只是周礼。在孔子看来，三代之礼具有因革损益的发展规律。孔子的礼治涵括知礼、"正名"以及批评法治等内容。在德礼关系中，孔子一方面认为礼规定德，德有礼的特征；另一方面又认为德支撑礼，礼有德的属性。在情礼关系中，孔子主张礼中有情，情礼不可分离，因为礼的宗法

等级的背后是血缘亲情。在乐论方面，孔子赞美《韶》乐和《武》乐，批评郑国之乐。

（原载《朱子学刊》第15辑，有改动）

孔子之仁学

春秋末世，周之天下"礼乐征伐自诸侯出"（《论语·季氏》），诸侯之国"陪臣执国命"（《论语·季氏》），大夫之家"八佾舞于庭"（《论语·八佾》）。儒家孔子为了复兴"经国家，定社稷，序民人，利后嗣"（《左传·隐公十一年》）之礼，试图以个体的道德自觉取代、弥补社会强制力量的不足，这种道德便是"仁"。孔子所言"人而不仁，如礼何？人而不仁，如乐何？"（《论语·八佾》）道出了他的苦衷，由此而有"克己复礼为仁"（《论语·颜渊》）的自我调控。

一

"个体之仁→社会之礼"与"复礼→为仁"乃孔子独创，但仁不是孔子的发明。《尚书·金縢》始有"予仁若考"，《诗经》中《郑风·叔于田》继之而有"洵美且仁"，

《齐风·卢令》继之而有"其人美且仁"。不过，仁被用作人之德则最早见于《国语》，如《周语上》有："且礼，所以观忠信仁义也。忠所以分也，仁所以行也，信所以守也，义所以节也。忠分则均，仁行则报，信守则固，义节则度。"孔子正是继承他所敬仰的周公的"敬德保民""以德配天"的思想，抽去"天"、扩充"仁"，将春秋时期作为具体一德的仁发酵、酿造为涵养一切之德且是诸德之基础的大德！

仁系人生之大德，仁的确切内涵是什么呢？孔子晚年的弟子有子解释说："其为人也孝弟而好犯上者，鲜矣；不好犯上而好作乱者，未之有也。君子务本，本立而道生。孝弟也者，其为仁之本与？"（《论语·学而》）这是说，孔子将仁在家族范围内定义为"孝悌"，孝悌是仁的根本；仁突破"家"的限制的其他内容，皆是孝悌的逻辑延伸、意义的发展；个体之仁具备调剂社会秩序、谐和社会冲突的功效，仁的终极指向是社会之"治"（与"乱"相对）；仁是人对自己的社会责任、社会义务的积极认可。

孝悌是仁道的基础，孝悌也因之为仁的最为根本的判断标准。"叶公语孔子曰：'吾党有直躬者，其父攘羊，而子证之。孔子曰：'吾党之直者异于是：父为子隐，子为父隐，直在其中矣。'"（《论语·子路》）这里，仁的一般意义上的"直"服从于仁的血缘层面上的"孝"，道德顺从于它赖以产生、存在的情感依托和宗法序列。

《论语·阳货》中另有一段记载："宰我问：'三年之

丧，期已久矣。君子三年不为礼，礼必坏；三年不为乐，乐必崩。旧谷既没，新谷既升，钻燧改火，期可已矣。'子曰：'食夫稻，衣夫锦，于女安乎？'曰：'安。''女安则为之。夫君子之居丧，食旨不甘，闻乐不乐，居处不安，故不为也。今女安，则为之！'宰我出，子曰：'予之不仁也！子生三年，然后免于父母之怀，夫三年之丧，天下之通丧也。予也有三年之爱于其父母乎？'"礼基奠于仁，仁在此即孝，没有孝的内心自觉，何以为仁？此外，孔子强调三年之丧，其用意正如曾子所云："慎终追远，民德归厚矣。"（《论语·学而》）通过血缘关系的纵向追溯，实现仁的横向扩展；借助深层的宗法力量，维护现时的家族伦常、社会秩序。这种家族→社会、历史→现实的目的性构想，暴露了孝悌的真实意图。所以，"或谓孔子曰：'子奚不为政？'子曰：'《书》云："孝乎惟孝，友于兄弟。"施于有政，是亦为政，奚其为为政？'"（《论语·为政》）孔子的回答，包藏"孝悌→为政"与"孝悌即为政"的双重内涵。

走出家的范围，进入社会，迈进与自己无血缘关系的群体，仁便从孝悌扩充、提升为"爱人"："樊迟问仁。子曰：'爱人。'"（《论语·颜渊》）《论语·学而》载孔子告诫弟子的话"弟子入则孝，出则弟，谨而信，泛爱众，而亲仁"，明确指出孝悌→"爱人"的递进结构。"爱人"的提炼为人的社会生活找到了一个道德位置，标志着仁由先天的亲情纽带质变为后天的道德理性自觉，所以，它在

推崇道德伦理层次上的"爱"的同时，不排除理性层次上的"恶"："唯仁者能好人，能恶人。"（《论语·里仁》）当然，人的政治处境（社会地位）又决定了"爱"的不同方式、"爱"的等级性，即不同身份的人对地位迥异的他人有不同类型的爱："子谓子产有君子之道四焉：'其行己也恭，其事上也敬，其养民也惠，其使民也义。'"（《论语·公冶长》）"子张问仁于孔子。孔子曰：'能行五者于天下为仁矣。''请问之。'曰：'恭、宽、信、敏、惠。恭则不侮，宽则得众，信则人任焉，敏则有功，惠则足以使人。'"（《论语·阳货》）这样，"爱人"之仁容恭、敬、惠、义、宽、信、敏等诸种具体之德于一体，而"爱"则不是表面上的感情流泻，它是对上的尊敬、依从、感恩，对下的同情、怜悯、施恩，对同级的人的忠诚、信任，对自我处境、责任与义务的积极肯定、执行。

从上面对"爱人"的考察，不难看出孔子的"爱人"与孝悌一样具有强烈而急切的治世色彩。"爱人"化作统治者的施政纲领则为"为政以德"的德治主义。仁从孝悌，经由个体之看似抽象之"爱"的努力，终于嫁接到王公大人那里，再次质变为社会的政治纲领。孔子拿"道之以德，齐之以礼"批评当时的"道之以政，齐之以刑"，赞"为政以德，譬如北辰，居其所而众星共之"（《论语·为政》），以及孔子同子贡的对答："子贡曰：'如有博施于民而能济众，何如？可谓仁乎？'子曰：'何事于仁？必也圣乎'"（《论语·雍也》），都清楚地昭示了仁的目的、指向和以这种目的、指向为内涵的构思。可知，仁的次第展开的三重内涵是孝悌→"爱人"→德治。

仁以孝悌、"爱人"、德治为内涵，三者在仁中的地位是否相等？我们既可从孔子称博施于民而能济众者为圣——仁人之极致，推知德治高于孝悌和"爱人"，也可以从孔子对"士"的等级划分推论它们的关系排列。"子贡问曰：'何如斯可谓之士矣？'子曰：'行己有耻，使于四方，不辱君命，可谓士矣。'曰：'敢问其次。'曰：'宗族称孝焉，乡党称弟焉。'曰：'敢问其次。'曰：'言必信，行必果……抑亦可以为次矣。'曰：'今之从政者何如？'子曰：'噫！斗筲之人，何足算也。'"（《论语·子路》）在此，孔子分别从"德治"（"行己有耻""不辱君命"系士的德治在某一方面的体现）、"孝悌"、"爱人"（"信""果"）三个层次划分士的等级，显露德治为最、孝悌次之、"爱人"再次。

用仁的三重内涵判定仁，实际上是用礼判别仁（"克己复礼为仁"），但是，仁以孝悌为根基，以"爱人"为中介，以德治为终极；以仁践礼，以礼调治社会，其目标只有一个：社会之治。因此，当礼与德治标准发生冲突时，德治将取代礼而为仁的最后标准。这非常明显地反映在孔子对管仲的评价上："子曰：'管仲之器小哉！'或曰：'管仲俭乎？'曰：'管氏有三归，官事不摄，焉得俭？''然则管仲知礼乎？'曰：'邦君树塞门，管氏亦树塞门；邦君为两君之好有反坫，管氏亦有反坫。管氏而知礼，孰

不知礼？'"（《论语·八佾》）"子路曰：'桓公杀公子纠，召忽死之，管仲不死。'曰：'未仁乎？'子曰：'桓公九合诸侯，不以兵车，管仲之力也。如其仁，如其仁。'"（《论语·宪问》）"子贡曰：'管仲非仁者与？桓公杀公子纠，不能死，又相之。'子曰：'管仲相桓公，霸诸侯，一匡天下，民到于今受其赐。微管仲，吾其被发左衽矣。岂若匹夫匹妇之为谅也，自经于沟渎而莫之知也。'"（《论语·宪问》）孔子指明管仲僭越礼，但又弃礼而用德治，肯定管仲之"仁"。

二

孔子赋予仁以全新的内容，视仁为人之大德。人为什么能具备仁？这促使孔子对人、仁关系作艰苦的论证。

人的先天素质叫性。如果孔子把性的内涵解释为仁，可能最简单不过了。事实是否如此呢？孔子声称"性相近"（《论语·阳货》），虽然他言性的内容没被记载，但我们仍可以从《论语》中尚存的只言片语推断其大概："吾未见好德如好色者也"（《论语·子罕》《论语·卫灵公》），"富与贵，是人之所欲也"（《论语·里仁》），"我未见好仁者，恶不仁者"（《论语·里仁》），"子夏曰：'贤贤易色，事父母能竭其力，事君能致其身，与朋友交言而有信。虽曰未学，吾必谓之学矣'"（《论语·学而》）。从上罗列，遂知孔子未将仁纳入"性"，而是以食色为性，把人性归结为人的自然属性。究其因，或许有二：假如人人都是命中注定的仁者，仁就无须孔子来大肆渲染了；"君子而不仁者有矣夫，未有小人而仁者也"（《论语·宪问》）的社会现实，使"性即仁"的假定不攻自破。

食色的满足是单个人存在的自然前提，但人的存在本质上属社会存在。孔子的"民之于仁也，甚于水火。水火吾见蹈而死者矣，未见蹈仁而死者也"（《论语·卫灵公》），"人之生也直，罔之生也幸而免"（《论语·雍也》），把仁说成是社会的人的第一需求、人的社会存在的基石，终于将人、仁结合。

因为仁是安身立命之根本依据，孔子由"忧""德之不修，学之不讲，闻义不能徙，不善不能改"（《论语·述而》），进而把求仁得仁看作人生的最高追求："求仁而得仁，又何怨"（《论语·述而》）。仁高于生命，生命降为仁的承担者、仁的载体，便有"君子去仁，恶乎成名"（《论语·里仁》）之说；也便有用仁毁性，极力抨击人的本能欲求的激烈言辞："君子食无求饱，居无求安"（《论语·学而》），"士志于道，而耻恶衣恶食者，未足与议也"（《论语·里仁》）。

既然人不可须臾离仁，何以求仁？孔子在认识论上分人为四等："生而知之者，上也；学而知之者，次也；困而学之，又其次也；困而不学，民斯为下矣。"（《论语·季氏》）意即，第一等人凭自我反思、自我觉醒，完全独

立地知仁；第二、第三等人靠学而知仁，前者主动，后者被动；第四等人不能成就仁。这说明，求仁是前三等人的事，第一等人求仁的方法是自求、自明；第二、第三等人求仁的方法是"学"，包括博学、笃志、切问、近思、内省等。但是，"学"绝不是机械的、被动的外部输灌，主要还是依赖于主体的主动自觉："子曰：'予欲无言。'子贡曰：'子如不言，则小子何述焉？'子曰：'天何言哉？四时行焉，百物生焉，天何言哉？'"（《论语·阳货》）孔子拿四时自我更替、万物自我生长作比，说明学的主动性、自觉性、自主自立性，启发学生"求诸己"（《论语·卫灵公》）。

人为什么有求仁的主动与自觉，并能够求得仁？这是因为人有"力"。孔子说："有能一日用其力于仁矣乎？我未见力不足者。"（《论语·里仁》）孔子还说"仁远乎哉？我欲仁，斯仁至矣"（《论语·述而》），认为仁的求索在于自己的主观态度。求仁之力由何而来？曾参替孔子向我们作了交代："士不可以不弘毅，任重而道远。仁以为己任，不亦重乎？死而后已，不亦远乎？"（《论语·泰伯》）习仁之"力"即"弘毅"，"弘毅"又不是人的内在特质，它是人行仁弘道的社会使命对人的不可排拒的客观要求（"不可以不"）。由此可见，力是由人之为人的社会重压而扭曲、裂变成的人的所谓自觉自愿；力是由人的道德和政治使命感所激发出来的主观情绪、精神、信念，它看似一种理性自觉，实是宗教式的热忱及由这种热忱主导的殉道精神。这样，"为仁由己"（《论语·颜渊》）的"譬如为山，未成一篑，止，吾止也；譬如平地，虽覆一篑，进，吾往也"（《论语·子罕》），只不过是一己意志的任意挥霍。

三

经过孔子的烦琐论证，仁逐步走近人：人的第一需求→人的社会本质→人生的目的与人的力量源泉。那么，得仁备仁之后，怎么实践仁？

孔子认为在不同的场合、范围，有不同的行仁方式。在家族范围之内，仁为孝悌。行孝之道即"无违"（《论语·为政》），具体就是"生，事之以礼；死，葬之以礼，祭之以礼"（《论语·为政》）。在普遍的人际关系中，仁为"爱人"。实现"爱人"，履行诸德，其方法即推己及人的"忠"和"恕"。所谓"忠"就是"己欲立而立人，己欲达而达人"（《论语·雍也》），所谓"恕"就是"己所不欲，勿施于人"（《论语·卫灵公》）。"忠"的立己、达己→立人、达人与"恕"的不欲（于己）→勿施（于人），分别以肯定与否定的方式，设计了"爱人"之外在化行动与"爱人"对己的内在要求，其态度又都是主动的、积极的。

仁的极致是德治，孔子对德治方法的讲解，不厌其烦："敬事而信，节用而爱人，使民以时"（《论语·学

孔子之仁学

五一

而》）；"尊五美，屏四恶"（《论语·尧曰》），其中，"五美"指"君子惠而不费，劳而不怨，欲而不贪，泰而不骄，威而不猛"，"四恶"指"不教而杀谓之虐，不戒视成谓之暴，慢令致期谓之贼；犹之与人也，出纳之吝谓之有司"（《论语·尧曰》）；"足食，足兵，民信之矣"（《论语·颜渊》）；"庶""富""教"（《论语·子路》）。总其要略：①养德；②施恩；③取信于民；④富民；⑤教民；⑥慎罚。

四

求仁而得仁，得仁而行仁，行仁则应该仁行。但是，事实上，天下有道、无道并不取决于仁人的实践，它取决于命："道之将行也与，命也；道之将废也与，命也。"（《论语·宪问》）造成求仁赖力，行仁靠命的原因，恐是求仁属主体对自己的要求，而仁的施行属主体对客体的要求、改造；主体面对自己是自由的，凭借对仁的宗教般狂热、追逐，人完全能够约束并战胜自己，主体对客体而言，被制约，甚至被否定——尤其在个人的政治实践方面，这种客体对主体的限定，就是不可动摇的命。不过，孔子依然提出"知其不可而为之"（《论语·宪问》）的、不屈从命定的观点，显示了人的抗争、仁的信仰、仁对人的铸造。

孔子自述平生："吾十有五而志于学，三十而立，四十而不惑，五十而知天命，六十而耳顺，七十而从心所欲不逾矩。"（《论语·为政》）总结其一生的为仁经历：求仁→自立→行仁→知命→归隐（专事讲学、整理文化典籍）→徜徉于"仁"，其"从心所欲不逾矩"的仁的境界正是以仁为矩、仁我合一的自由境界。孔子自道："饭疏食饮水，曲肱而枕之，乐亦在其中矣。不义而富且贵，于我如浮云。"（《论语·述而》）他赞扬自己最得意的弟子颜渊："贤哉回也，一箪食，一瓢饮，在陋巷，人不堪其忧，回也不改其乐。贤哉回也。"（《论语·雍也》）表达了浸没在内心建构的仁的世界里，人的生命价值得以实现、人得以走向自己的满足自得与超然豁达，出离客观世界的挤压，摆脱了人的自然素质和物质欲望。

将这种自由境界下落到人世间普普通通的日常生活，便有隐遁于世的道德理想与政治理想。

《论语·公冶长》载："颜渊、季路侍。子曰：'盍各言尔志?'子路曰：'愿车马，衣轻裘，与朋友共，敝之而无憾。'颜渊曰：'愿无伐善，无施劳。'子路曰：'愿闻子之志。'子曰：'老者安之，朋友信之，少者怀之。'"这里，孔子师徒的道德理想（"志"）没有原则上的差别，它们都是仁的"爱人"的实施。值得我们注意的是，此处的"爱"少了些许等级味，多了些抽象的平等色彩；削减了道德说教，加进了更多的脉脉人情。

《论语·先进》载："子路、曾皙、冉有、公西华侍坐。子曰：'以吾一日长乎尔，毋吾以也。居则曰："不吾

知也！"如或知尔，则何以哉？'子路率尔而对曰：'千乘之国，摄乎大国之间，加之以师旅，因之以饥馑；由也为之，比及三年，可使有勇，且知方也。'夫子哂之。'求，尔何如？'对曰：'方六七十，如五六十，求也为之，比及三年，可使足民。如其礼乐，以俟君子。''赤，尔何如？'对曰：'非曰能之，愿学焉。宗庙之事，如会同，端章甫，愿为小相焉。''点，尔何如？'鼓瑟希，铿尔，舍瑟而作，对曰：'异乎三子者之撰。'子曰：'何伤乎？亦各言其志也。'曰：'莫春者，春服既成，冠者五六人，童子六七人，浴乎沂，风乎舞雩，咏而归。'夫子喟然叹曰：'吾与点也！'三子者出，曾皙后。曾皙曰：'夫三子者之言何如？'子曰：'亦各言其志也已矣。'曰：'夫子何哂由也？'曰：'为国以礼，其言不让，是故哂之。''唯求则非邦也与？''安见方六七十如五六十而非邦也者？''唯赤则非邦也与？''宗庙会同，非诸侯而何？赤也为之小，孰能为之大？'"这里所谈乃政治理想。由于这种政治理想不是仁道畅行时，仁人德治所欲实现的理想，它只是隐于世时美好、绚丽的幻想，所以孔子不赞成子路、冉有、公西华的"为政"意图上的德治愿望，而偏向曾皙归隐下的政治追求的纯道德化。

经由如上的简单分析，我们基本理清了：仁的孝悌根基、"爱人"中介、礼乐规范、德治目的，人对于仁的必然抉择、人的求仁为仁的社会责任及其内在化，人生现实阻隔下的自我安乐及人生理想的抽象道德化。由此，我们再回过头来重新审视学术界关于孔子思想体系的核心的争论，仁的含义的矛盾性、复杂性、不确定性的争论，孔子思想的积极性与消极性的争论，似乎都大可不必。由此，我们也可解释孟子、荀子同为儒学大家，缘何孟子言性善、尚仁政，荀子道性恶、崇礼治：孟子将孔子论证的人的社会道德本质仁，定义为性，用人性善铺垫孔子的德治方式——仁政；荀子抓住孔子对人性的自然属性的理解及对这种人性的否定，用人性恶证明孔子"复礼"的必要性，推出"为政"的另一种类型——礼治。

（原载《学术界》1996年第6期，有改动）

孔子之仁学

孔子的人性世界

儒家人性学说发端于孔子，但是孔子的人性学说并未传于后世，甚至其入室弟子子贡之类也不得而知。《论语》中关于孔子的人性学说的直接记载，也就"性相近也，习相远也"（《论语·阳货》）这一条。不过，孔子仅凭其"性相近也，习相远也"之语就大体确定了儒家人性学说的底色与发展方向，我们根据其"性相近也，习相远也"之语以及其相关言论，也还是能够勾勒出其人性世界的大致框架的。

一

子贡曰"夫子之文章，可得而闻也；夫子之言性与天道，不可得而闻也"（《论语·公冶长》），认为孔子的学问包括"文章"及"性与天道"，也即包括诗书礼乐等形而下的学问以及人性与天道等形而上的学问，但是关于孔子人性与天道的学说，孔子至少没有传授给他。孔子没有将人性与天道的学说传授给子贡，是否传授给了别的弟子呢？从子贡上述言论来看，是有可能的。子贡的上述言论也隐含对于孔子的"抱怨"。

子贡是孔子的著名弟子，孔子未将其人性与天道的学说传授给他，可见孔子对于自己人性与天道的学说的重视，也可见其人性与天道的学说相对于"文章"之深奥。因为重视自己的人性与天道的学说，连子贡这样优秀的弟子都不传授，那么，会传授给谁呢？只能是颜回。原因在于颜回是孔子最欣赏、最看重的弟子。孔子也有意培养其为自己的继承人，为儒家未来的领袖。还有，因为孔子的人性与天道的学说之深奥，当然就不是普通人所能理解的。既然"中人以上，可以语上也；中人以下，不可以语上也"（《论语·雍也》），只能将人性与天道这种深奥的学问传授给"中人以上"者，子贡虽为孔子的著名弟子，深得孔子赏识，但在孔子看来毕竟也只是"中人以下"者，在孔子的心中，"中人以上"者唯有颜回。

孔子弟子在孔子看来多为"中人以下"者，子贡之流之所以能成为孔子的著名弟子，主要在于"德"，而不在于"智"。《论语·先进》虽曰"德行：颜渊、闵子骞、冉伯牛、仲弓。言语：宰我、子贡。政事：冉有、季路。文学：子游、子夏"，将孔子的著名弟子分为四类，但这仅是就各自的特长而言的，颜渊、闵子骞、冉伯牛、仲弓等以德行见长，宰我、子贡、冉有、季路、子游、子夏等也

是道德的践行者，只不过相比较而言，宰我、子贡还擅长辞令与外交，冉有、季路更擅长政治事务，而子游、子夏更擅长研究诗书礼乐等文献。再说，宰我、子贡的辞令与外交应对，冉有、季路的为政治国，子游、子夏对诗书礼乐的精研，都是奠基于各自的"德"，都是对"德"的践履。

孔子的著名弟子之所以成为著名弟子主要在于"德"，而不在于"智"，在"德"的层面孔子的著名弟子是没有本质区别的，颜回超越其他弟子的就不太可能是"德"，就算是"德"，也不仅仅是"德"，虽然孔子曾云"回也其心三月不违仁，其余则日月至焉而已矣"（《论语·雍也》），对颜回之"德"大加赞赏。这么说，颜回超越其他弟子的就不仅是"德"，还应该包括"智"。相对于其他弟子的"中人以下"的智慧，颜回应具有"中人以上"的智慧。

《论语·雍也》载："哀公问：'弟子孰为好学？'孔子对曰：'有颜回者好学，不迁怒，不贰过，不幸短命死矣。今也则亡，未闻好学者也。'"《论语·先进》载："季康子问：'弟子孰为好学？'孔子对曰：'有颜回者好学，不幸短命死矣，今也则亡。'"此两处所言，虽是从学习态度、学习的主动性的角度评价、赞扬颜回超越其他弟子，乃是最为"好学"者，其他弟子虽然"好学"，相比于颜回就不算"好学"了，也隐含了从"智"的层面对于颜回的赞扬。再说，"学得好"者未必"好学"，但是"好学"

者一定是"学得好"者，要想"学得好"，必有智力的因素，必定智力超群。相反，"学得不好"者，即便积极进取、勤奋刻苦，也不被看作"好学"。

学习需要智力因素，学习态度、学习的主动性同样至关重要。姑且不谈颜回在"智"的层面高于其他弟子，作为孔子心中唯一的"好学"者，颜回在学习态度、学习的主动性的层面同样高于其他弟子。这也是孔子把自己关于人性与天道的学说传授给他的原因。

检索《论语》，孔子直接表达其人性学说的话语就一处："性相近也，习相远也。"（《论语·阳货》）检索《论语》，没有记载孔子关于天道的言论，只有孔子关于"天"、关于"道"的言论。这也意味着，知晓孔子人性与天道的学说的弟子只有颜回，而且颜回未能将孔子关于人性与天道学说的言论记录并整理出来。究其因在于颜回命短，死于孔子之前，同时又没有自己的弟子，而《论语》是由孔子的二传弟子整理出来的。至于有这一处孔子关于人性学说的话语，可能是颜回向其他弟子提及，而被其他弟子记住，最后经由其他弟子传下来的，也可能是孔子向弟子讲授"文章"之类的内容，在论及"文章"同"性与天道"的关系时偶尔提及，而被颜回之外的其他弟子传下来的。

当然，还有一种情形，那就是孔子没有将其人性与天道的学说传授给包括颜回在内的任何弟子。究其因大概有二：一是孔子觉得自己所有的弟子都属于"中人以下"，

颜回也不例外，所谓优秀的弟子也仅仅是在师门之内比较优秀而已，真正优秀的弟子是可遇而不可求的，这些弟子不可能懂得人性与天道的学说，因此，不宜向弟子传授；二是孔子始终觉得自己人性与天道的学说并不成熟，尚在艰难的建构过程中，因此不宜向弟子传授。这里，关于颜回优越于孔子的其他弟子，孔子只将人性与天道的学说传授于颜回，而颜回又早死等的分析与推论，有直接的史料根据。与此不同的是，对孔子没有将其人性与天道的学说传授给包括颜回在内的任何弟子的讨论，则没有直接的史料根据，至少表面上看猜测的成分更多一些。尤其是认为颜回也属于"中人以下"的猜测，似乎显得难以令人信服。不过，如果孔子人性与天道的学说没有传下来出于以上原因，也就是孔子没有将其人性与天道的学说传授给包括颜回在内的任何弟子，那么孔子言及"性与天道"就只能是其向弟子讲授"文章"之类的内容，在论及"文章"同"性与天道"的关系时偶尔提及，而被弟子们传下来的。

由于孔子人性与天道的学说要么只传授于颜回，而未曾传授给其他弟子，要么没有传授给包括颜回在内的所有弟子，造成其人性与天道学说的失传，使后人只知其"文章"而不晓其"性与天道"，更不知其"文章"同"性与天道"的关系。这是令人扼腕的。不过，相比于孔子天道学说在《论语》中的难见痕迹，我们循着孔子的"性相近也，习相远也"（《论语·阳货》）之语，还是能够捕捉到孔子人性学说的相关信息的。

人性的本质是什么？孔子没有直言，更没有作定义式的界定。从孔子"性相近也，习相远也"（《论语·阳货》）来看，孔子认为"性"是与"习"相对的存在，也即人性是与人的习惯相对的存在。由于人的习惯是后天所形成的，并且因此是可以改变的，与此相对，人性则是先天的、与生俱来的，并且因此是不可以改变的。由于人的习惯的形成源于各种内外因素，特别是受制于外在的因素，习惯的改变因而也受制于各种内外因素特别是外在因素，与此相对，人性的形成则是先天的，并且因而不受任何内外因素的干扰，特别是不受任何外在因素的干扰。由于人的习惯的可以改变，极有可能导致人与人的习惯的不同、差异以及奠基于此的人与人的其他方面的不同、差异；由于人性的不可改变，极有可能会导致所有人的人性的相同、无异。从"性相近也"来看，孔子确实认为人性是相似乃至相同的；从"习相远也"来看，孔子确实认为人的习惯是不同的、人奠基于此的其他方面也是不同的。这样，从人性的维度审视人，人因为人性的相似、相像而"相近"；从人的习惯的维度审视人，人因为习惯的不同、差异而"相远"。

由此可知，孔子不是单纯地从人性的维度讨论人性，而是从人性与人的习惯的比较的维度讨论人性，以人的习惯为参照点而论述人性。在孔子看来，人性本质上是人人

都先天具有的、不可改变的存在，所有人的人性在本质层面都是相同的，也就是说，人性是同一的。这些，无疑是对人性的本质的深刻认识。

另外，孔子"性相近也，习相远也"（《论语·阳货》）的表述还论及人在人性层面的平等以及人的平等的先天性，论及人的差异的后天性以及造成人的差异的后天因素。这为人们追求进步、提升自己、改变现状，尤其是为人的人生炼养以及理想人格的培育，提供了人性论基础。既然从人性之维审视人，人是先天平等的，就应该从先天的平等入手追求后天的、现实之维的平等；既然人的差异源于"习"，那么，从"习"入手就可以改造自己、重塑自己，就可以成就君子乃至圣人人格。

孔子对于人性的先天性、人性乃人之与生俱来的基质的界定，确定了人性的本质，同时也确立了儒家人性论的基石。后世儒家的人性学说无论怎样变化，无论呈现多少种式样，对人性的本质层面的看法都是一样的，都没有越出孔子对于人性本质的界定。而且，孔子从"性""习"之别或者说从"性""习"对照的维度讨论人性本质的手法也为后世儒家所继承，其中最明显的莫过于荀子。荀子的"性""伪"之分显然出自孔子的"性""习"之别。只是在荀子看来，不仅"习"这种后天的行为方式与"性"相对，一切后天的、人为的行为或东西都与"性"相对，而这一切后天的、人为的行为或东西皆可以用"伪"也即"人为"概括。

三

孔子的"性相近也，习相远也"（《论语·阳货》）仅讨论了人性的本质，而没有论及人性的内容。换言之，孔子没有论及人的先天的、与生俱来的基质是什么。但是，我们透过孔子关于"欲"与"德"的论述还是能够推测孔子所谓的人性的内容的。

孔子曰："富与贵，是人之所欲也，不以其道得之，不处也；贫与贱，是人之所恶也，不以其道得之，不去也。君子去仁，恶乎成名？君子无终食之间违仁，造次必于是，颠沛必于是。"（《论语·里仁》）其所关注的虽然是"仁"，是"君子"，是君子之于仁的孜孜追求与积极践行，但是，其"富与贵，是人之所欲也"与"贫与贱，是人之所恶也"的表达，还是透露出物质追求是人的根本欲求，只不过物欲的实现需要通过正确的途径、方法而已。至于"仁"的追求仅仅是君子的诉求，仁既是追求物质、实现物欲的正确途径、方法，同时也是君子人生追求的目标。这里，人作为自然的存在，物欲是先天的、内在的、根本的，很可能在孔子看来就是人性的内容。可是，人作为社会的存在，又不可以是单纯的欲望的存在，人的行为在涉及人与人的关系、人与社会的关系时必然受到道德和礼、法的约束，其中，礼、法属于外在的强制力量，道德则属于人的自我约束。作为人的自我约束的道德，可以是

外在的，也可以是内在的。将道德看作内在性的存在，很可能在孔子看来这道德也是人性的内容。可惜的是，从孔子"君子去仁，恶乎成名？君子无终食之间违仁，造次必于是，颠沛必于是"来看，孔子只是将"仁"、德看作君子的本质，即部分人的本质，而未将其看作所有人的本质，从而制约了孔子将其深化、扩充为人性的内容的思索。孔子的"君子而不仁者有矣夫，未有小人而仁者也"（《论语·宪问》），更是明确将"小人"剔出"仁"之外。孟子的高明之处恰在于将孔子心中的作为君子本质的"仁"扩充为所有人的本质并将其深化为人性的内容。

由于孔子在此并没有将道德视作内在性存在，因此，在孔子的心中人性的内容客观上只能是人的物质欲望或曰物欲。朱熹注解"性相近也，习相远也"之时，引二程之语："此言气质之性，非言性之本也。若言其本，则性即是理"[1]，认可二程以"气质之性"解读孔子之"性"。可见，在二程、朱熹那里，孔子之"性"的内容主要是物欲、食色之类，而不是仁、德。

关于在孔子的心中人性的内容客观上只能是人的物质欲望或曰物欲，而不可能是仁、德，我们还有如下证据。

在孔子那里，仁是最高之德，也是一切具体道德的总和。可以说，仁就是德，德就是仁。从孔子以下诸语来看，孔子认为仁是外在于人的存在。孔子曰："求仁而得仁，又何怨"（《论语·述而》），"仁远乎哉？我欲仁，

---

[1] 朱熹：《四书章句集注》，中华书局 2012 年出版，第 177 页。

斯仁至矣"（《论语·述而》），"有能一日用其力于仁矣乎？我未见力不足者。盖有之矣，我未之见也"（《论语·里仁》）。这里，仁虽然距离人很近或者说不"远"，但是毕竟存在于人之"外"，因而是需要通过后天的人为也即"求"、用"力"等才可能获得的。

正因为仁之于人的外在性，即便"民之于仁也，甚于水火"（《论语·卫灵公》），仁对于作为社会存在的人所具有的价值超越水火对于作为自然存在的人所具有的价值，并且"水火吾见蹈而死者矣，未见蹈仁而死者也"（《论语·卫灵公》），仁之于作为社会存在的人是绝对有利无害的，而水火之于作为自然存在的人却是有利也有害的。但是除却圣人君子、志士仁人，大多数的普通人依然不愿意践行仁，以至于孔子感慨道："我未见好仁者，恶不仁者。"（《论语·里仁》）

正因为仁之于人的外在性，孔子曰："吾未见好德如好色者也"（《论语·子罕》），"已矣乎！吾未见好德如好色者也"（《论语·卫灵公》），感叹人们在"好德"与"好色"之间选择"好色"、在"德"与"色"之间追逐"色"。而物欲最重要的是食色之欲，人之"好色"、追逐"色"，恰是人之本性使然。至于孔子所云"君子喻于义，小人喻于利"（《论语·里仁》），并非说君子仅仅懂得义而小人仅仅懂得利，而是说，君子与小人皆懂得义与利，只不过在义利取舍上君子选取义而以义为人生实践的准则，小人选取利而以利为人生实践的准则。在此，小人选

取利，出于人性；君子选取义，出于道德。

由于君子的选择不是从人性出发，而是着眼于道德的考量，这意味着这种选择是"克己"（《论语·颜渊》），是对人性的压抑，同时也意味着人性与道德的分立乃至对立。至此，孔子心中的君子、孔子对颜回的赞美以及孔子的自我刻画等虽然都是安贫乐道的形象，表面上看起来完美、快乐、自然、自得，其实，也都是对人性的压抑。例如，孔子言君子曰："君子食无求饱，居无求安，敏于事而慎于言，就有道而正焉，可谓好学也已。"（《论语·学而》）言颜回曰："贤哉回也，一箪食，一瓢饮，在陋巷，人不堪其忧，回也不改其乐。贤哉回也。"（《论语·雍也》）言自己曰："饭疏食饮水，曲肱而枕之，乐亦在其中矣。不义而富且贵，于我如浮云。"（《论语·述而》）其中的"食无求饱，居无求安"，"一箪食，一瓢饮，在陋巷"，"饭疏食饮水，曲肱而枕之"，并非出于自然、发自本性，而是对物欲的克制、对人性的压抑。也正因为此，孔子心中的君子是需要后天的修炼的，孔子自己以及孔子心中的颜回就是修炼成功者。孔子自谓平生，以"七十而从心所欲不逾矩"（《论语·为政》）为最高境界，也只是一种习惯成自然的心理描述，一种对"克己"的美化，而不是顺性而为的真正自由。"不逾矩"的"从心所欲"还是有"矩"管束的。

在孔子看来，人性的内容客观上是物欲、食色。孔子对于物欲、食色虽然没有明确否定，甚至也承认追求物欲、食色的正当性，但是孔子重义轻利，对于物欲、食色的负面价值是警惕的，对于物欲的实现、食色的满足对仁、德所造成的伤害是否定的。例如，孔子曰："不义而富且贵，于我如浮云"（《论语·述而》），"邦有道，贫且贱焉，耻也；邦无道，富且贵焉，耻也"（《论语·泰伯》），"君子喻于义，小人喻于利"（《论语·里仁》），就是如此。这使得孔子不愿意明言人性的内容是物欲、食色。另一方面，孔子对于仁、德是绝对肯定的。例如，孔子曰："民之于仁也，甚于水火"（《论语·卫灵公》），"志士仁人，无求生以害仁，有杀身以成仁"（《论语·卫灵公》），就是如此。这导致孔子希望将仁、德列为人性的内容，但是仁、德毕竟是外在于人的存在，而且仅仅是君子的"德"、君子的本质，将其列为人性内容缺乏学理上的依据，这又使得孔子不敢明言人性的内容是仁、德。此外，从上也可知，孔子有将义与利、道德与物欲置于对立位置的意味，这导致物欲、食色与仁、德不能共存、共处，导致人性的内容不可能同时包括二者。也许正因为此，孔子终其一生未将其人性学说传授给弟子。这么说，原来孔子未将其人性学说传授给弟子，还有另外的原因——其人性学说有缺憾、并不成熟。这另外的原因，也许才是真正的原因。

　　由此可以看出，从"性"字的结构来看，"性"包括"心"和"生"，孔子以物欲、食色为性的内容，抓住的是"性"中的"生"，却又不愿意承认；孔子还试图以仁、德

为性的内容，试图抓住"性"中的"心"，但是没有成功，所以不敢承认。在人性内容方面的纠结乃至挫败，一直是孔子心头挥之不去的阴影。孔子之后，直至孟子才真正抓住"性"中的"心"，以"心"论"性"，并取得成功。[①]

此外，从后世儒家人性学说来看，"性"中的"心"包括"德"与"智"，孟子"心之官则思"（《孟子·告子上》），就是将"智"纳入"心"之中。孔子是否有将"智"纳入"心"中并将其列为人性的内容的企图呢？从其"唯上知与下愚不移"（《论语·阳货》）之语可以判断，其所谓的人性内容主观上不包括"智"，因为"性相近"，而人的智力却是有本质差异的。

四

人性是人先天具有、与生俱来的本性，其内容是人的欲望特别是物质欲望，其核心无外乎食色。那么，人性从何而来？换言之，人性的内容从何而来？孔子没有言及。不过，从孔子关于天人关系以及天人关系的具体化——天与孔子本人的关系等方面的论述来看，似可推论孔子的人性根源于天，人性的内容物欲乃天之所赋。

我们先看孔子关于天人关系的论述。孔子曰"唯天为大"（《论语·泰伯》），认为在天与人之间天是最为高贵

---

① 陆建华：《以"心"论性与以"生"论性——孟、荀人性论的分别》，《孔孟月刊》2009年第11、12期合刊，第10—12页。

而伟大的存在，对于人具有绝对主宰性。因此，一方面，"获罪于天，无所祷也"（《论语·八佾》），必然受到天的惩罚；一方面，人的一切都是天之所赋，比如"死生有命，富贵在天"①（《论语·颜渊》），不仅人作为自然存在，其"死生"决定于天之所命，而且作为社会存在，其"富贵"同样决定于天。由此，人之所有、人之遭际皆是天的"安排"，都可以从天那里找到根据。这样，子贡便认为孔子之所以是圣人，并且"多能"，是天意："固天纵之将圣，又多能也。"（《论语·子罕》）仪封人便认为孔子之所以四处传道，是天意："天下之无道也久矣，天将以夫子为木铎。"（《论语·八佾》）

既然人之所有、人之遭际都是天意，都可以从天那里找到根据，那么，人性作为人所具有的本性，也应是天意，也应是天的"安排"。这么说，人性的根据就是"天"，人之物欲、人之食色就是天之所予。

关于天与孔子本人的关系，孔子作过多方面的论述，这些论述都是其关于天人关系思想的具体化。孔子在面临桓魋可能要加害于己的险情时曰："天生德于予，桓魋其如予何？"（《论语·述而》）谓自己的道德乃天所赋予的，自己传布道德的使命也是天所赋予的，至于桓魋，是无法抗拒天意，加害自己的。孔子在面对自己最得意的弟子颜回之死的痛苦时曰："噫！天丧予！天丧予！"（《论

----

① 子夏曰："商闻之矣：死生有命，富贵在天"。（《论语·颜渊》）这虽为子夏之语，体现的却是孔子的思想。

语·先进》）这是在明明知道颜回之死是天之所命、是天意的情形之下，依然将颜回之死归结为天惩罚自己、要自己的命。孔子在面对被匡人拘禁的险境时曰："文王既没，文不在兹乎？天之将丧斯文也，后死者不得与于斯文也；天之未丧斯文也，匡人其如予何？"（《论语·子罕》）谓天让其成为周代礼乐文化的传承者、传播者，匡人是无法违背天意而加害于己的。孔子在面对不被他人理解的窘境时曰："不怨天，不尤人。下学而上达，知我者其天乎！"（《论语·宪问》）谓只有天能够真正理解他。

既然孔子认为自己所具有的一切包括道德与使命等都是天意，那么，其人性作为其本来就具有的本性，也应是天意，也应是天的"安排"。这么说，孔子的人性根据是"天"，扩而言之，所有人的人性的根据都是"天"。

另外，孔子有以仁、德为人性内容的想法，只是苦于无法确证仁、德之于人的内在性而不敢明言。如果孔子认为人性内容是仁、德，那么，意味着孔子对人性的根源或曰根据是有明确说明的。孔子曰"天生德于予"（《论语·述而》），就是言其德源于天、言其性源于天，扩而言之，人之德皆源于天、人之性皆源于天，天为人性之形上根据。

由此可知，孔子所谓的人性内容无论是物欲、食色，还是仁、德，抑或包括物欲、食色与仁、德二者，其人性的形上依据、根源都是天。这可以说是孔子天人关系的思想在人性与天的关系上的体现。

最后，让我们再回到子贡之语："夫子之言性与天道，不可得而闻也。"（《论语·公冶长》）子贡将孔子人性的学说与天道的学说连在一起说，也许是认为孔子的"性与天道"有着内在联系。由于"性"是"人"之性，"天道"是"天"之道，而"人"之一切又源于"天"，"性与天道"如果存在内在联系，只能是人性源于"天道"。这样，人性的根据就是天道。

五

人性是人先天具有的，人性的显发体现于人的外在行为之中，体现于自我与他者的关系之中。从道德之维审视人性，或者说将人性纳入道德境域，于是，人性问题便成为道德问题，人性就有其价值指向问题。就人性的价值指向而言，无外乎人性的善恶判断，包括人性善、人性恶、人性无善无恶、人性有善有恶、有性善而有性不善等。就人性的善恶判断而言，是以人性的内容为基点，以人性的实践对他者是否有益或者说对他者有无伤害为依据的。那么，孔子所谓的人性究竟是指向善还是指向恶呢？

我们知道，孔子没有直接言其人性内容，从孔子的相关言论可以大体推论其人性内容是物欲、食色。这意味着顺性而行，人性的实践，就是物欲的实现、食色的满足，而物欲的实现、食色的满足常常对他者造成伤害，并因此而违逆道德仁义，孔子由此应该判定人性的价值指向恶，

而这是孔子所不愿意看到的。另外，孔子有以仁、德为人性内容的想法、愿望。如果孔子的人性内容被确定为仁、德，那么，顺性而行，人性的实践，就是道德的践履，而道德的践履对他者通常是有益的。这样，孔子由此应该判定人性的价值指向善，而这又是孔子所无法证明的。当然，如果孔子认为人性的内容既包括物欲、食色，又包括仁、德，那么，其人性的价值指向就具有善恶两面，这更是孔子所无法调和的。基于此，孔子不曾明确指出人性的价值指向。

徐复观先生在没有确证孔子之"仁"之于人的先天性、内在性的情形下就说："孔子既认定仁乃内在于每一个人的生命之内，则孔子虽未明说仁即是人性……实际是认为性是善的。"①认为孔子之"性"就是"仁"，因而孔子判定人性的价值指向善。徐先生的观点虽然有一定的代表性，却是没有学术依据的。

由于孔子在人性内容方面的不确定性，导致其人性的价值指向的不确定性，以至于有的学者认为"孔子不以善恶讲性，只认为人的天性都是相近的"②。这给后世儒家带来迷茫，也带来机遇。孔子之后，孟子将人性的内容理解为仁义礼智，理解为道德，并由此判定人性善；荀子将

---

① 徐复观：《中国人性论史·先秦篇》，上海三联书店2001年出版，第87页。

② 张岱年：《中国哲学大纲》，中国社会科学出版社1982年出版，第183页。

人性的内容理解为物欲，理解为食色，并由此判定人性恶；孔子之后，孟荀之外的儒家后学讨论人性的无善无恶、有善有恶以及人性的有善有不善等问题。可以说，这些都既是对孔子人性学说的解悟，又是对孔子人性学说的发挥。

由上可知，孔子有其人性学说，可惜没有流传下来。究其因可能是孔子只将其人性学说传授给颜回，而颜回早亡，也可能是孔子没有将其人性学说传授给任何弟子。孔子之所以未将其人性学说传授给任何弟子，可能是因为其人性学说并不成熟。孔子论性，虽仅存"性相近也，习相远也"（《论语·阳货》）之语，但是通观《论语》，我们还是能分析、推断其人性学说的基本内容的。在孔子看来，人性是人与生俱来的属性，是人的共性；人性的内容客观上是物欲、食色，但是最好是仁、德；人性的根据是天、天道，这是天人关系在人性中的体现。由于孔子不愿意明言物欲、食色是人性的内容，又无力证明人性的内容是仁、德，孔子对于人性的价值指向、人性的善恶没有明确说明。

（原载《江南大学学报》（人文社会科学版）2021年第2期，有改动）

孔子的人性世界

"生知"与"济众"：
孔子视界中圣人与君子之别

从孔子开始，圣人和君子成为儒家的理想人格，乃道德的践行者、道德的化身。由于孔子认为仁乃人生最高之德，也是人生之大德，包括义、礼、智、信等所有具体之德，圣人、君子作为道德的践行者和道德的化身，在孔子那里也就是仁的践行者和仁的化身。但是，在孔子的视界中何谓圣人？何谓君子？圣人和君子的区别何在？孔子未作明确的界定，学界对此也关注得不够，本著拟对此作初步的探讨。

一

我们先从孔子对太宰和弟子子贡对话内容的反应，以及孔子的自我评价来看孔子对于圣人和君子的理解。"太宰问于子贡曰：'夫子圣者与？何其多能也？'子贡曰：'固天纵之将圣，又多能也。'子闻之曰：'太宰知我乎！

吾少也贱，故多能鄙事。君子多乎哉？不多也。'"（《论语·子罕》）

这里，太宰和子贡因评价孔子的需要，都对圣人作了解读，都把孔子看作圣人，只不过，太宰以"多能"解读圣人，因孔子之博学多才而认为孔子达到了圣人境界，是圣人；子贡则认为圣人与"多能"无关，乃天之所赋，孔子之所以成为圣人并且"多能"乃出自天意。孔子以"太宰知我乎"，认可太宰对自己"多能"的判断，并以"吾少也贱，故多能鄙事"，解释自己"多能"的原因在于后天的因素，而不是子贡所言的先天因素。不过，孔子不认可太宰对自己是圣人的评价，以"君子多乎哉？不多也"，认定自己只是君子。孔子并不否认子贡关于圣人是"天纵"、"多能"也可以是"天纵"的观点，但是他认定自己只是君子，也否定了子贡对自己是圣人的评价。综合太宰、子贡的观点，以及孔子的回应，可以看出，孔子认为圣人是"天纵"的结果，君子是后天修持的结果。

这里，从子贡"固天纵之将圣，又多能也"来看，明显是把孔子、圣人看作"生而知之者"（《论语·季氏》）；从孔子"吾少也贱，故多能鄙事"来看，孔子明显是把自己、君子看作"学而知之者"（《论语·季氏》）。这里，子贡、孔子显然都有从认知的维度界定圣人和君子，或者说区分圣人和君子的意味。在他们看来，圣人"生而知"，君子"学而知"；"生而知之者"为圣人，"学而知之者"为君子。孔子认为自己是君子，又曰"我

非生而知之者，好古，敏以求之者也"（《论语·述而》），更是直接表达了这个观点。

明确了这一点，我们就能够理解孔子为什么说"生而知之者，上也；学而知之者，次也"（《论语·季氏》）。"生而知之者"是圣人，当然是上等的；"学而知之者"是君子，不及圣人，当然是次一等的。

二

接下来，我们再从孔子和子贡的对话看孔子对于圣人和君子的理解："子贡曰：'如有博施于民而能济众，何如？可谓仁乎？'子曰：'何事于仁？必也圣乎！尧舜其犹病诸。夫仁者，己欲立而立人，己欲达而达人。'"（《论语·雍也》）

这里，子贡试图以"博施于民而能济众"为仁人也即君子的标准，孔子则认为这是圣人的标准。为了让子贡区分出圣人和君子的区别，孔子又提出了君子的标准，那就是"己欲立而立人，己欲达而达人"。这说明，在孔子的心里，圣人和君子虽然都是仁者，都是仁的践行者，但是君子践行仁仅限于道德的层面，涉及的仅仅是人与人的关系，而圣人践行仁不限于道德层面，不仅仅涉及人与人的关系，还有将其道德政治化的层面，还涉及统治者和民众的关系。

子贡、孔子显然都是从道德的维度界定圣人和君子，但是子贡忽视了圣人和君子的区别，孔子则从中看到了圣人和君子的区别。这么看，孔子视界中的圣人就是有道德的统治者、实行德治的人，其特点是"济众"，而君子就是有道德的人、是仁者，其特点是"助人"。这么看，圣人只能是统治者所能达到的最高的人生境界，而君子则只是一般的人所能达到的最高的人生境界。

从孔子"何事于仁？必也圣乎！尧舜其犹病诸"来看，孔子认为历史上很少有人能够达到圣人境界，即便尧舜这样躬行道德的明君都担心自己做不到，在现实中就更没有任何统治者能够做到了；孔子认为圣人不是一般的理想的统治者，而是最高的理想的统治者，只有尧舜这样的明君才有机会成为圣人。基于此，我们就能够理解孔子所说的："圣人，吾不得而见之矣；得见君子者，斯可矣……善人，吾不得而见之矣；得见有恒者，斯可矣。"（《论语·述而》）圣人"博施于民而能济众"，乃真正的为民众着想的"善人"，存在于历史之中，不可见；君子"己欲立而立人，己欲达而达人"，乃始终保持操守的"有恒者"，存在于现实之中，能够见得到。

三

由以上可知，孔子关于圣人和君子的区别的论述都与子贡有关。表面上看，是子贡的言论促使孔子对圣人、君子及二者的区别作了深入的思考，实质上是孔子在教育子

贡的过程中表达了自己对圣人、君子及二者区别的看法。孔子曰"君子道者三，我无能焉：仁者不忧，知者不惑，勇者不惧"（《论语·宪问》），谦称自己的行为不符合君子之道，自己不是君子。子贡曰"夫子自道也"（《论语·宪问》），认为这恰是孔子在说自己的行为合乎君子之道，自己是君子。从这可以看出，孔子认为自己只是君子，而不是圣人，子贡在心里也是认可的。这表明，孔子对子贡的教育也是成功的。

由以上还可知，圣人和君子虽然都是仁者，都以仁为人生准则，但是从认知的层面看，圣人是"生而知之者"，其知识、能力是天生的，君子是"学而知之者"，其知识、能力是"人为"的结果；从道德的层面看，圣人是"济众"者，既能救助他人，也能治理社会，君子是"助人"者，只能救助他人，不能治理社会。正因为此，我们可以说，孔子视界中的圣人和君子虽然都属道德性存在，可是，圣人还是政治性存在。理解这一点，我们就能理解孔子所言："若圣与仁，则吾岂敢？抑为之不厌，诲人不倦，则可谓云尔已矣。"（《论语·述而》）对于圣人，孔子只能心向往之，将之作为永远不可实现的理想；对于君子，孔子努力做到，又谦称自己永远在践行仁的路上。

仁且智：孔子视界中君子与小人之别

在孔子的视界中，君子和小人是两种对立的存在，其中，君子像圣人一样，乃儒家的理想人格，小人却是君子的反面，为儒家所不齿。但是，何谓君子？何谓小人？君子和小人的区别何在？孔子未作明确的界定和区分，学界对此也关注得不够，本著拟对此作初步的探讨。

一

一般人认为孔子是从仁，也即从道德的维度定义君子，并将君子与小人二者区分开来的。比如，孔子说"君子去仁，恶乎成名？君子无终食之间违仁，造次必于是，颠沛必于是"（《论语·里仁》），表达的就是此意。因为孔子此语无非是说，君子之所以是君子，就在于其拥有仁，是仁的化身、仁的践行者，相应的，小人之所以是小人，就在于其并不真正拥有仁，也不践行仁，是仁的违背者、破坏者。

虽然孔子也曾说"君子而不仁者有矣夫，未有小人而仁者也"（《论语·宪问》），抱怨有的君子在实践层面有时不能以仁为准则要求自己，做不到君子所应有的在任何情况下都要躬行仁义，但是孔子也认为小人是绝对不会在任何情况下躬行仁义的。由此可知，在孔子看来，君子是"仁者"，也即有德者，小人是"不仁者"，也即无德者。

基于君子的"仁"和小人的"不仁"，以及仁乃人生最高之德，涵盖一切具体之德，孔子将所有的具体的道德品质都归于君子，将所有的具体的违背道德的行为都归于小人。比如，孔子说"君子喻于义，小人喻于利"（《论语·里仁》），"君子和而不同，小人同而不和"（《论语·子路》），"君子周而不比，小人比而不周"（《论语·为政》），就是证据。在这种论述中，我们也可以看出孔子对于君子的赞美，对于小人的厌恶。

其实，这种看法忽视了孔子关于"智"在成就君子中的重要性的论述，仅仅凸显了孔子关于道德在成就君子中的重要性的论述，并将其绝对化、单纯化为道德决定君子本质的论述。

我们知道，孔子除了从仁、从道德的维度定义君子，并将君子与小人区分开来以外，还从"智"，也即认知能力的维度定义君子，并将君子与小人区分开来。比如，孔子说"不知命，无以为君子也"（《论语·尧曰》），就是证据。在孔子看来，君子"知命"，具有认知命的智慧或者说能力；小人"不知命"，不具有认知命的智慧或者说能力。由于命属于形上世界，所以这种认知命的智慧我们也可以称之为形上智慧。这意味着君子具有形上智慧，而小人不具有形上智慧。

这表明，"知命"者、有形上智慧者为君子，"不知命"者、没有形上智慧者为小人，"知命"是又一个划分君子和小人的标准。所以，孔子才又说："小人不知天命。"（《论语·季氏》）

由以上可以看出，判断君子和小人的标准，区分君子和小人的依据，不仅有"德"，还有"智"，仅仅具有"德"或者"智"是不可以成为君子的，有德且"知命"，即做到"仁且智"才可以成为君子。

二

在仁和命之间，孔子认为仁是所有人都可以获得的，只是获得途径有所不同而已。

在孔子看来，除了圣人生而知仁外，其他人都是可以通过学习的方式获得仁的。他说："生而知之者，上也；学而知之者，次也；困而学之，又其次也；困而不学，民斯为下矣。"（《论语·季氏》）就是说，君子、小人、民众都可以通过学习认知仁、拥有仁，只不过君子"学而知之"，主动学习仁、追求仁；小人"困而学之"，被动地学习仁、追求仁；民众"困而不学"，不愿意学习仁、追

求仁。

孔子说"学而时习之，不亦说乎"（《论语·学而》），强调"好学"带给人们的快乐。孔子从"好学"的维度评价自己曰："我非生而知之者，好古，敏以求之者也"（《论语·述而》），"默而识之，学而不厌，诲人不倦，何有于我哉"（《论语·述而》），强调自己的好学上进及其状态。孔子赞赏颜回，其中一个最重要的原因就是其最为"好学"。这些，都是对于"学而知之"的诠释和实践。

当然，孔子也说过："有能一日用其力于仁矣乎？我未见力不足者。盖有之矣，我未之见也。"（《论语·里仁》）不过，这只是孔子的谨慎之言。即便有学而不知仁的人，也是极少数，以至于孔子未曾见过。

在仁和命之间，孔子认为命并不是所有人都可以知晓的，只有少数人才可以认知。

在孔子看来，"小人不知天命"（《论语·季氏》），"不知命，无以为君子也"（《论语·尧曰》）。这是说，虽然人人都可以学习仁、追求仁、获得仁，但是，并不是人人都可以认知命，大多数人是没有能力认知命的，能够认知命的只是少数人；不能够认知命的，是那些不得不成为小人的人，能够认知命的，是那些可以成为君子的人。

从孔子自己"十有五而志于学"，到"五十而知天命"（《论语·为政》）来看，孔子虽然能够认知命，但也用了三十五年之久。可见，相对于学习仁、追求仁，认知命更为艰难；有认知命的能力的人要想认知命，所耗费的精力与时间远非学习仁、追求仁可以比拟。这还不说那些没有认知命的能力的人，即便穷其一生也无法知晓命。

由此可以看出，从学习仁的维度看，人人都有可能成为君子，因为人人都有能力认知仁、拥有仁；从"知命"的维度看，只有少数人才有可能成为君子，因为大多数人是没有认知命的能力的。

这么看，君子之所以是君子，小人之所以是小人，从表面上看是源于道德的因素，与智力无关；从本质上看，既源于道德的因素，也源于智力的因素。

三

君子和小人都能够学习仁，拥有仁，可是，君子积极追求仁，践行仁，并因践行仁而被视作君子；小人被动地学习仁，又在实践中违背仁，并因违背仁而被视作小人。君子为什么要践行仁？小人为什么要违背仁？孔子给出了答案："君子有三畏：畏天命，畏大人，畏圣人之言。小人不知天命而不畏也，狎大人，侮圣人之言。"（《论语·季氏》）

孔子的意思是，"唯天为大"（《论语·泰伯》），天乃至上的主宰性存在，比如，"获罪于天，无所祷也"（《论语·八佾》）。命乃天之所命，为天之所赋，是天意的落实和显现，因此，在命和人之间，命因代表天意而

主宰人间的一切，比如，"死生有命"（《论语·颜渊》），"道之将行也与，命也；道之将废也与，命也"（《论语·宪问》），人之生与死、道之推行与废弃决定于命。只有"知天命"，知道天之所赋，知道命之于人的主宰性，才可以做到"畏天命"，并在"畏天命"的前提下服从命。

对于仁来说，由"天生德于予"（《论语·述而》）可知，"德"虽是"圣人之言"，却来源于天，是天赐予人的"礼物"，而不是人自己的"发明"，这是命中注定的。因此，知道天命，"畏天命"，必然"畏圣人之言"，畏"德"，畏作为人生大德的仁，并因之而主动追求仁、践行仁。

君子由于"智"而"知命"，并因"知命"而"畏天命"；由于知仁由天命所赋而主动知仁、践仁，并因主动知仁、践仁而以仁为生命的最高追求，所谓"朝闻道，夕死可矣"（《论语·里仁》），表达的就是此意。这是君子之为君子的原因。小人由于无"智"而"不知命"，并因"不知命"而不畏命；小人虽然能够知仁，但是不知仁之由来以及仁背后的"天命"，从而"侮圣人之言"，知仁而不践仁。这是小人之为小人的原因。孔子曰"未知。焉得仁"（《论语·公冶长》），就是此意。

在理论上，君子乃"仁者"，至于实践层面的"君子而不仁者"（《论语·宪问》），"知命"而不践行仁，属于罕见的、偶发的现象，而"未有小人而仁者也"（《论语·宪问》），则就属于正常的、普遍的现象。

由以上可以看出，决定君子与小人之别的，是"德"和"知命"、是仁和"智"，正是基于此，"子罕言利，与命与仁"（《论语·子罕》）；在"德"和"知命"、仁和"智"之间，"知命""智"更为关键。我们甚至可以说，"知命"或者说"智"起主导乃至决定性作用。因为"知命"者、"智"者能够认知命，并因为能够认知命而自觉地践行作为天命显现的"德"或者说仁，从而成为君子；而"不知命"者、智商低者不能够认知天命，并因为不能够认知命而被动地知仁，还处处违背仁，从而成为小人。这么看，一个人能否成为君子，或者说最终是成为君子还是小人，主要决定于天生的因素，后天的人为因素反而是次要的。对于注定要成为君子的人来说，后天的努力只是起促进作用；对于注定要成为小人的人来说，后天的努力是没有意义的。

　　（原载《华夏文化》2023年第2期，有改动）

仁且智：孔子视界中君子与小人之别

何为孔子之道

——从孔子弟子的视角看

孔子之道也即孔子思想的核心是什么？学术界争论不已。有的学者认为是仁，有的学者认为是礼，也有的学者认为是仁和礼二者。这些，都是基于对《论语》中所记载的孔子思想的把握和理解。其实，关于孔子之道、孔子思想的核心，孔子本人虽然没有明确说明，但是孔子的弟子曾参、有子、子贡等已有论述，他们的论述对于我们具有启发意义。

一、曾参：孔子之道是忠恕

《论语·里仁》载有孔子与曾参关于孔子之道的对话，原文如下："子曰：'参乎！吾道一以贯之。'曾子曰：'唯。'子出，门人问曰：'何谓也？'曾子曰：'夫子之道，忠恕而已矣。'"这里，孔子要表达的是，自己的思想、学说虽然很丰富，但不是没有主次、没有内在联系，更不是散乱无章的，而是有一个核心，换句话说，自己的思想、学说是围绕着一个核心展开、发展起来的，曾参根据自己对孔子思想、学说的认识、体悟，也感到确实有一个核心。问题是，孔子没有直接、明确地对曾参说出自己"一以贯之"之道究竟是什么，而曾参也没有在孔子面前说出自己所理解的孔子的"一以贯之"之道究竟是什么，这样，曾参在孔子走了之后面对师兄弟的追问时所说的"夫子之道，忠恕而已矣"，由于没有得到孔子的当面确认就不具备权威性。当然，从"忠恕"之后的"而已矣"我们可以看出，曾参在说"夫子之道，忠恕而已矣"时是非常自信的，充满了自得之情。不过，自信并不意味着就一定正确。

曾参把孔子之道解读为忠恕，这是否正确？我们先看"忠"，忠指"己欲立而立人，己欲达而达人"（《论语·雍也》），谓自己想自立，就要帮助别人自立，自己想通达，就要帮助别人通达；再看"恕"，恕指"己所不欲，勿施于人"（《论语·颜渊》《论语·卫灵公》），谓自己所不想要的，就不要强加于别人。这里，可以看出，忠恕涉及人与人的关系，从肯定和否定两个方面规定了人的行为方式，乃处理人际关系的基本原则。

作为处理人际关系的基本原则的忠恕，是否就是孔子之道、孔子思想的核心呢？让我们回到孔子讨论忠恕的具体语境。关于"忠"，孔子是通过与子贡问答的方式表达出来的："子贡曰：'如有博施于民而能济众，何如？可谓

仁乎？'子曰：'何事于仁？必也圣乎！尧舜其犹病诸。夫仁者，己欲立而立人，己欲达而达人。能近取譬，可谓仁之方也已。'"（《论语·雍也》）子贡理解仁为"博施于民而能济众"，孔子认为这是仁的极致——"圣"，然后解仁为"己欲立而立人，己欲达而达人"，也即解仁为"忠"。这表明"忠"依附于仁，乃为仁之方而已。关于"恕"，孔子是通过与仲弓、子贡问答的方式表达出来的："仲弓问仁。子曰：'出门如见大宾，使民如承大祭；己所不欲，勿施于人；在邦无怨，在家无怨。'仲弓曰：'雍虽不敏，请事斯语矣。'"（《论语·颜渊》）"子贡问曰：'有一言而可以终身行之者乎？'子曰：'其恕乎！己所不欲，勿施于人。'"（《论语·卫灵公》）仲弓问仁，孔子列"己所不欲，勿施于仁"为为仁的方法之一，由于特别重视"己所不欲，勿施于人"，所以，当子贡问孔子什么是终身奉行的原则时，孔子毫不犹豫地说是"恕"。这里，"恕"同"忠"一样依附于仁，乃为仁之方一种。

通过以上分析，我们可以明白，曾参认定孔子之道、孔子思想的核心是忠恕，可是，后人并不十分重视之。究其因，大致有二：一方面，忠恕是两个概念，忠恕一词是两个概念的简单相加，不是一个不可分离的以复合词形式出现的概念，如果承认忠恕是孔子之道、孔子思想的核心，就意味着孔子有两个道、孔子思想有两个核心，一个叫"忠"，一个叫"恕"，而这是不可能的；另一方面，"忠""恕"都是为仁之方，也即行仁的方法，它们都依存于仁，在仁与"忠""恕"的关系中，仁是核心、根本，"忠""恕"围绕着仁而展开，仁未必是孔子之道、孔子思想的核心，更遑论忠恕了。

二、有子：孔子之道是仁

《论语·学而》载有子的言论共三处，而且只有《论语·学而》载有有子的言论。从有子的言论来看，论及仁、礼、信、恭四者，而在这四者之中，有子论仁最为深刻。这暗示我们，有子心目中的孔子之道或者说孔子思想的核心是仁。据《孟子》和《史记》记载，孔子死后，孔子弟子曾推举有子为孔子的继承人，有子在短期内曾担任儒门的领袖，这恐与有子能够在孔子所论的众德之中抽取仁而为其思想的核心，并能够揭破仁的秘密有关，而非《孟子·滕文公上》《史记·仲尼弟子列传》所说的是由于有子长相类于孔子、圣人。

我们先考察有子论礼的言论："礼之用，和为贵。先王之道斯为美，小大由之，有所不行。知和而和，不以礼节之，亦不可行也。"（《论语·学而》）这里，有子认为礼是先王之道，礼的作用除了有"别"——区别人的社会等级的一面，还有"和"——协调人与人的关系、人与社会的关系的一面。这是有子针对人们要么重视礼之"别"而忽视礼之"和"，要么脱离礼的制约而宣扬礼之"和"所发出的纠偏之论。再考察有子谈信和恭的言论："信近

于义，言可复也；恭近于礼，远耻辱也。"（《论语·学而》）这是说，信用接近、符合义，说过的话才能够兑现；恭敬接近、符合礼，才可以远离耻辱。这里，有子是在谈信与义、恭与礼的关系，信之于义、恭之于礼的依存性，义之于信、礼之于恭的决定性。至于义与礼的关系，有子未曾言及，从"信近于义""恭近于礼"的句式来看，似乎信与恭处于同一层面，义与礼处于同一层面。也就是说，义与礼之间，彼此没有制约性。这表明，在有子看来，礼或者礼、义不可能是孔子之道、孔子思想的核心，更不用说信与恭了。

最后，我们来考察有子讨论仁的言论："其为人也孝弟而好犯上者，鲜矣；不好犯上而好作乱者，未之有也。君子务本，本立而道生。孝弟也者，其为仁之本与？"（《论语·学而》）这是说，一个人在家族范围内能够做到孝悌，在进入社会领域处理人际关系特别是上下关系时就不"犯上"；一个人在社会上不"犯上"，在政治领域就不"作乱"。从孝悌出发，有子推出不"犯上"、不"作乱"的结果，而不"犯上"、不"作乱"既是仁者之德，同时也是统治者施行德治所追求的目标。所以，有子得出"本立而道生"、孝悌乃"仁之本"的结论。由于有子所说的"本"是孝悌，而孝悌又具体为"仁之本"，因此，有子"本立而道生"中的"本"指孝悌，"道"则指仁。这里，有子明确把孔子之道理解为仁，把仁解读为孔子思想的核心。仔细分析、揣摩有子的这段话，顺着有子的思路，我们发现，有子不仅认为仁以孝悌为根本，仁从孝悌生发而来，还认为仁包括孝悌。如此，仁涵括家族、社会、政治等领域，包括道德与政治双重意蕴，对于个人来说是"德"，且是涵盖面最为广阔的"德"；对于统治者来说，乃为政之"道"，且是理想的为政之"道"。这种"仁"，在有子看来当然有资格上升为孔子之道。后世学者在论证孔子之道是仁时，没有注意有子的这段话，恐与这些学者没有深思这段话中所隐含的深意有关。

三、子贡：孔子之道是"文章"、性与天道

《论语·公冶长》载子贡论说孔子思想的言论，原文是："夫子之文章，可得而闻也；夫子之言性与天道，不可得而闻也。"此处，子贡感伤孔子只将"文章"传授给自己，而未将"性与天道"传授给自己。"文章"指诗书礼乐等，从《论语》所载来看，这是孔子教育弟子的主要内容，而《论语》中所载的孔子思想，主要是对诗书礼乐的发挥。关于"性"，《论语》中只有孔子的一句"性相近也，习相远也"（《论语·阳货》）。关于"天道"，《论语》中没有提及孔子的说法。由此看来，孔子关于性和天道的学说很可能是没有传授给任何学生，而不仅仅是没有传授给子贡一人，否则，《论语》中很可能会有记载。对于孔子只传"文章"而不传"性与天道"的做法，别的学生没有怨言，一种原因可能是别的学生并不知道孔子还有

"性与天道"的学说，另一种原因可能是别的学生知道孔子有这方面的学说，但是对孔子的做法表示理解。至于孔子为什么不把"性与天道"的学说传给学生，我们无从确知。

客观地说，子贡上述言论透露出孔子思想包括"文章"、性和天道三个部分，也可理解为子贡认为孔子之道、孔子思想的核心就是"文章"、性与天道。理由是：孔子以诗书礼乐教育学生，并且在教育学生的过程中借助诗书礼乐表达自己的道德和政治思想，换句话说，孔子关于道德、政治的知识和思想都以诗书礼乐为核心，在此意义上，子贡把孔子这方面的知识、思想的核心理解为"文章"，是合乎情理的。至于孔子的"性与天道"学说的具体内容，子贡不知道，当然不能从孔子人性学说和天道学说的具体内容的维度总结出孔子人性思想和天道思想的核心，只能把孔子关于人性方面的学说的核心解读为"性"，也只能把孔子关于天道方面的学说的核心解读为"天道"。话又说回来，如果子贡知道孔子的"性与天道"的思想，就是说，如果子贡能够知道孔子的所有思想，而不是仅知"文章"而不知"性与天道"，那么，子贡将会在孔子"文章"、性与天道的基础上凝练出孔子之道也即孔子思想的核心。可惜，孔子没有告诉子贡关于"性与天道"的思想，子贡只能够尽其所知来解读孔子之道、孔子思想的核心，将孔子思想一分为三，也即划分为三个部分，并通过此种方式来理解孔子之道、孔子思想的核心。这是子贡的缺憾，本质的意义上，也是孔子留给子贡的缺憾。

如果承认孔子之道是"文章"、性与天道，就意味着孔子有三个道、孔子思想有三个核心，分别是"文章"、性和天道，这无论如何是不可能的。再说，子贡的言论表面上给人们的感觉是，孔子有"文章"、性与天道这三方面的思想，或者说，表面上是告诉人们，孔子的思想主要由"文章"、性与天道这三部分所构成。所以，后世的学者在研究孔子之道时就没有在意子贡的上述言论。

四、余论

从子贡的上述言论，我们再回过头来看曾参的"夫子之道，忠恕而已矣"，以及有子的以"仁"为孔子之道，可以看出，曾参和有子所言的孔子之道都局限于"文章"领域，而未及"性与天道"领域。而由"子曰：'参乎！吾道一以贯之。'曾子曰：'唯'"（《论语·里仁》），以及孔子未曾向学生传授"性与天道"，又可以看出，孔子所言的"吾道"实质上就是就"文章"方面而言的。后世的学者讨论孔子之道，也是就"文章"方面而言的，只不过后世的学者不太重视子贡的"夫子之言性与天道，不可得而闻也"这句话，以为自己所讨论的孔子之道是孔子整个思想的核心。

在孔子所有的学生中是否有人知晓孔子之道并且得到孔子的认可呢？有人知晓，例如，冉求就知晓，这有冉求

同孔子的对话为证："冉求曰：'非不说子之道，力不足也。'子曰：'力不足者，中道而废，今女画。'"（《论语·雍也》）这里，冉求言其喜欢孔子之"道"，肯定是以知道孔子之道为前提的，而孔子批评其懒惰，并未指出其不知"道"，可见，孔子是认为冉求知道自己的"道"的。令我们感到遗憾的是，冉求没有讲出孔子之道究竟是什么。

这样，曾参、有子、子贡谈论孔子之道，指出孔子之道是什么，却未被孔子当面认可；冉求谈论孔子之道，虽被孔子当面认可，却没有讲明何为孔子之道。关于孔子之道是什么，遂成为学者们研究、争论的对象。

（原载《哲学进展》2012年第1期，有改动）

第二辑

君子之“三畏”

　　《论语·季氏》载孔子之言：“君子有三畏：畏天命，畏大人，畏圣人之言。小人不知天命而不畏也，狎大人，侮圣人之言。”此言有深意，不限于谈君子①之所“畏”与小人之所“不畏”，以及“畏”与“不畏”乃君子和小人的界限。

　　从君子“畏天命”，“小人不知天命而不畏也”可以看出，在认知层面，君子“知天命”，小人“不知天命”，是否“知天命”乃君子与小人相区别的原因之一。关于这一点，我们从孔子所言“不知命，无以为君子也”（《论语·尧曰》），也可得到确证。②在道德层面，君子“畏天

---

①《论语》中的君子有两类，一类是有位者，指统治者，相当于其所谓“大人”；一类是有德者，乃儒家理想人格。“君子有三畏”所谈之君子，乃是后者，即有德者。

②孔子言其“五十而知天命”（《论语·为政》），认为自己到五十岁才成为君子，由此可知成为君子之艰难，需要长期的不懈努力。

命"，小人不畏天命，是否"畏天命"也是君子与小人相区别的原因之一。另外，从君子"畏天命"，"小人不知天命而不畏也"还可以看出，"畏天命"的前提是"知天命"，没有认知层面的"知天命"，就没有道德意义上的敬畏天命；小人之所以不畏天命，不是"知天命"而不畏，乃是由于"不知天命"。这么说，君子在智力的层面还高于小人，君子之所以是君子，小人之所以是小人，虽在于"德"，但是终极原因却在于"智"。由于孔子曾云"唯上知与下愚不移"（《论语·阳货》），认为人之智愚乃人之先天素质，且不可以改变，这意味着君子与小人是先天的，是不可以通过后天努力来改变的。

从"畏天命，畏大人，畏圣人之言"的排列次序可知，"畏天命"居于首位，"畏天命"的重要性高于"畏大人"和"畏圣人之言"；"畏大人"居于第二位，"畏圣人之言"居于第三位，"畏大人"的重要性高于"畏圣人之言"。

天命是超人间的主宰者，是社会、人生的最后决定者。对于人生而言，"死生有命，富贵在天"（《论语·颜渊》），所以孔子云"巍巍乎，唯天为大"（《论语·泰伯》），"获罪于天，无所祷也"（《论语·八佾》）。如此，天命之于人生的威严远远高出"大人"和"圣人之言"，更何况"大人"和"圣人"本身还是"人"，而不是人之上的"神"，需要听命于天。这是君子之"三畏"中"畏天命"为第一"畏"的原因。大人和圣人分属政治与道德存在，大人在《论语》中似仅此一见，是身居高位者、统治者，是不可抗拒的强权的象征，大人的威严在于其代表和拥有的权力；圣、圣人在《论语》中出现频率虽低于君子、小人，但仍有数处，是道德完美者、善的化身、仁的完满实现者，是理想之人格，圣人的威严在于其践行和拥有的道德。权力之于人具有强制性、压迫性，而道德说教之于人不具有强制性、压迫性，在大人和圣人之间、大人的权力和圣人的道德说教之间，人们更加畏惧的是大人、大人的权力，以及权力背后的惩罚，这是君子之"三畏"中，"畏大人"位于"畏圣人之言"之前的原因。此外，君子和圣人同类，都是理想存在，都是仁的积极践履者，君子之极致即圣人，一方面，君子以圣人为道德完善的目标，"圣人之言"君子多能自觉遵守；另一方面，君子距离圣人最为接近，圣人之于君子并不十分神秘。这也是"畏圣人之言"位居君子之"三畏"之最后的原因。

生命的世界由信仰和现实所构成。在君子之"三畏"中，天命属于信仰世界，大人与圣人之言属于现实世界。"畏天命，畏大人，畏圣人之言"，还说明信仰世界的力量超越现实世界的力量，信仰世界主宰现实世界，在信仰世界与现实世界之间，信仰世界更为重要。因而，"事神"比"事人"更为重要。《论语·先进》载子路同孔子关于鬼神的问答："季路问事鬼神。子曰：'未能事人，焉能事鬼？'"这一问答被普遍地解读为孔子重人轻神，甚至有无神论倾向。其实，孔子的真实意思是，"事鬼""事神"

比"事人"更难，先"事人"，且"事"得好，然后才能"事鬼神"，因为神决定人，神比人更重要、更令人敬畏。孔子说"敬鬼神而远之"（《论语·雍也》），强调对待鬼神不仅要"敬"而且还要"远"。"远"才能感受鬼神与人的"距离"，鬼神与人的区别，以及鬼神之于人的高大、威严，从而生出更多的"敬"和"畏"。

天命属于信仰世界，君子"知天命"而小人"不知天命"，表明君子不仅拥有现实世界，而且还拥有信仰世界，而小人只拥有现实世界，并不拥有信仰世界。由于君子"畏天命，畏大人，畏圣人之言"，知道自己在所处的信仰世界和现实世界中的位置，知道信仰世界和现实世界对于自己所起的不同作用，因而能够在真正的意义上拥有这两个世界，并对此产生敬畏之心；而小人不仅"不知天命"、不畏天命，还"狎大人，侮圣人之言"，并不真正知道自己在现实世界中的位置，更不真正知道现实世界对于自己的意义，因而虽然表面上拥有现实世界，而在实际上破坏并丧失现实世界，更谈不上对现实世界的敬畏。

如此，君子之"三畏"——"畏天命，畏大人，畏圣人之言"的排序是基于天命、大人和圣人的排序；君子与小人之别，虽在于对天命、大人、圣人之言是否敬畏，更在于智力的高低；君子与小人的界限是先天的，不可以逾越的，君子拥有信仰和现实双重世界，有着生命的寄托，小人仅仅是现实世界中的存在者。

（原载《中国社会科学报》2016年11月30日，有改动）

《论语》"富与贵，是人之所欲也"章新解

《论语·里仁》载孔子语："富与贵，是人之所欲也，不以其道得之，不处也；贫与贱，是人之所恶也，不以其道得之，不去也。君子去仁，恶乎成名？君子无终食之间违仁，造次必于是，颠沛必于是。"

此章后半部分"君子去仁，恶乎成名？君子无终食之间违仁，造次必于是，颠沛必于是"，容易理解，而此章的前半部分"富与贵，是人之所欲也，不以其道得之，不处也；贫与贱，是人之所恶也，不以其道得之，不去也"，则不易理解。之所以不易理解，主要在于"贫与贱，是人之所恶也，不以其道得之，不去也"给人们造成的困惑。即便当代注译《论语》的代表性人物杨伯峻、钱逊对其所作的解读，也难以令人信服。基于此，笔者以为有必要对其作新的解读。

　　我们先看杨伯峻先生对"富与贵，是人之所欲也，不以其道得之，不处也；贫与贱，是人之所恶也，不以其道得之，不去也"的翻译："发大财，做大官，这是人人所盼望的；不用正当的方法去得到它，君子不接受。穷困和下贱，这是人人所厌恶的；不用正当的方法去抛掉它，君子不摆脱。"①单从此翻译来看，杨伯峻似乎是把"贫与贱，是人之所恶也，不以其道得之，不去也"中的"得"解读为"抛掉"，其实不然。从他对"贫与贱，是人之所恶也，不以其道得之"的"注释"来看，他是把"得"改为"去"，把"得之"改为"去之"，然后对其进行翻译的。这说明，他将"去"解读为"抛掉"。至于"得"，在他的心中依然是"得到"的意思。

　　我们现在来看杨伯峻的"注释"："贫与贱……不以其道得之——'富与贵'可以说'得之'，'贫与贱'却不是人人想'得之'的。这里也讲'不以其道得之'，'得之'应该改为'去之'。译文只是就这一整段的精神加以诠释，这里为什么也讲'得之'，可能是古人的不经意处，我们不必再在这上面做文章了。"②这里，杨伯峻认为"贫与贱，是人之所恶也，不以其道得之，不去也"中的"得

---

① 杨伯峻：《论语译注》，中华书局 2009 年出版，第 35 页。
② 杨伯峻：《论语译注》，中华书局 2009 年出版，第 35 页。

之"，可能是孔子"不经意"说出来的，有"口误"意味，是错误的，因此，我们没有必要将错就错，考察、深思此处"得之"的深意。

杨伯峻通过改动原文的方式理解、翻译"富与贵，是人之所欲也，不以其道得之，不处也；贫与贱，是人之所恶也，不以其道得之，不去也"，是欠妥的。因为他只是自己未能正确理解原文而已，并没有真正证明原文是错误的。

下面再来看钱逊先生对"富与贵，是人之所欲也，不以其道得之，不处也；贫与贱，是人之所恶也，不以其道得之，不去也"的翻译："富贵是人人都想要的，但是不依据于道而得到富贵，就不去接受它；贫贱是人人都厌恶的，但是不依据于道而摆脱贫贱，就不去摆脱它。"①由此翻译来看，钱逊把"贫与贱，是人之所恶也，不以其道得之，不去也"中的"得"解读为"摆脱"。而且，从他关于这一章的"按语"来看，他认为"贫与贱，是人之所恶也，不以其道得之，不去也"中的"得"没有错，是不需要改为"去"的。

接下来我们来看钱逊的"按语"："'按'：义利关系，是孔子提出的一个重要问题。这一章里孔子要求对富贵不以其道得之不处也，对贫贱不以其道得之不去也……"②这里，钱逊将孔子的"贫与贱，是人之所恶也，不以其道

① 钱逊：《论语浅解》，北京古籍出版社1988年出版，第69页。
② 钱逊：《论语浅解》，北京古籍出版社1988年出版，第70页。

《论语》『富与贵，是人之所欲也』章新解

得之，不去也"概括为"贫贱不以其道得之不去也"，并不觉得孔子的文字有错。

钱逊没有改动原文，直接将"贫与贱，是人之所恶也，不以其道得之，不去也"中的"得"理解为"摆脱"，也是欠妥的。因为古汉语中的"得"并没有"摆脱"的意思。这么说，钱逊似乎也未能正确理解原文。

如何解读"富与贵，是人之所欲也，不以其道得之，不处也；贫与贱，是人之所恶也，不以其道得之，不去也"，特别是其中的"贫与贱，是人之所恶也，不以其道得之，不去也"，朱熹的解读值得关注。

在《论语集注》中朱熹解之曰："不以其道得之，谓不当得而得之。然于富贵则不处，于贫贱则不去，君子之审富贵而安贫贱也如此。"（《论语集注·里仁》）按照朱熹的理解，孔子的意思是，不应当得到富贵却得到了，得到了也不接受，这是君子审慎地对待富贵应有的态度；不应当处于贫贱之中却处于贫贱之中，处于贫贱之中也不离开，这是君子安于贫贱的写照。

不同于包括杨伯峻、钱逊在内的多数学者将"贫与贱，是人之所恶也，不以其道得之，不去也"中的"去"理解为抛掉、摆脱等，朱熹将此"去"理解为离开、离去，《朱子语类》卷二十六对此有记载："问：'"不以其道得之不去也"，"去"字或读作上声，可否?'曰：'自家离去之"去"，去声读；除去之"去"，上声读。此章只是去声。'"

需要注意的是，朱熹对"富与贵，是人之所欲也，不以其道得之，不处也；贫与贱，是人之所恶也，不以其道得之，不去也"还作了进一步阐释："不当富贵而得富贵，则害义理，故不处。不当贫贱而得贫贱，则自家义理已无愧，居之何害！富贵人所同欲，若不子细，便错了。贫贱人所同恶，自家既无愧义理，若更去其中分疏我不当贫贱，便不是。张子韶说'审富贵而安贫贱'极好。"（《朱子语类》卷二十六）这是以"义理"为根据，认为富贵是否当"得"取决于是否有害于义理，有害于义理的富贵则不当得；贫贱是否当"去"也取决于义理，只要无愧于义理，即便不当得的贫贱，也不"去"。这里，朱熹的阐释还引用了张九成之语"审富贵而安贫贱"。由此也可知，上文所引朱熹注解此章的文字"君子之审富贵而安贫贱也如此"，也是利用了张九成之语。换言之，朱熹对此章的注解、阐释明显受到了张九成的启发。

朱熹类似的进一步阐释还有："小人放僻邪侈，自当得贫贱。君子履仁行义，疑不当得贫贱，然却得贫贱，这也只得安而受之，不可说我不当得贫贱，而必欲求脱去也。今人大率于利，虽不当得，亦泯默受之；有害，则必以为不当得，而求去之矣。君子则于富贵之来，须是审而处之；于贫贱，则不问当得与不当得，但当安而受之，不

求去也。"（《朱子语类》卷二十六）这也是利用张九成之语"审富贵而安贫贱"来阐释孔子文义。

三

在笔者看来，"富与贵，是人之所欲也，不以其道得之，不处也；贫与贱，是人之所恶也，不以其道得之，不去也"，之所以不易理解，其中的"贫与贱，是人之所恶也，不以其道得之，不去也"中的"不以其道得之"，其"之"之所指，应是问题的关键。自古及今，人们都认为此"之"指"贫与贱"，并在此基础上解读此章。没有人怀疑此处"之"之所指，而这也正是造成对此章的各种解读都比较牵强的原因。

朱熹的解读虽然主观上尊重原文，看起来较为合理，但是，既有其明显的自我发挥的成分，又是其认为"贫与贱，是人之所恶也，不以其道得之，不去也"中的"不以其道得之"，其"之"指"贫与贱"所致。杨伯峻、钱逊等的理解，基于"贫与贱，是人之所恶也，不以其道得之，不去也"中的"不以其道得之"，其"之"指"贫与贱"，为自圆其说，要么篡改原文，将"贫与贱，是人之所恶也，不以其道得之"中的"得"改为"去"，要么故意错解原文，将"贫与贱，是人之所恶也，不以其道得之"中的"得"解为"摆脱"，这都是错误的。

此处"之"如果指"贫与贱"，那么，"贫与贱，是人之所恶也，不以其道得之，不去也"就只能理解为：贫与贱是人们所厌恶的，不依据"道"而得到它（贫与贱），就不抛弃它（贫与贱）。这么理解，确实费解，很容易让人认为孔子说错了。

其实，孔子并没有说错，而是后世的学者理解错了。此处"之"如果指"富与贵"，那么，问题就迎刃而解。"贫与贱，是人之所恶也，不以其道得之，不去也"的意思就是"贫与贱，是人之所恶也，不以其道得之（富与贵），不去（贫与贱）也"。这样，原文就可理解为：贫与贱是人们所厌恶的，不依据"道"而得到富与贵，就不抛弃贫与贱。

将"贫与贱，是人之所恶也，不以其道得之，不去也"中的"之"理解为"富与贵"，不是没有理由的，是联系前文所得出的。从"富与贵，是人之所欲也，不以其道得之，不处也；贫与贱，是人之所恶也，不以其道得之，不去也"来看，"富与贵，是人之所欲也，不以其道得之，不处也"中的"之"指"富与贵"，这是没有任何疑问的，所有的学者也都这么认为，而"贫与贱，是人之所恶也，不以其道得之，不去也"中的"之"与其所指相同，两处"不以其道得之"意思完全相同，都是可以说通的。

按照这种理解，"富与贵，是人之所欲也，不以其道得之，不处也；贫与贱，是人之所恶也，不以其道得之，不去也"，无非是说"富与贵，是人之所欲也，不以其

得之（富与贵），不处（富与贵）也；贫与贱，是人之所恶也，不以其道得之（富与贵），不去（贫与贱）也"，意思就是：富与贵是人们所想要的，不依据"道"而得到富与贵，就不接受富与贵；贫与贱是人们所厌恶的，不依据"道"而得到富与贵，就不抛弃贫与贱。这样，对这一章的理解就顺畅了，既不需要像杨伯峻那样改动原文，也不需要像钱逊那样故意错解"得"字的含义，当然，也不需要像朱熹那样作过度诠释。

（原载《邯郸学院学报》2020年第3期，有改动）

《论语》"生而知之者，上也"章释解

《论语·季氏》载孔子语："生而知之者，上也；学而知之者，次也；困而学之，又其次也；困而不学，民斯为下矣。"这是从认知的维度理解"人"，认为所有的人都具有认知能力，从认知途径、认知方法上看，人可以分为"生"而就"知"和"学"而后"知"两类，也即天生就"知"和后天学"知"两类，这种划分的依据或者说决定因素是智力因素；从认知态度、认知的主动性上看，"学"而后"知"这类人，又可以分为"学而知""困而学""困而不学"三类，其中，"学而知"属于主动自觉的"学"，"困而学"属于被动被迫的"学"，"困而不学"属于能"学"而不"学"，这种划分的依据或者说决定因素是主观态度。这样，细分的话，人分四类。由于"民斯为下"的断语，论定"困而不学"的"民"为最下者，孔子将人分四类，也是将人分四等。

此章有三处难解：既然"困而不学"的是"民"，那

么，"生而知之者"、"学而知之者"、"困而学之"者分别指哪些人？"生而知之者""学而知之者""困而学之"中的"之"指什么，也即"知"什么、"学"什么，认知的对象、内容是什么？还有，决定智力因素、主观态度，也即决定人在认知上的差异的根源是什么？

一

此章历来为儒者所重视，其中，尤以皇侃、程颐、朱熹、李颙等的解释最有代表性。我们先看他们的解释。

皇侃是南朝经学家，治《论语》《孝经》及三礼等，其解之曰："此章劝学也，故先从圣人始也。若生而自有知识者，此明是上智圣人，故云上也。云学而云云者，谓上贤也，上贤既不生知，资学以满分，故次生知者也。谓中贤以下也，本不好学，特以己有所用，于理困愤不通，故愤而学之，此只次前上贤人也。谓下愚也，既不好学，而困又不学，此是下愚之民也，故云民斯为下矣。"①皇侃认为"生而知之者"是圣人，"学而知之者"是"上贤"者，"困而学之"者是"中贤以下"者，"困而不学"者是"愚"者，是民，也即"下愚之民"。这是将人之认知能力、认知态度与人之道德人格相匹配。皇侃的这种解释结合了孔子的"唯上知与下愚不移"（《论语·阳货》），视"生而知之者"为智者，"困而不学"者为愚者。同时，皇

① 程树德：《论语集释》，中华书局2014年出版，第1492页。

侃的这种解释还结合了孔子关于"贤"的论述，视"学而知之者"和"困而学之"者为"贤"者，只是前者为"上贤"者，后者为"中贤以下"者。至于"知"的对象、内容，人的认知存在差异的原因，皇侃未作解释。

程颐与其兄程颢同为宋代理学之奠基者，其解之曰："生知者，只是他生自知义理，不待学而知"（《河南程氏遗书》卷十五），"生而知之，学而知之，亦是才"（《河南程氏遗书》卷十九）。这里，程颐认为认知的对象、内容是"义理"，决定人在认知上的差异的原因在于"才"。这明显是以自己的理学思想解读孔子的"生而知之""学而知之"。另外，儒家视孔子为圣人，二程曾曰："孔子，生而知之者也。"（《河南程氏外书》卷三）由此可推知，程颐认为"生而知之者"是圣人。至于"学而知之者"、"困而学之"者之所指，程颐没有说明。

朱熹乃两宋理学之集大成者，其解之曰："困，谓有所不通。言人之气质不同，大约有此四等。杨氏曰：'生知、学知以至困学，虽其质不同，然及其知之一也，故君子惟学之为贵。困而不学，然后为下。'"（《论语集注·季氏》）这里，朱熹认为孔子将人分为"生而知之者"、"学而知之者"、"困而学之"者和"困而不学"者等四类，且这四类有其等级区别，也即有其优劣，而产生这四类差别的原因，或者说划分这四类的依据，则在于人自身的"气质"。这表明，在朱熹看来，孔子的人分四类并因此而有四等是先天的。朱熹引用杨氏的"生知、学知以至困

学，虽其质不同，然及其知之一也，故君子惟学之为贵。困而不学，然后为下"，来证明自己的观点，其所看重的恰是"其质不同"。不过，杨氏"故君子惟学之为贵"，透露出"学而知之者"乃君子，此点未为朱熹所注意。针对人们"其所以有是四等者，何也"的疑问，朱熹又云："人之生也，气质之禀，清明纯粹，绝无渣滓，则于天地之性，无所间隔，而凡义理之当然，有不待学而了然于胸中者，所谓生而知之圣人也。其不及此者，则以昏明、清浊、正偏、纯驳之多少胜负为差。其或得于清明纯粹而不能无少渣滓者，则虽未免乎小有间隔，而其间易达，其碍易通，故于其所未通者，必知学以通之，而其学也，则亦无不达矣，所谓学而知之大贤也。或得于昏浊偏驳之多，而不能无少清明纯粹者，则必其窒塞不通然后知学，其学又未必无不通也，所谓困而学之众人也。至于昏浊偏驳又甚，而无复少有清明纯粹之气，则虽有不通，而懵然莫觉，以为当然，终不知学以求其通也，此则下民而已矣。"（《论语或问·季氏第十六》）朱熹进一步从"气质"之维予以解释，认为孔子分人为四类，从而有四等，是因为人之"气质之禀"之不同的缘故，具体言之，所禀之"气""清明纯粹，绝无渣滓"，则为"生而知之者"；所禀之"气"因"昏明、清浊、正偏、纯驳之多少胜负"之不同，而有"学而知之者"、"困而学之"者、"困而不学"者之别。这里，朱熹以为"生而知之者"乃"圣人"，"学而知之者"乃"大贤"，"困而学之"者乃"众人"，"困而不学"者乃"下民"。同皇侃一样，朱熹将认知维度的人的差别与道德维度的人之等级划分一一对应。处于圣人与众人之间的大贤，可以说就是君子。这说明，在朱熹看来，不仅"气质之禀"的不同是人之智力差异的原因，也是人之道德差异的原因。至于认知的对象、内容，即"知之"所指，朱熹认为是"义理之当然"，也即理、天理。这是朱熹用自己哲学的最高范畴天理来解释"知之""学之"之"之"。

李颙乃明清之际的大儒，为学兼采理学、心学两派，其解之曰："生知、学知、困知及民斯为下，等虽有四，知止一知。知之在人，犹月之在天，岂有两乎？月本常明，其有明有不明者，云翳有聚散也，云散则月无不明。有知有不知者，气质有清浊也，气澄则知无不知。学也者，所以变化气质，以求此知也。上、次、又次及民下，人自为之耳。"（《二曲集》卷三十九）针对人们"生而知之、学而知之，此'之'字果何所指"的问题，李颙答曰："'知之'只是'知良知'，'良知'之外再无知，若于此外更求知，何异乘驴更觅驴？"[①]（《二曲集》卷三十九）李颙对"生而知之者"、"学而知之者"、"困而学之"者分别指哪些人，并不在意。他关注的是人分四等、人在认知上的差异的根源何在，以及所知的对象、内容。在李

---

① 程树德引李颙上述文字时，"'知之'只是'知良知'，'良知'之外再无知"，作"知之只是知本性，本性之外再无知"。见程树德：《论语集释》，中华书局2014年出版，第1493页。

颢看来，人在认知上的差异在于人之"气质"，人之"气质"的"清浊"决定了人的类别和等级。但是，李颙又认为人之"气质"虽然是先天的，却又是可以改变的。对于认知的对象、内容，李颙认为是"良知"，这明显受王阳明所创立的王学的影响。

由上可知，关于此章，皇侃关注的是人分四类、四等的问题，其解释较为平实、客观，能从《论语》中找到相应的依据，这与其经学家的身份是一致的，而程颐、朱熹、李颙等关注的是认知的对象、内容以及人的认知差异、智力差异的原因，其解释都有明显的主观性，都有立足于自己的哲学加以解释的特点，这与其哲人的身份是一致的。而就解释的全面性而言，朱熹的解释最为全面。

二

联系《论语》中的相关内容，结合孔子的思想，借鉴历代儒者的解读，笔者认为此章的"生而知之者"、"学而知之者"、"困而学之"者分别指圣人、君子和小人；此章的"生而知之""学而知之""困而学之"中的"之"之所指，也即认知的对象、内容是"仁"。至于此章"生而知之者，上也"云云，所涉及的决定智力因素、主观态度，也即决定人在认知上的差异的根源是什么，孔子未曾言及。

孔子曰"君子食无求饱，居无求安，敏于事而慎于言，就有道而正焉，可谓好学也已"（《论语·学而》），从"好学"的角度解读君子、定义君子。此处"好学"就是主动自觉的"学"。孔子本人"好学"，尝曰"十室之邑，必有忠信如丘者焉，不如丘之好学也"（《论语·公冶长》），"默而识之，学而不厌，诲人不倦，何有于我哉"（《论语·述而》），"笃信好学"（《论语·泰伯》），"学如不及，犹恐失之"（《论语·泰伯》），以"好学"者自谓。时人不但认为他"好学"，而且因其"好学"而赞许他。例如："达巷党人曰：'大哉孔子！博学而无所成名。'"（《论语·子罕》）正因为孔子"好学"，并追求"仁"之品格，时人认为他是君子。例如："仪封人请见，曰：'君子之至于斯也，吾未尝不得见也。'从者见之。出曰：'二三子何患于丧乎？天下之无道也久矣，天将以夫子为木铎。'"（《论语·八佾》）这里，仪封人就是以君子视孔子。因孔子之博学多能，太宰以为孔子达到圣人境界，孔子弟子子贡也以为孔子是圣人，但是孔子只承认自己是君子。《论语·子罕》载之曰："太宰问于子贡曰：'夫子圣者与？何其多能也？'子贡曰：'固天纵之将圣，又多能也。'子闻之曰：'太宰知我乎！吾少也贱，故多能鄙事。君子多乎哉？不多也。'"此处，太宰和子贡视孔子为圣人，并把孔子的博学多能理解为天之所赋，以为孔子是"生而知之"者，孔子认为自己是君子，自己的学问源于后天的努力，是"学而知之"者。由上可见，在孔子看来，"好学""学而知之"乃君子的品格，"学而知之"

者是君子，而天之所"纵"、天之所赋才是圣人品格，"生而知之"者才是圣人。

此外，孔子曾云"我非生而知之者，好古，敏以求之者也"（《论语·述而》），"若圣与仁，则吾岂敢？抑为之不厌，诲人不倦，则可谓云尔已矣"（《论语·述而》）。认为自己不是"生而知之者"，只是"好学"，即"好古，敏以求之者也"；没有达到圣人境界，只是"好学"，即"为之不厌"，认为自己只是君子。据此也可知，"生而知之者"才是圣人。

这么看，皇侃、程颐、朱熹等人解孔子"生而知之者"为圣人，是正确的。至于皇侃解"学而知之者"为"上贤"，朱熹解"学而知之者"为"大贤"，也是合理的。因为孔子很看重"贤"，曾说"见贤思齐焉，见不贤而内自省也"（《论语·里仁》），"贤者辟世，其次辟地，其次辟色，其次辟言"（《论语·宪问》）。在孔子那里，"贤者"就是君子。《论语·述而》载子贡与孔子关于伯夷、叔齐的评价："（子贡）曰：'伯夷、叔齐何人也？'（孔子）曰：'古之贤人也。'曰：'怨乎？'曰：'求仁而得仁，又何怨。'"这里，孔子判定伯夷、叔齐为"贤人"，其标准是"仁"。可是，"仁"又是君子的特质、判定君子的标准："君子去仁，恶乎成名？君子无终食之间违仁，造次必于是，颠沛必于是"（《论语·里仁》），"子曰：'君子而不仁者有矣夫，未有小人而仁者也'"（《论语·宪问》）。这是孔子视界中"贤者"就是君子的证据。还有，在孔门弟子中，孔子只认为颜回是"贤者"。"子贡方人"，他批评说"赐也贤乎哉？夫我则不暇"（《论语·宪问》），认为子贡没有做到"贤"。对于颜回，孔子许以"贤"："贤哉回也，一箪食，一瓢饮，在陋巷，人不堪其忧，回也不改其乐。贤哉回也。"（《论语·雍也》）究其因，在于颜回"好学"且具备了"仁"的品格："哀公问：'弟子孰为好学？'孔子对曰：'有颜回者好学，不迁怒，不贰过，不幸短命死矣。今也则亡，未闻好学者也'"（《论语·雍也》），"季康子问：'弟子孰为好学？'孔子对曰：'有颜回者好学，不幸短命死矣，今也则亡'"（《论语·先进》），"回也其心三月不违仁，其余则日月至焉而已矣"（《论语·雍也》）。对于其他弟子，孔子认为他们都没有做到"仁"。例如，他认为子路、冉求、公西赤尚未做到"仁"："孟武伯问子路仁乎？子曰：'不知也。'又问。子曰：'由也，千乘之国，可使治其赋也，不知其仁也。''求也何如？'子曰：'求也，千室之邑，百乘之家，可使为之宰也，不知其仁也。''赤也何如？'子曰：'赤也，束带立于朝，可使与宾客言也，不知其仁也。'"（《论语·公冶长》）孔子认为"好学""仁"恰是君子的特质。这表明，孔子心目中的"贤"者就是君子。

"生而知之者"为圣人，"学而知之者"为君子。圣人与君子乃儒家的理想人格。可知，在孔子看来，智力因素、认知态度等与道德因素相联系，而且智力因素、认知态度的状况与道德品格相对等、相对应。既然与"生而知

之""学而知之"相对的是"困而学之"，与圣人、君子相对的是小人；既然"生而知之"与圣人相匹配，"学而知之"与君子相匹配，那么，与"困而学之"相匹配的就是小人，"困而学之"者就是小人。如此，皇侃解"困而学之"者为"中贤以下"者，朱熹解"困而学之"者为"众人"，都不甚确切。要知道，"中贤以下"毕竟还属于"贤"，"众人"毕竟不是儒家人格之一等级，不与圣人、君子相对。

关于"生而知之""学而知之""困而学之"中的"之"之所指，也即认知的对象、内容，应该是"仁"。孔子曰"中人以上，可以语上也；中人以下，不可以语上也"（《论语·雍也》），高深的知识只有"中人以上"可以懂，普通的知识，不仅"中人以上"可以懂，即便"中人以下"也可以懂。所以，孔子所言的"君子""小人""民"等所有人都可以懂得的知识，就不可能是"性与天道"之类的抽象知识，而只能是人人都可以懂的"仁"。子贡曰："夫子之言性与天道，不可得而闻也。"（《论语·公冶长》）子贡这么优秀的弟子，孔子都认为他不足以懂得"性与天道"，因而没有将"性与天道"的知识传授给他，使得他不无感慨，不知老师的用意，而埋怨老师，更何况"中人以下"者呢？与"性与天道"的高深难知相反，孔子认为"仁"是人人可知的。他说："有能一日用其力于仁矣乎？我未见力不足者。"（《论语·里仁》）认为人人都有认知"仁"的能力，只是为了逻辑上的严密，他才补充道："盖有之矣，我未之见也。"（《论语·里仁》）另外，他还说"仁远乎哉？我欲仁，斯仁至矣'（《论语·述而》），"为仁由己，而由人乎哉"（《论语·颜渊》），说明对"仁"的认知取决于每个人的态度，而不取决于每个人的能力。因此，孔子弟子冉求曰"非不说子之道，力不足也"，孔子批评曰"力不足者，中道而废，今女画"（《论语·雍也》）。在孔子看来，不仅人人都有认知"仁"的能力，而且人人都应该认知"仁"，因为"仁"对每一个人不仅有其普遍价值，还有其独特价值。例如，"仁"之于君子有其独特价值，"仁"之于小人同样有其独特价值："君子学道则爱人，小人学道则易使也。"（《论语·阳货》）这里，"道"指"仁"，是君子与小人共同的认知对象、认知内容。更为重要的是，孔子所说的"学"主要就是指学"仁"，因此孔门弟子才反复"问仁"。孔子弟子子夏甚至说："贤贤易色，事父母能竭其力，事君能致其身，与朋友交言而有信。虽曰未学，吾必谓之学矣。"（《论语·学而》）认为"学"就是学习孝、忠、信等德行，也就是说，"学"就是学习"仁"。孔子弟子曾子甚至总结道："夫子之道，忠恕而已矣。"（《论语·里仁》）将"为仁"的方法、原则也列为孔子之"道"。由上可知，"仁"人人可知，君子、小人等人人皆学，孔子教育又以"仁"为核心。那么，"生而知之""学而知之""困而学之"中的"之"之所指，当是"仁"无疑。至于程颐解"之"为"义理"，朱熹解"之"为

"义理之当然"，乃是从理学之维解"之"；李颙解"之"为"良知"，乃是从心学之维解"之"。而无论程朱之"理"、还是心学之"良知"，都是对孔子之"仁"的本体论提升。在此意义上，程朱、李颙的解读又有其合理性。

（原载《中州学刊》2015年第3期，有改动）

孔子率其弟子的第一次出场
——从《论语·学而》篇看

《论语》二十篇主要记载孔子及其弟子的言行。《学而》篇是其第一篇，记载了孔子率其弟子有子、曾子、子夏、子禽、子贡等第一次"出场"的情况。在此次"出场"中，孔子不仅第一个发言，而且发言次数最多，相当于弟子们发言次数的总和。弟子们则大体都是在孔子发言过程中通过"插话"的形式，围绕孔子的思想发表意见。下面我们来看孔子率其弟子第一次"出场"的具体情况，以及他们所发表的具体意见。

一

孔子作为儒家学派的创始人、弟子们的老师、《论语》中的核心人物，理所当然第一个发言。其第一次"出场"主动讲了八次话，另外，还回答了弟子的问题。在孔子讲话的过程中，有子、曾子、子夏、子禽、子贡等先后"插

话"，对孔子思想多有阐释。

孔子第一次讲的是："学而时习之，不亦说乎？有朋自远方来，不亦乐乎？人不知而不愠，不亦君子乎？"这是论述为学、交友、修身等问题。关于为学，孔子认为，学习包括学习方法和学习态度两个方面，就学习方法而言又包括"学"和"习"两种形式，就学习态度而言又包括积极主动的学习和消极被动的学习；正确的学习方法应是先"学"后"习"，不断地学习新的知识，同时又及时复习旧的知识；正确的学习态度应该是积极主动地学习，从而在学习中收获内心的高兴、喜悦。关于交友，孔子把与朋友、志同道合者相见看作令人高兴、快乐的事。这种高兴、快乐是发自内心的、情不自禁的，而不是在友人面前装出来的，体现了与朋友相交乃至为人处世之"德"。关于修身，孔子认为修身的目的是提升自己的道德素质，而不是做给他人看的，因此，做到只关注自己的修身而不在意他人是否知道、他人怎么看，更不会因他人不知道而恼怒，恰是君子之所以为君子的标志。

孔子第二次讲的是："巧言令色，鲜矣仁。"这是论述人之"言""色"与人之仁德的关系，也是论述"言"和"行"的关系，更准确地说，是论述修身。在孔子看来，语言虚浮不实，露出谄媚脸色，这种人看似充满仁德，其实是很少具有仁德的，相应的，真正具备仁德的人是说话迟钝、敦厚朴实的人。从言行关系的维度看，前者言行不一，说到而做不到，表现为言过其实；后者言行一致，说到做到，甚至做的比说的更好。这意味着语言谨慎，脸色诚实，言行一致，才是通往仁德之路，才是修身之方法。

孔子第三次讲的是："道千乘之国，敬事而信，节用而爱人，使民以时。"这是论述治理国家的具体措施，涉及处理事务、使用财物、对待民众等方面。在孔子看来，处理事务要做到"敬"和"信"，也即要做到慎重和守信；使用财物要做到"节用"，也即要做到节约使用财物；对待民众要做到"爱"和"使民以时"，也即在道德、感情方面爱护民众，役使民众要在农闲时节。孔子所论述的治理国家的具体措施，是其德治主张的具体化，或者说反映了其德治主张。

孔子第四次讲的是："弟子入则孝，出则弟，谨而信，泛爱众，而亲仁。行有余力，则以学文。"这是论述年轻人的行为规范，也是论述修身，更是论述"仁"的秘密。在孔子看来，年轻人在家族范围之内有孝悌之德，进入社会就会有谨慎、守信和爱人之德，就会亲近有仁德的人。在此基础之上，才可以学习文献知识。这表明，年轻人应该遵守孝悌、谨慎、守信、爱人等行为规范，由于这些规范是道德的，遵守这些规范也就意味着修身。由于践行孝悌，才可谨慎、守信和爱人，而仁者"爱人"（《论语·颜渊》）①，谨慎、守信和爱人是仁的体现，这说明孝悌与仁之间有着内在的联系，这种内在的联系很可能就是：孝悌是仁的基础，仁是孝悌的扩充和升华。这么看，孔子

①《论语·颜渊》载："樊迟问仁。子曰：'爱人。'"

这次讲话居然掩藏着仁发生的秘密。考虑到孝乃"无违"①于礼，属于礼，孝悌是仁的基础，即意味着礼为仁之本。

另外，这次讲话中的"行有余力，则以学文"，要求人们在实践道德还有余力的前提下，再去学习礼乐等文献知识。可见，在践行道德与学习礼乐等文献知识之间，孔子更看重道德的践履。而其中的原因在于，"子以四教：文、行、忠、信"（《论语·述而》），其所谓的学，主要是指学习道德知识，而学习道德知识的根本目的则在于践行道德。

孔子第五次讲的是："君子不重则不威。学则不固。主忠信。无友不如己者。过则勿惮改。"这是论述君子之德，也是论述修身。在孔子看来，君子之德涉及君子的神色、为学、注重的道德、交友、对于过失的态度等方面，具体要求则是，庄重而有威严，通过学习增长见识，以忠信之德为主，不结交不如自己的人，有过即改。

孔子第六次讲的是："父在观其志，父没观其行。三年无改于父之道，可谓孝矣。"这是论述孝。在孔子看来，父亲在世时儿子有正确的志向，父亲去世后儿子有正确的行为，在守孝的三年期限内遵守父亲留下的规矩，做到这些就是孝。这是从儿子对于父亲的顺从的角度，也即从

---

① 《论语·为政》载："孟懿子问孝。子曰：'无违。'樊迟御，子告之曰：'孟孙问孝于我，我对曰无违。'樊迟曰：'何谓也？'子曰：'生，事之以礼；死，葬之以礼，祭之以礼。'"

"无违"于礼的角度论述孝。

孔子第七次讲的是："君子食无求饱，居无求安，敏于事而慎于言，就有道而正焉，可谓好学也已。"这是论述君子之德，也是论述修身，同时，也是论述为学的道德性、实践性。在孔子看来，君子之德涉及如何对待物质欲望、如何处理言行关系、如何对待自己等方面，具体要求则是，看轻饮食、居住等方面的欲望，说话谨慎而做事敏捷，向道德高尚的人看齐；为学的内容是礼乐文化以及基于此的道德知识①，为学的目的在于道德践履，在此意义上，能够拥有君子之德，能够主动进行道德实践也就是"好学"了。

孔子第八次讲的是："不患人之不己知，患不知人也。"这是论述修身。在孔子看来，修身的目的是提高自己的道德素质，看到并学习他人的长处，而不是做给他人看，同时也不愿意看到他人的长处。联系孔子第一次讲话中的"人不知而不愠，不亦君子乎"，可知，这句话所谈，也是关于君子的修养的。

在第八次讲话之前，孔子回答了弟子子贡所提的一个问题："子贡曰：'贫而无谄，富而无骄，何如？'子曰：'可也。未若贫而乐，富而好礼者也。'子贡曰：'《诗》云：如切如磋，如琢如磨。其斯之谓与？'子曰：'赐也！始可与言《诗》已矣，告诸往而知来者。'"这里，孔子与子贡的对话，讨论的是修身。在子贡看来，孔子所谓修

---

① 《论语·述而》载："子以四教：文、行、忠、信。"

身所要达到的境界应该是"贫而无谄，富而无骄"，也即贫穷而不谄媚，富有而不骄纵。这显然是不准确的。孔子出于对子贡的鼓励，肯定了子贡的看法，不过，又引导其走向更高的境界："贫而乐，富而好礼"，也即贫穷却快乐，富有而好礼的境界。因为在孔子看来，"贫而无谄，富而无骄"局限于朴素的感情与心理层面，而"贫而乐，富而好礼"才是道德的、理想的境界。至于子贡由此体悟到学问的进步在于"如切如磋，如琢如磨"，孔子更是大加赞许。

问题是，孔子思想包括仁学和礼学两大部分，其第一次"出场"所讲的为学、交友、修身、行孝、治国等大体都属于其仁学思想，那么，其第一次"出场"为什么大谈其仁学思想，而没有提及其礼学思想呢？这可能与其为学经历有关。因为孔子由学礼而立于世，由对礼乐文化的反思，"寓作于述"①，而有其仁学思想。对于孔子来说，仁学是其学术创新的产物，而礼学只是其学术继承的产物，其第一次"出场"当然要讲其仁学了。

由以上可知，孔子第一次"出场"，主要讲了为学、交友、修身、行孝、治国等方面，并且无意中透露了其仁的秘密，这些，大体都属于其仁学范畴。具体而言，孔子认为为学要努力进取，包括积极主动的"学"和及时的"习"，学习的内容乃礼乐文化知识，以及由此而生发出的

---

① 王博：《说"寓作于编"》，《中国哲学史》2006年第1期，第15页。

道德知识，学习的目的在于践行道德，成就君子，也即"立身成德，由此而成就人生的智慧"①，这意味着为学也就是修身；交友的对象是仁者，是君子，因此，交友就是要与志同道合者相交，与比自己优秀的人相交，并能从中得到快乐；修身的目的是提升自己的道德素质，求仁达仁，达到君子的境界，而不是做给他人看；修身的方法包括语言谨慎，做事敏捷，言行一致，庄重威严，博学多识，持守忠信，有过即改等；修身所要达到的理想境界，就是"贫而乐，富而好礼"的君子境界；行孝要有正确的志向，要遵守父亲留下的规矩，这也属于修身；治国要以仁为标准，实行德治，并为此而约束君王的行为，多考虑民众的利益；仁以孝悌为基础，是孝悌的扩充和升华。简言之，孔子第一次"出场"，主要讲了修身与治国，并触及仁的秘密，也即主要讲了其仁学思想。

二

根据《论语》记载，在孔子弟子中，第一个发言的是有子，其第一次"出场"主动讲了三次话，是弟子中讲话次数最多的，仅次于孔子。有子能有此殊荣，与其在师门中的地位有关。据《孟子·滕文公上》和《史记·仲尼弟子列传》记载，在孔子死后，有子曾担任过师门的首领，

---

① 李景林：《"学"何以能"乐"——〈论语〉"学而时习"章解义》，《齐鲁学刊》2005年第5期，第10页。

这足以说明孔子生前对于有子的重视有目共睹，在孔子生前有子在师兄弟中的地位就是很高的。在孔子第一次讲完话时，有子开始第一次讲话。在有子讲话过程中，孔子、曾子、子夏、子禽、子贡等先后插话。

有子第一次讲的是："其为人也孝弟而好犯上者，鲜矣；不好犯上而好作乱者，未之有也。君子务本，本立而道生。孝弟也者，其为仁之本与？"这是用逻辑推理的方式探究孔子仁的发生的秘密。由于孔子没有明言仁的发生的秘密，有子即便推理出这个秘密，也不敢在孔子面前断然下结论，于是讲话时采用的便是猜测、疑问的语气。在有子看来，一个人如果在家族范围之内能够做到孝悌，走上社会就不太可能会在道德层面冒犯在上位的人，而不喜欢犯上者是不可能喜欢在政治层面作乱的。既然如此，君子就要致力于孝悌，因为孝悌确立了，仁道就会产生。这么看，孝悌就应该是仁的根本，仁就是孝悌在社会上的运用，是扩充、升华孝悌的产物。如前所述，孝属于礼，既然孝悌为仁之本，也就意味着礼为仁之本。

有子第二次讲的是："礼之用，和为贵。先王之道斯为美，小大由之，有所不行。知和而和，不以礼节之，亦不可行也。"这是论述孔子之礼。在有子看来，孔子把礼看作"先工之道"，通过"先王"是理想统治者的化身，来证明礼为理想的治国之道，赋予其永恒价值；孔子认为礼在政治层面虽然是宗法等级制度，但是礼治不仅用礼来划分社会等级，在人与人之间制造"差别""界限"，而且还用礼来使等级社会井然有序，人与人之间各得其位、相安无事，从而使整个社会和谐有序。有子这么说，是试图表明孔子有志于恢复三代之礼、恢复礼治，认为礼治有利于社会和谐，真正的社会和谐是礼的产物，是建立在礼治的基础之上的。

有子第三次讲的是："信近于义，言可复也；恭近于礼，远耻辱也；因不失其亲，亦可宗也。"这是论述孔子之修身。在有子看来，孔子认为守信合乎义，才可以言行一致；恭敬合乎礼，才可以远离耻辱；依靠亲近的人，是人迫不得已的选择，也值得尊崇。这是强调礼、义在修身中所起的方向性、根本性作用，强调礼、义之于信、恭的决定性、引导性作用。

问题是，在有子的三次讲话中，为什么首先讲孔子之仁，然后讲孔子之礼，最后才讲孔子之修身？这可能跟有子知道孔子第一次"出场"只讲仁学而不讲礼学有关。因为孔子只讲了其仁学，仁学又由孔子所创造，有子作为孔子弟子当然要先讲孔子的仁；孔子有礼学思想而没有讲，有子要为孔子做补充，以展示孔子思想的这一重要领域，所以才在讲过孔子之仁之后，紧接着讲孔子之礼；孔子的修身思想属于其仁学的组成部分，有子将其放在最后讲，是合理的。

接下来的问题是，有子对于孔子仁、礼、修身的论述是否准确。从孔子所言"弟子入则孝，出则弟，谨而信，泛爱众，而亲仁。行有余力，则以学文"（《论语·学

而》），可以看出，有子对于孔子仁的发生的秘密的论述与孔子的致思路径以及观点是一致乃至一样的，因而是准确的。考虑到孔子是在有子讲了"其为人也孝弟而好犯上者，鲜矣；不好犯上而好作乱者，未之有也。君子务本，本立而道生。孝弟也者，其为仁之本与"之后，才说出自己的观点，明显是对有子这次讲话的回应与肯定。顺便说一下，仅凭这次讲话，就可以看出有子在对孔子思想的理解上远高于孔子的其他弟子，甚至也启发了孔子本人对于自己的仁的发生的秘密的思考。孔子对于有子的重视，师兄弟对于有子的敬佩就是情理之中的了。

从孔子所言"为国以礼"（《论语·先进》），"天下有道，则礼乐征伐自天子出；天下无道，则礼乐征伐自诸侯出"（《论语·季氏》），可以看出，孔子提倡礼治，认为礼为治理天下唯一的治道，礼治是理想的治国模式。孔子与子张有如下对话："子张问：'十世可知也？'子曰：'殷因于夏礼，所损益可知也；周因于殷礼，所损益可知也。其或继周者，虽百世可知也。'"（《论语·为政》）从中可以看出，孔子认为礼作为理想的治国之道是永恒的。这说明，有子对于孔子之礼的论述也是准确的。

从孔子所言"君子义以为质"（《论语·卫灵公》），"君子义以为上"（《论语·阳货》），"恭而无礼则劳，慎而无礼则葸，勇而无礼则乱，直而无礼则绞"（《论语·泰伯》），可以看出，孔子将义看作君子行为的根本原则，视礼为恭、慎、勇、直等道德的准则，实则强调礼、义之于恭、慎、勇、直等道德的决定性、规范性作用。这说明，有子对于孔子修身思想中礼、义的重要价值的论述也是准确的。

由以上可知，有子第一次"出场"，主要讲了孔子关于仁、礼和修身的思想。在有子看来，孔子的仁根植于孝悌、根植于礼，由孝悌的扩充、升华而来；孔子将礼视作理想的治国之道，以礼治为理想的治国模式；孔子的修身，以礼、义为基本法则。有子先讲孔子之仁，然后依次讲孔子之礼和孔子之修身是有其原因的，并且，其观点都是准确的。

三

在孔子弟子中，第二个发言的是曾子，其第一次"出场"主动讲了两次话。《论语·里仁》载有孔子与曾子的如下对话："子曰：'参乎！吾道一以贯之。'曾子曰：'唯。'子出，门人问曰：'何谓也？'曾子曰：'夫子之道，忠恕而已矣。'"由此可以看出，曾子在孔子心中的地位是高于一般弟子的，以至于孔子要将自己的"道"传授给曾子。这样，曾子在孔子第一次"出场"时能够"登场亮相"，并且能够在有子发言之后紧接着发言，就是理所当然的了。在曾子讲话过程中，孔子、子夏先后插话。

曾子第一次讲的是："吾日三省吾身。为人谋而不忠乎？与朋友交而不信乎？传不习乎？"这是论述孔子之修

身。在曾子看来，孔子认为修身的重要方式是内省，内省包括次数、内容、标准三个方面。从次数上看，一天要有三次乃至多次。从内容上看，涉及为人与为学两个领域，而在为人的领域又分"为人谋"和"与朋友交"这两个方面。具体而言则是，反省自己为他人办事是否做到了"忠"，与朋友相交是否做到了"信"，老师传授的知识是否做到了"习"①。从标准上看，这标准是忠、信、习等道德。

曾子第二次讲的是："慎终追远，民德归厚矣。"这是论述孔子对于丧祭之礼的看法。在曾子看来，孔子重视丧礼和祭礼，认为人们谨慎地处理父母的丧事，追念逝去的、久远的祖先，做到"丧尽其礼""祭尽其诚"②，就使得民众的道德能够淳厚。这不仅强调子女之于父母、后辈之于祖先的"情"，强调丧礼和祭礼所展现的"孝"在"家"的范围内的作用，还强调丧礼和祭礼的道德价值，强调丧礼和祭礼所展现的"孝"的延伸所具有的社会作用。

接下来的问题是，曾子对于孔子修身和丧祭之礼的论述是否准确。从孔子所言"见贤思齐焉，见不贤而内自省也"（《论语·里仁》），"已矣乎！吾未见能见其过而内

---

① 从师生关系的维度看，学生对于老师所传授的知识的"习"，就不仅仅属于学习方法的范畴了，还有道德的意味，体现了学生对于老师的尊重。

② 朱熹：《四书章句集注》，中华书局2015年出版，第50页。

自讼者也"（《论语·公冶长》），"内省不疚"（《论语·颜渊》），可以看出，孔子重视从内心的维度论述修身；从孔子"主忠信"（《论语·学而》），"人而无信，不知其可也"（《论语·为政》），"学而时习之，不亦说乎"（《论语·学而》），以及"子以四教：文、行、忠、信"（《论语·述而》），可以看出，孔子论述修身，重视"忠""信""习"等道德。这说明，曾子对于孔子修身的论述是准确的。

从孔子所言"礼，与其奢也，宁俭；丧，与其易也，宁戚"（《论语·八佾》），"居上不宽，为礼不敬，临丧不哀，吾何以观之哉"（《论语·八佾》），"非其鬼而祭之，谄也"（《论语·为政》），"吾不与祭，如不祭"（《论语·八佾》），可以看出，孔子重视丧礼和祭礼，强调丧礼和祭礼所表达的子女之于父母、后辈之于祖先的"情"，以及通过这"情"所表达的"孝"，曾子看出了这一点，进一步揭示孔子强调丧礼和祭礼的社会价值、道德价值，也就是水到渠成的了。

由以上可知，曾子第一次"出场"，主要讲了孔子关于修身和丧祭之礼的思想。在曾子看来，孔子论述修身重视内省，而其内省是以道德为标准的；孔子重视丧礼和祭礼，强调通过丧礼和祭礼表达"情"以及"孝"。这些，都是准确的。另外，曾子从孔子重视丧礼和祭礼，推论孔子认为丧礼和祭礼有其道德价值，能够提高社会风尚，这也是合理的。

四

在孔子弟子中，第三个发言的是子夏，其第一次"出场"只主动讲了一次话。作为孔子弟子中擅长"文学"（《论语·先进》）的弟子，子夏获得"出场"的机会，是在情理之中的。

子夏讲的是："贤贤易色，事父母能竭其力，事君能致其身，与朋友交言而有信。虽曰未学，吾必谓之学矣。"这是论述孔子的修身与为学。在子夏看来，孔子认为修身涉及对待女色、父母、朋友和君王等方面，具体来说，在个体层面，需要做到看重贤德而轻视女色；在家庭层面，需要做到侍奉父母竭尽全力；在社会层面，需要做到侍奉君王不惜牺牲生命，与朋友交往言而有信。这是立足于孝，而从孝、忠、信等维度论述孔子的修身。由于孔子的教育主要是道德教育，重在德行的培养，重在道德的践行，所以，在子夏看来，能够修身，能够在修身过程中实践道德，提升自己的道德素质，这就是孔子所谓的学习所要达到的目的，以及学习的结果。因此，这也就是孔子所提倡的"学"。

由于子夏的话，是在孔子讲过"弟子入则孝，出则弟，谨而信，泛爱众，而亲仁。行有余力，则以学文"之后，紧接着讲的。我们可以发现，子夏所讲的话，有进一步解读孔子上述话语的意思。在孔子看来，修身包括在家

"孝""悌"，在社会上"谨而信，泛爱众，而亲仁"这两个方面，二者之间的关系是，由践行孝悌，而有谨慎、守信和爱人等道德。子夏将之解释为，修身包括在家要孝，在社会上要忠、信，二者之间的关系是，由践行孝而有忠、信等道德。这是准确的。

由于孔子的"行有余力，则以学文"，在道德践行与学习礼乐等文献知识之间更看重道德践行，孔子所谓的学也主要是指学习道德知识，所以，子夏认为孔子的所谓修身就是"学"，可以说是"虽曰未学，吾必谓之学矣"。

此外，从孔子所言"已矣乎！吾未见好德如好色者也"（《论语·卫灵公》），"吾未见好德如好色者也"（《论语·子罕》），可以看出，孔子面对人们追逐女色，"好色"而不"好德"的状况，希望人们像"好色"那样"好德"，在德与色之间作出正确的取舍，选择德而放弃色，子夏因此将之概括为"贤贤易色"，是准确的。

由以上可知，子夏第一次"出场"，主要讲了修身与为学。在子夏看来，孔子论述修身，强调重德轻色，强调以孝、忠、信等为修身标准；孔子的为学目标在于道德实践，因此，其修身也属于"学"。这些，都是正确的。

五

在孔子弟子中，第四个发言的是子禽，不过，子禽只是孔子弟子中第五个发言的子贡的"陪衬者"。他以问子

贡问题的方式发言，引出子贡的发言。否则，以他在师门中的地位、水平，在孔子率其弟子第一次"出场"时，他是不太可能有发言机会的。

从《论语》所载来看，子禽一共出现两次，都是问子贡问题，其所问的都是水平十分低下的问题，尤其是第二个问题，可以说就是对孔子的侮辱："陈子禽谓子贡曰：'子为恭也，仲尼岂贤于子乎？'"（《论语·子张》）据此可见，其智商与情商都是比较低的。

子禽第一次"出场"时没有能力像有子、曾子、子夏那样，论述孔子的思想，只是问了子贡一个问题："子禽问于子贡曰：'夫子至于是邦也，必闻其政。求之与，抑与之与？'"从子禽所问的问题来看，其对于孔子是"陌生"的。孔子每到一个国家都会知道这个国家的政事，子禽作为弟子居然不知道孔子是怎么知道的，还要问子贡，孔子到底是通过"求"的方式知道的，还是通过"与"的方式知道的。从子禽所问问题的场合来看，孔子就在自己面前，子禽却不直接问孔子，而要问子贡，也是比较愚笨的。不过，子禽获得"出场"机会，并问了一个问题，显示了自己的存在感。从这方面看，他也是比较会抓住机会的。

子禽的提问引出了子贡的发言。在孔子弟子中，子贡是第五个发言的，也是最后一个发言的。客观上看，子贡是除了颜回之外，孔门弟子中最为优秀者。^①从"子谓子贡曰：'女与回也孰愈？'"（《论语·公冶长》），也可以看出，在孔子心中，子贡的地位仅次于颜回。既然如此，子贡为何却是最后一个发言？这与子贡的品格有关。子贡是一个十分谦虚的人，一个具有高尚品格的人，在师兄弟面前不愿意抢着发言就是可以理解的了。从"子谓子贡曰：'女与回也孰愈？'对曰：'赐也何敢望回？回也闻一以知十，赐也闻一以知二'"（《论语·公冶长》），即可看出子贡的谦虚；从孔子死后，"叔孙武叔、陈子禽都认为子贡比孔子更优秀"，而子贡"不但不认可，还坚决予以回击"^②，即可看出其高尚的品格。

其实，以子贡的谦虚和品格，孔子第一次"出场"，他愿意"露脸"就很不容易了，要其"发声"，就更难了。如果不是子禽的提问，他大概率是不会讲话的。这么说，我们能够看到子贡的发言，还得感谢子禽。

子贡第一次"出场"回答了子禽的一个问题，又主动向孔子请教了一个问题，涉及孔子之德以及修身。在子贡回答子禽的问题和向孔子请教问题之间，孔子、有子先后插话。

我们先来看子贡对于子禽所提问题的回答："子禽问

---

① 辛安亭：《子贡是孔子弟子中最杰出的人物》，《兰州大学学报》（社会科学版）1986年第3期，第54—56页。

② 陆建华：《孔子死后弟子们的"心思"——从〈论语·子张〉看》，《兰州学刊》2023年第11期，第37页。

于子贡曰：'夫子至于是邦也，必闻其政。求之与，抑与之与？'子贡曰：'夫子温、良、恭、俭、让以得之。夫子之求之也，其诸异乎人之求之与？'"这里，子贡明确指出，得知一个国家的政事的方式不在于"求"与"与"的不同，而在于是否是通过自身之"德"得知的；孔子得知一个国家的政事的方式虽然是"求"，但是，其是通过温、良、恭、俭、让的方式求得的。这里，子贡回答子禽所问，没有突出自己的水平，而是借回答子禽所问，宣扬孔子具有温、良、恭、俭、让诸德，表达了自己对于孔子的敬重。

问题是，子贡宣扬孔子具有温、良、恭、俭、让诸德是否准确？从"子温而厉，威而不猛，恭而安"（《论语·述而》），可以看出，孔子是具有温、恭之德的。从孔子所言"奢则不孙，俭则固。与其不孙也，宁固"（《论语·述而》），"君子无所争"（《论语·八佾》），可以看出，孔子主张俭、让，并且自己是能够做到的。这说明，子贡对于孔子之德的论述是准确的。

接下来，我们来看子贡向孔子请教的问题："子贡曰：'贫而无谄，富而无骄，何如？'子曰：'可也。未若贫而乐，富而好礼者也。'子贡曰：'《诗》云："如切如磋，如琢如磨。"其斯之谓与？'子曰：'赐也！始可与言《诗》已矣，告诸往而知来者。'"在子贡看来，孔子所谓修身所要达到的境界应该是"贫而无谄，富而无骄"，可是，他又不敢确定是否正确，所以向孔子请教，孔子以"贫而乐，富而好礼"回应之。子贡由此体悟到为学的方法，并向孔子求证，孔子以"告诸往而知来者"肯定之。

子贡第一次"出场"没有像有子、曾子、子夏那样当着孔子的面论述孔子的思想，也没有像子禽那样站在孔子面前却不向孔子请教，而是在回答子禽的问题之后，向孔子请教。这是在维护孔子形象，表明自己的学生身份，也是在说明孔子的思想之博大精深，难以窥其堂奥，更是在解除孔子的尴尬。要知道，有子、曾子、子夏当着孔子的面论述孔子的思想，给人的感觉是，这些弟子都学到了孔子思想的精华，孔子思想也不过就这些。子禽有问题居然不向孔子请教，更是让孔子难堪。在此情形下，孔子对子贡的请教当然心怀感激，心领神会。向来不太喜欢肯定弟子的他，明知子贡"贫而无谄，富而无骄"的观点是不准确的，依然先加以鼓励、肯定，说了句"可也"，然后再委婉地指出其不足，其后，更是针对子贡的追问，对其大加赞扬。

由以上可知，子贡第一次"出场"回答了子禽一个问题，请教了孔子一个问题，主要涉及孔子之德和修身。在子贡看来，孔子具有温、良、恭、俭、让诸德，乃谦谦君子，这是准确的。至于其把孔子所主张的修身境界理解为"贫而无谄，富而无骄"，则是不准确的，但是，得到了孔子的鼓励。

综上所述，孔子率其著名弟子有子、曾子、子夏、子

禽、子贡等第一次"出场"，主要讲了自己的仁学思想，弟子们的发言也主要围绕其仁学思想而展开。具体而言，孔子虽然讲了为学、交友、修身、行孝、治国等方面，但是，可以概括为修身与治国这两个方面，其主要观点是以仁为准则而为学、交友、修身、行孝、治国，做到以德修身、以德治国。由于孔子所言仅限于修身与治国，弟子们也围绕修身与治国论述孔子的思想。其中，有子论述孔子的仁发生的秘密，以及孔子礼治和以礼、义为准则而修身的思想；曾子论述孔子修身中的内省方法，以及重视丧祭之礼的道德价值的思想；子夏论述孔子重德轻色、以德为准的修身思想，以及孔子论"学"的实践性；子禽没有能力论述孔子的思想，只是问了子贡一个没有价值的问题；子贡以回答子禽问题的方式论述孔子具有温、良、恭、俭、让诸德，以向孔子请教问题的方式论述孔子的修身境界，得到了孔子的积极回应与引导。从孔子率其弟子的第一次"出场"情况可以看出，内圣外王是孔子仁学思想的特质，并为其弟子所把握。

（与邓正霖老师合著）

孔子去世后弟子们的"心思"

——从《论语·子张》看

　　《论语》所记多为孔子及其弟子的言行和事迹，其二十篇中，唯有《子张》篇没有"子曰"或"孔子曰"，不记孔子所言，只有弟子"曰"，只记孔子弟子之言论。究其因，此篇所记，很可能是孔子去世后，孔子弟子之言论。①除此之外，此篇出现"子夏之门人"，载有"孟氏使阳肤为士师，问于曾子"，载有子张、子游对子夏的批评，以及子游、曾子对子张的批评，也是证据。试想，在孔子生前，子夏、曾子还不及而立之年就聚徒讲学，曾子弟子阳肤就学业有成而去做官，是不太可能的；在孔子生前弟子就公开"争执"，批评对方的学术，甚至从道德的维度否定对方，也是不太可能的。如果这个推测成立，那么，

---

　　① 黄朴民也认为《子张》篇所记孔子弟子的言论，"显然为孔子去世之后"的言论，不过，其未作论证。参见黄朴民：《文化生命的永恒：〈论语·子张〉绎义》，《中华读书报》2017年10月18日，第15版。

《子张》篇所记孔子弟子之言论可以说反映了孔子弟子在孔子去世后的"心思"。这"心思"涉及孔子弟子对孔子思想的继承、理解和宣扬，以及在继承、理解和宣扬孔子思想的过程中出现学术分歧时所显示的学术层面的"争执"；孔子弟子内部对同门负面的道德评判，所显示的人际关系层面的"紧张"；孔子弟子对于孔子形象的维护，以及对于儒门的守护。"紧张"，反映了批评者以正统自居的心理。

《子张》篇所记孔子弟子之言论，涉及孔门十哲中的子贡、子游、子夏三人的言论，按照顺序来看，先后有子张、子夏、子游、曾子、子贡等的言论，都很集中，并且是连续的，因而对于研究孔子去世后弟子们的"心思"，具有代表性。下面，我们将依次分析之。

一

《子张》篇前三章所记，皆是子张的言论，其中，第一章论及士，第二章论及信守道德，第三章涉及子张对于子夏的交友之道的批评，不过，不属于主动批评。

我们先来看第一章："子张曰：'士见危致命，见得思义，祭思敬，丧思哀，其可以矣。'"这一章论述士。在子张看来，士"见危致命，见得思义"，重道德，重道德践履，轻个人利益，为此不惜牺牲自己的生命；"祭思敬，丧思哀"，重情感，重礼之内在本质，轻外在的礼节仪式，为此，追求礼仪背后的情以及礼仪背后的礼的本质。这里，"见危致命，见得思义"，是对孔子"志士仁人，无求生以害仁，有杀身以成仁"（《论语·卫灵公》），"见利思义，见危授命"（《论语·宪问》）等思想的继承和阐发，强调士对于仁义的追求；"祭思敬，丧思哀"，是对孔子所反对的"为礼不敬，临丧不哀"（《论语·八佾》）的警惕和反思，是对孔子"祭如在，祭神如神在"（《论语·八佾》），"礼，与其奢也，宁俭；丧，与其易也，宁戚"（《论语·八佾》），"夫君子之居丧，食旨不甘，闻乐不乐，居处不安"（《论语·阳货》）等思想的承继和发挥，强调士对于礼的本质以及礼背后的情的追求。由此可以看出，子张从德与礼的维度理解士的品质，是合乎孔子的观点的。此外，子张的"丧思哀"，与子游的"丧致乎哀而止"（《论语·子张》）也是一致的。

子张之所以论述士，与其重视士，力求以士为标准要求自己，是分不开的。在孔子生前，子张就士的问题请教过孔子："子张问：'士何如斯可谓之达矣？'子曰：'何哉，尔所谓达者？'子张对曰：'在邦必闻，在家必闻。'子曰：'是闻也，非达也。夫达也者，质直而好义，察言而观色，虑以下人。在邦必达，在家必达。夫闻也者，色取仁而行违，居之不疑。在邦必闻，在家必闻。'"（《论语·颜渊》）从上述子张与孔子的对话可知，子张一开始以为士之所以为士在于名声，士所追求的是名声，孔子告诉之，追求名声并没有真正得到仁、践行仁，而是徒具仁的外

表，士之所以为士乃是由于其求仁而得仁，士真正追求的乃是道德、礼义、谦让，也即德和礼。基于此，子张在了解了士的真谛之后，才能在孔子去世后正确地理解士。

接下来，再来看第二章："子张曰：'执德不弘，信道不笃，焉能为有？焉能为亡？'"这一章论述信守道德。在子张看来，一个具有社会价值的人应该是持守、弘扬并信仰道德的人。这是对孔子"人能弘道，非道弘人"（《论语·卫灵公》），"笃信好学，守死善道"（《论语·泰伯》）等思想的继承和发扬，抓住了孔子弘道、信道、学道、守道的思想精髓。联系曾子所谓"士不可以不弘毅，任重而道远。仁以为己任，不亦重乎？死而后已，不亦远乎"（《论语·泰伯》），强调士对于仁的终生追寻与实践，可知，子张所谓"执德""信道"者其实就是士。这么看，此章和上一章子张所论述的都是士，只是此章侧重于从德的维度论述之，而上一章则是从德和礼的双重维度论述之。

最后，再来看第三章："子夏之门人问交于子张。子张曰：'子夏云何？'对曰：'子夏曰：可者与之，其不可者拒之。'子张曰：'异乎吾所闻：君子尊贤而容众，嘉善而矜不能。我之大贤与，于人何所不容？我之不贤与，人将拒我，如之何其拒人也？'"这一章论述交友之道，但是，并不是子张主动说的。从子张"异乎吾所闻：君子尊贤而容众，嘉善而矜不能"来看，"君子尊贤而容众，嘉善而矜不能"应出自孔子，代表孔子的交友思想；子张

"我之大贤与，于人何所不容？我之不贤与，人将拒我，如之何其拒人也"，是立足于孔子的"君子尊贤而容众，嘉善而矜不能"，而对子夏"可者与之，其不可者拒之"的批评。在子张看来，既然孔子认为君子尊重贤人、宽容普通人，赞美善人、同情能力不足的人，那么，子夏的"可者与之，其不可者拒之"就是错误的。因为依照孔子的意思，如果自己是君子，就能够宽容普通人，不仅与君子相交，而且也与普通人相交；如果自己是个普通人乃至小人，想与别人交友，也会被别人所拒绝，自己就没有拒绝别人的机会。

这里，子张对于子夏弟子求教的回答是谨慎的，首先弄清了子夏的观点。如果子夏的观点跟自己的观点一致，子张是不会说出自己的观点的。由于子夏的观点跟自己的观点不一样，并且不同于自己所理解的孔子的观点，不是对孔子观点的宣讲，子张于是批评了子夏。子张对于子夏的批评是站在师门的立场上的，仅限于学术的层面，而且还是被动的。这可以看作被动的学术批评。

由上可知，在孔子生前，子张虽然问为官之道，问治国之道，问仁，问礼，涉及孔子思想中的内圣与外王两个方面，但是在孔子去世后，子张所关注的主要是修身，是士的品质，强调士对于德和礼的坚守、信仰，仅仅涉及孔子思想中内圣的方面。关于交友之道，子张谨守孔子的"君子尊贤而容众，嘉善而矜不能"，对子夏提出批评，有其合理性。

二

　　《子张》篇第四章至第十三章所记，是子夏的言论，论及交友之道、"小道"、为学、修身、君子、节操、学与仕的关系等，其中，第十二章涉及子游对于子夏的批评以及子夏对于子游的批评的回应，子夏的回应属于被动发声。此外，子夏的言论还存于第三章。

　　我们先来看第三章中子夏的言论："子夏之门人问交于子张。子张曰：'子夏云何？'对曰：'子夏曰：可者与之，其不可者拒之。'"这是在论述交友之道。在子夏看来，交友要有选择性，具体则为，与可以相交的人相交，拒绝、远离不可以相交者。这是对孔子"无友不如己者"（《论语·学而》），"毋友不如己者"（《论语·子罕》），"友其士之仁者"（《论语·卫灵公》），"益者三友，损者三友。友直，友谅，友多闻，益矣。友便辟，友善柔，友便佞，损矣"（《论语·季氏》）等思想的继承、概括和发展。孔子就是认为交友是有选择性的，只能与比自己优秀的人相交，与士之中的仁者相交，与正直、诚信、博学的人相交。简言之，只能与德或才超过自己的人相交，只能与优秀的人相交。不过，相比于孔子对于交友条件的明确限定，子夏是灵活的，未作硬性规定。

　　接下来，我们依次来看第四章至第十三章中子夏的言论。

第四章:"子夏曰:'虽小道,必有可观者焉,致远恐泥,是以君子不为也。'"这一章论述关于农业和手工业生产方面的技艺的价值及其局限性。在子夏看来,农业和手工业生产方面的技艺作为生产、生活的技艺有其不可替代的价值,但是,毕竟不是君子之道,不能据此成就远大目标,所以,君子不能从事农业和手工业生产。联系"子谓子夏曰:'女为君子儒,无为小人儒'"(《论语·雍也》),可知,子夏曾想学习农业和手工业生产方面的技艺,孔子以"君子儒"与"小人儒"的区分告诫子夏,道、礼是君子之道,农业和手工业生产方面的技艺是小人的技艺,学道、习礼才能成为君子,学习农业和手工业生产方面的技艺只能成为小人,真正的君子、真正的儒者是不屑于学习农业和手工业生产方面的技艺的。子夏的上述言论是对孔子的教诲的牢记与体悟。不过,不同于孔子从"君子儒"与"小人儒"区分的维度对农业和手工业生产方面的技艺作全盘否定,子夏从农业和手工业生产技艺本身的价值维度对其还是有所肯定。

孔子轻视农业和手工业生产方面的技艺是一贯的。他自己因为年少时贫贱,精通农业和手工业生产方面的技艺,可是,他并不以此为豪,反而说"吾少也贱,故多能鄙事。君子多乎哉?不多也"(《论语·子罕》),认为真正的君子是不应该通晓农业和手工业生产方面的技艺的。他的学生樊迟想学农圃方面的技艺,被他批评:"樊迟请学稼。子曰:'吾不如老农。'请学为圃。曰:'吾不如老

圃。'樊迟出。子曰：'小人哉，樊须也！上好礼，则民莫敢不敬；上好义，则民莫敢不服；上好信，则民莫敢不用情。夫如是，则四方之民襁负其子而至矣，焉用稼？'"（《论语·子路》）在孔子看来，农圃方面的技艺只是小人谋生的技艺，礼义道德才是君子修身、为政的根本。

第五章："子夏曰：'日知其所亡，月无忘其所能，可谓好学也已矣。'"这一章论述学习，涉及学习方法以及学习态度。在子夏看来，正确的学习方法就是时时刻刻学习，做到既天天学到新的知识，又时时通过复习的方式记住已经学会的知识，而不至于学了新知识就忘了旧知识。这是对孔子"学而时习之"（《论语·学而》），"温故而知新"（《论语·为政》），"默而识之，学而不厌"（《论语·述而》）等思想的准确把握和体悟。

从"日知其所亡，月无忘其所能，可谓好学也已矣"来看，子夏还试图以"日知其所亡，月无忘其所能"来理解"好学"。这是因为孔子本人就特别强调"学"，不仅评价自己好学，曰"十室之邑，必有忠信如丘者焉，不如丘之好学也"（《论语·公冶长》）；还认为颜回是自己所有弟子中唯一好学者，"哀公问：'弟子孰为好学？'孔子对曰：'有颜回者好学，不迁怒，不贰过，不幸短命死矣。今也则亡，未闻好学者也'"（《论语·雍也》），"季康子问：'弟子孰为好学？'孔子对曰：'有颜回者好学，不幸短命死矣，今也则亡'"（《论语·先进》）。这么看，颜回能够成为孔子最得意的弟子，其中一个重要的原因就在于好学。

子夏对于"好学"的解读是否合乎孔子之意呢？从上述孔子谓其好学时将"好学"与"忠信"并举，孔子认为颜回好学时将"好学"与"不迁怒，不贰过"并举，可知，孔子以上所言的学是不包括道德修养、道德实践的，是关于知识方面的学，其"好学"也就是对于知识的孜孜追求。在此意义上，可以说孔子在德与学之间是从学的维度解读"好学"的。不过，孔子本人另有对于好学的直接解读："君子食无求饱，居无求安，敏于事而慎于言，就有道而正焉，可谓好学也已。"（《论语·学而》）此处，孔子在德与学之间又是从德的维度解读"好学"的，孔子此处所言的好学乃是指君子对于道德追求、道德实践的勤勉努力。这么说，孔子关于"好学"有两种解读，一种是从学的维度解读，一种是从德的维度解读，子夏对于"好学"的解读合乎孔子从学的维度对于"好学"的解读。

第六章："子夏曰：'博学而笃志，切问而近思，仁在其中矣。'"这一章论述学习，也论述道德修养。在子夏看来，从学习的维度看，学习包括博学、笃志、切问、近思等四个方面，既要广泛地学习各种知识，又要在学习过程中有坚定的志向，善于提出并思考问题；从道德修养的维度看，道德修养也包括博学、笃志、切问、近思等四个方面，既要广泛地学习道德知识，又要有坚定的道德志向，还要善于提出并思考道德问题。从学习的维度看，子夏的"博学而笃志，切问而近思，仁在其中矣"，是对孔

子"学而不思则罔，思而不学则殆"（《论语·为政》），"敏而好学，不耻下问"（《论语·公冶长》），"吾尝终日不食，终夜不寝，以思，无益，不如学也"（《论语·卫灵公》）等思想的继承和发挥，将孔子的学思并重、学问结合等熔铸于一体。从道德修养的维度看，子夏的"博学而笃志，切问而近思，仁在其中矣"，是对孔子"笃信好学，守死善道"（《论语·泰伯》），"古之学者为己，今之学者为人"（《论语·宪问》）等思想的体会和发展，将孔子为学与为道、为学与修身相结合、相一致的思想作了进一步阐释。这里，孔子所谓的"学"是广义的"学"，包括子夏所言学与思等。此外，子夏"博学而笃志，切问而近思，仁在其中矣"，涵括学习和道德修养两个方面，这与孔子所谓学主要是指"学道"，其所谓"学道"也指修道，强调为学的道德性、实践性有关。理解了孔子为学的秘密，"子夏曰：'贤贤易色，事父母能竭其力，事君能致其身，与朋友交言而有信。虽曰未学，吾必谓之学矣'"（《论语·学而》），将修道、行德理解为"学"，就容易理解了。

第七章："子夏曰：'百工居肆以成其事，君子学以致其道。'"这一章论述学习，专论君子所学。在子夏看来，君子学习的目的是掌握"道"，而不是工匠们的技艺。就是说，工匠们拥有的技艺是小人的技艺，君子应该拥有的则是"道"，所以，君子所学应是"道。"这同其所云"虽小道，必有可观者焉，致远恐泥，是以君子不为也"一样，也是对孔子"女为君子儒，无为小人儒'"（《论语·雍也》）的教诲的谨守和体悟。

第八章："子夏曰：'小人之过也必文。'"这一章论述小人对待过错的态度。在子夏看来，小人对于自己的过错所采取的态度是掩饰，而不是公开并改正，与小人相对，君子对待过错的态度就应该是公开之、改正之。这是对孔子"丘也幸，苟有过，人必知之"（《论语·述而》）的自述的深思，以及"过则勿惮改"（《论语·学而》《论语·子罕》），"过而不改，是谓过矣"（《论语·卫灵公》）等思想的继承和发展。顺便说一下，这里，孔子把主动公开自己的过错说成自己的过错被别人发现，可见其君子之德。基于过则改之的思想，孔子赞扬颜回"不贰过"（《论语·雍也》）。

第九章："子夏曰：'君子有三变：望之俨然，即之也温，听其言也厉。'"这一章论述君子，具体论述君子的外在形象。在子夏看来，君子的外在形象是庄重、温和、严厉。这是对孔子"君子不重则不威"（《论语·学而》），"君子矜而不争"（《论语·卫灵公》），"色思温，貌思恭"（《论语·季氏》），"君子正其衣冠，尊其瞻视，俨然人望而畏之"（《论语·尧曰》）等思想的传承和运用。孔子认为君子具有庄重、温和、谦恭等特征，子夏将其运用到君子外在形象的刻画方面。

第十章："子夏曰：'君子信而后劳其民，未信则以为厉己也；信而后谏，未信则以为谤己也。'"这一章同样

论述君子，具体论述君子是如何对待民众和君王的。在子夏看来，君子无论是面对君王，还是面对民众，都要以"信"为先，因为"信"乃君子之德。这是对"子以四教：文、行、忠、信"（《论语·述而》），把"信"列为教育的重要内容的回应；也是对孔子"敬事而信"（《论语·学而》），"谨而信"（《论语·学而》），"主忠信"（《论语·学而》），"人而无信，不知其可也"（《论语·为政》），"君子义以为质，礼以行之，孙以出之，信以成之。君子哉"（《论语·卫灵公》）等思想的继承和发展。孔子把"信"作为人追求的目标，作为君子之德，子夏不仅将其作为君子之德，还讨论其政治价值。

第十一章："子夏曰：'大德不逾闲，小德出入可也。'"这一章论述节操，论及权变及其界限。在子夏看来，大节是不可以违背的，小节是可以有所违背的，权变只能局限于小节的范围之内，不能超越根本的原则。这是对孔子权变思想的准确把握。孔子曰"无可无不可"（《论语·微子》），强调权变；又曰"君子贞而不谅"（《论语·卫灵公》），认为大信必须固守，小信不必拘泥，从而以"信"为例，明确说明权变的限度、界限。为此，孔子还以管仲为例讨论了权变的限度、界限。我们来看孔子所言："子路曰：'桓公杀公子纠，召忽死之，管仲不死。'曰：'未仁乎？'子曰：'桓公九合诸侯，不以兵车，管仲之力也。如其仁，如其仁。'"（《论语·宪问》）"子贡曰：'管仲非仁者与？桓公杀公子纠，不能死，又相之。'子曰：'管仲相桓公，霸诸侯，一匡天下，民到于今受其赐。微管仲，吾其被发左衽矣。岂若匹夫匹妇之为谅也，自经于沟渎而莫之知也。'"（《论语·宪问》）在此，子路、子贡拘泥于小节，认为管仲没有做到仁；孔子从大节方面看待管仲，认为其做到了仁。这意味着孔子所主张的，就是子夏所总结的"大德不逾闲，小德出入可也"。

第十二章："子游曰：'子夏之门人小子，当洒扫应对进退则可矣，抑末也。本之则无，如之何？'子夏闻之曰：'噫，言游过矣！君子之道，孰先传焉，孰后倦焉，譬诸草木，区以别矣。君子之道，焉可诬也？有始有卒者，其惟圣人乎？'"这一章论述君子之道的传授问题，涉及子游对于子夏传授君子之道的方法的批评，以及子夏的回应。可以说，子夏的观点是子夏在回应子游的批评时表达出来的。在此，我们只讨论子夏的观点。从子游所言"子夏之门人小子，当洒扫应对进退则可矣，抑末也。本之则无，如之何"来看，此章的君子之道应是指礼。在子夏看来，君子之道也即礼有本有末，对于礼的传授应该循序渐进，先传授其末，然后传授其本，也即先传授礼之仪，后传授礼之质，而不应该直接传授礼之质。这是对孔子传道方法的归纳、总结。比如，"林放问礼之本。子曰：'大哉问！礼，与其奢也，宁俭；丧，与其易也，宁戚'"（《论语·八佾》）。这里，林放问礼之质，孔子虽然反对舍本逐末，反对人们只重视礼仪而忽略礼的本质，但是

依然从礼仪的维度予以回答，认为只有认识礼仪，而又不拘限于礼仪，才能真正把握礼仪背后的礼的本质。这意味着在孔子看来，学习礼，既不能局限于礼仪的层面，又必须从礼仪入手进入礼的本质。孔子教育学生以君子之道，可是却对曾子说"参乎！吾道一以贯之"（《论语·里仁》），认为自己所谓的道有一个核心，可见其一开始给学生传授的是道之末，在学生沉湎于道之末时，他才告诉曾子，其所谓的道有其"本"，应该从道之末入手进入道之本。这么看，子夏才是得到了孔子传道之精华。

第十三章："子夏曰：'仕而优则学，学而优则仕。'"这一章论述"学"与"仕"的关系。在子夏看来，当官而有余力就去学习，学习而有余力就去当官；当官而有余力就去学习，是为了更好地当官，学习而有余力就去当官，也是为了更好地当官。从内圣外王的维度看，"学"属于内圣，"仕"属于外王，子夏在此强调的是，内圣与外王的统一，内圣的目标是外王。这是对孔子的"修己以敬""修己以安人""修己以安百姓"（《论语·宪问》）等思想的发挥。

由上可知，在孔子生前，子夏虽然问孝、问礼、问政，涉及孔子思想中的内圣与外王两个方面，但是在孔子去世后，子夏所关注的主要则是交友之道、"小道"、为学、修身、君子、节操、学与仕的关系等，主要涉及孔子思想中内圣的方面，兼及其外王的方面。具体来说，子夏强调交友要有选择性，强调"小道"也有其相对价值，强调博学、笃志、切问、近思对于"好学"与修身的重要性，强调君子的形象与品格，以及君子对于节操的守护，强调内圣以外王为目标。在子游质疑子夏关于君子之道的传授方法时，子夏又为其君子之道的传授方法的正确性辩护。

三

《子张》篇第十四章、第十五章所记，是子游的言论，论及丧礼、孝，以及对于子张的评价。此外，子游的言论还存于第十二章，涉及子游对于子夏的批评。

我们先来看第十二章中子游的言论："子游曰：'子夏之门人小子，当洒扫应对进退则可矣，抑末也。本之则无，如之何？'"这一章论述君子之道的传授问题，系子游对于子夏传授君子之道的方法的批评。在子游看来，君子之道是礼，礼有本末，对于礼的传授应该先传授礼之本，后传授礼之末也即礼仪，学生所学最重要的是学到礼之本质。这是对孔子面对礼崩乐坏，重视、持守礼的本质的思想的深刻体悟的结果。在孔子看来，"麻冕，礼也；今也纯，俭，吾从众。拜下，礼也；今拜乎上，泰也。虽违众，吾从下"（《论语·子罕》）；"礼云礼云，玉帛云乎哉？乐云乐云，钟鼓云乎哉"（《论语·阳货》）。礼服、礼仪虽然可以随着时代的改变而改变，但是不可以影响礼的本质；礼也不是礼器以及礼器所表征的礼节仪式，而是礼器和礼仪所体现的、礼器和礼仪背后的本质。既然

孔子在礼仪与礼的本质之间看重礼的本质，子游便认为对于礼，首先要传授的就是礼的本质，所以其批评子夏先传授礼节仪式是错误的。

接下来，再来看第十四章："子游曰：'丧致乎哀而止。'"这一章论述丧礼，也是在论述"孝"。因为孔子认为孝就是"无违"，就是"生，事之以礼；死，葬之以礼，祭之以礼"（《论语·为政》），其中包括"葬之以礼"，也即包括正确地实行丧礼。在子游看来，办理丧事、举行丧礼要尽哀，要体现生者对于死者的哀痛之情，而不要在意礼仪的周到完备。这与子张的"丧思哀"（《论语·子张》）的主张是一致的。也是对孔子所反对的"为礼不敬，临丧不哀"（《论语·八佾》）的警惕和反思，以及对孔子"礼，与其奢也，宁俭；丧，与其易也，宁戚"（《论语·八佾》），"夫君子之居丧，食旨不甘，闻乐不乐，居处不安"（《论语·阳货》），"人未有自致者也，必也亲丧乎"（《论语·子张》）等思想的承继和发挥，强调礼的本质以及礼背后的情感因素。

最后，再来看第十五章："子游曰：'吾友张也为难能也，然而未仁。'"这一章是对于子张的评价，是从道德的维度加以评价的。在子游看来，子张虽然是自己的朋友，虽然努力践行仁，致力于道德境界的提升，这已经非常难能可贵了，但是，客观地说，依然没有做到仁。由于孔子曾言"君子去仁，恶乎成名？君子无终食之间违仁，造次必于是，颠沛必于是"（《论语·里仁》），"君子而不仁者有矣夫，未有小人而仁者也"（《论语·宪问》），认为仁是君子与小人区别之所在，是君子之为君子的本质之所在。这意味着在子游的心中，子张只是比普通人的道德品质好一点，并没有达到君子的境界，并不是个君子。

由上可知，在孔子生前，子游虽然问孝等，所涉及的仅仅是孔子思想中内圣的方面，但是在孔子去世后，子游所关注的主要是君子之道的传授方法、丧礼，同样仅仅涉及孔子思想中内圣的方面。此外，其对子张作过评价。关于君子之道的传授方法，其与子夏不一样；关于丧礼，子游强调丧礼背后的亲情，强调礼仪背后礼的本质；关于子张，子游认为子张没有达到仁的境界，不能被看作君子，这是对于子张人格和学问的否定。

四

《子张》篇第十六章至第十九章所记，是曾子的言论，其中，第十七章和第十八章是引用孔子之语的言论。这么看，真正表达曾子观点的言论也就只有第十六章和第十九章，分别论及对子张的评价和法官的为官之道。

我们先来看第十六章："曾子曰：'堂堂乎张也，难与并为仁矣。'"这一章同第十五章一样，也是对于子张的评价，而且也是从道德的维度加以评价的。在曾子看来，子张虽然仪表堂堂，但是难以和他一起做到仁。这意味着在曾子的心中，子张也没有达到君子的境界，也不是一个

君子。这里，曾子并不像子游那样，把子张看作"友"，而是直接将子张的仪容与品格相对照，通过肯定其外表而否定其内心的方式评价子张。

接下来，再来看第十七章："曾子曰：'吾闻诸夫子：人未有自致者也，必也亲丧乎。'"这一章是曾子引用孔子之语的言论。曾子言其听孔子说过，人们平时是不会充分暴露自己的感情的，只有在父母去世时才会这样。这表明，孔子认为子女之于父母的感情应该是至深的，子女对于父母的孝体现在父母去世时所表露出来的对于父母的哀痛之情。这与孔子所反对的"为礼不敬，临丧不哀"（《论语·八佾》），所提倡的"丧，与其易也，宁戚"（《论语·八佾》），"夫君子之居丧，食旨不甘，闻乐不乐，居处不安"（《论语·阳货》），是完全一致的。

再往下看第十八章："曾子曰：'吾闻诸夫子：孟庄子之孝也，其他可能也，其不改父之臣与父之政，是难能也。'"这一章也是曾子引用孔子之语的言论。曾子言其听孔子说过，孟庄子的孝，在其他方面别人能够做到，可是，在不撤换父亲任用的官吏、不改变父亲的为政之道等方面是别人所难以做到的。这与孔子"三年无改于父之道，可谓孝矣"（《论语·学而》）的观点是一致的。

最后，再来看第十九章："孟氏使阳肤为士师，问于曾子。曾子曰：'上失其道，民散久矣。如得其情，则哀矜而勿喜。'"这一章论述法官的为官之道，即应当如何对待罪犯，但是，又不是曾子主动要说的。在曾子看来，天下无道，为官者胡作非为，民心因而早已散了，在此情形之下，民众犯罪，实乃为官者之过，如果能审出其真情，应该同情、怜悯之，而不应该喜悦。联系孔子所言"礼乐不兴则刑罚不中，刑罚不中则民无所措手足"（《论语·子路》），"不教而杀谓之虐"（《论语·尧曰》），可知，在孔子看来，天下有道，礼乐盛行，民众得到教化，才不会犯罪，相反，天下无道，礼乐崩坏，民众无所适从，才会犯罪。这么看，曾子的观点是与孔子一致的。

由上可知，在孔子生前，曾子虽然言及修身、孝、君子、士等，将孔子所谓的道归纳为"忠恕"（《论语·里仁》），阐述孔子的"不耻下问"（《论语·公冶长》）[1]，但是，几乎没有问过孔子问题，所涉及的仅仅是孔子思想中内圣的方面；在孔子去世后，曾子所关注的主要是孔子关于亲情、孝的思想，同样仅仅涉及孔子思想中内圣的方面。此外，其对子张也作过评价。其虽然论述法官的为官之道，但是这不是其所关注的。关于孔子对亲情的论述，曾子引用了孔子"亲丧"而"哀"的思想；关于孔子对孝的论述，曾子引用了孔子"不改父之臣与父之政"的思想；关于子张，曾子像子游一样，认为子张没有达到仁的境界，因而不是君子，这同样是对于子张的人格和学问的否定。至于其认为法官要有同情、怜悯之心，只是回答他人之问时所说。

———————————

[1] 曾子曰："以能问于不能，以多问于寡。"（《论语·泰伯》）这是对孔子"不耻下问"的阐述。

五

《子张》篇第二十章至第二十五章所记，是子贡的言论。其中，第二十章和第二十一章论及君子，第二十二章至第二十五章论及孔子。子贡此处所论孔子主要是对孔子的评价，不过，都不属于主动评价。

我们先来看第二十章："子贡曰：'纣之不善，不如是之甚也。是以君子恶居下流，天下之恶皆归焉。'"这一章论述君子。在子贡看来，纣之坏不像现在传说的这么夸张，是人们因其坏而把一切坏的名声加在其身上的结果，因此，君子厌恶处于下流，从而使天下之坏的名声都归于自己身上。这很可能属于子贡独创的思想，因为孔子不曾有类似的思想，孔子所谓君子"恶居下流而讪上者"（《论语·阳货》），也与子贡上述思想没有关联。

然后，再来看第二十一章："子贡曰：'君子之过也，如日月之食焉。过也，人皆见之；更也，人皆仰之。'"这一章论述君子对待过错的态度。在子贡看来，君子光明磊落，从不掩饰自己的过错，不仅公开自己的过错，同时还积极改正自己的过错；君子不是一个不曾有过过错的人，而是一个敢于暴露过错、改正过错的人，这也是君子的魅力之所在，以及君子被人们所敬仰的地方。子贡的上述观点，同子夏所谓"小人之过也必文"一样，是对孔子"丘也幸，苟有过，人必知之"（《论语·述而》）的自述的深思以及"过则勿惮改"（《论语·学而》《论语·子罕》），"过而不改，是谓过矣"（《论语·卫灵公》）等思想的继承和发展。

接下来，我们依次来看第二十二章至第二十五章中子贡对于孔子的评价。

第二十二章："卫公孙朝问于子贡曰：'仲尼焉学？'子贡曰：'文武之道，未坠于地，在人。贤者识其大者，不贤者识其小者，莫不有文武之道焉。夫子焉不学？而亦何常师之有？'"这一章论述孔子学问的来源以及学问的主旨，不是子贡主动言说的，乃在回答卫国的公孙朝所问时，为了维护孔子形象而不得不说的。面对卫国公孙朝通过质疑孔子没有明确的师承、专门的老师，来质疑孔子的学问，子贡首先指出孔子所学乃文武之道，因而其学问主旨乃三代之礼，然后才指出孔子虽然没有明确的师承，但是并不意味着就不能学到文武之道，因为文武之道存在于人世间，并不为少数人所专有，其中，贤者知其本而不贤者知其末，孔子并不需要专门的老师，其正是因为学无常师，从贤者和不贤者那里学到了文武之道之本末，才完整地掌握了文武之道。这里，子贡的回答既维护了孔子作为文武之道的继承者、宣扬者的形象，又认为其学无常师，符合孔子对于自己的认知。由于孔子自己说过"我非生而知之者，好古，敏以求之者也"（《论语·述而》），"默而识之，学而不厌，诲人不倦，何有于我哉"（《论语·述而》），"十室之邑，必有忠信如丘者焉，不如丘之好学

也"(《论语·公冶长》),认为自己的学问来源于"学",所以,当卫国的公孙朝问"仲尼焉学"时,子贡没有吹捧孔子是"生而知之者"(《论语·季氏》),而是认为其是"学而知之者"(《论语·季氏》)。由于孔子确实没有固定的、著名的老师,并且还说过"三人行,必有我师焉。择其善者而从之,其不善者而改之"(《论语·述而》),所以,子贡言其学无常师,不仅向贤者学习,也向不贤者学习。关于孔子所学的内容,从孔子的"好古,敏以求之",可以看出,其所学乃是古代文化,具体而言,为三代礼乐文化;从孔子的"周监于二代,郁郁乎文哉,吾从周"(《论语·八佾》),"甚矣吾衰也,久矣吾不复梦见周公"(《论语·述而》),可以看出,在三代之礼中,其最看重周礼。再加上孔子一生研习礼、捍卫礼,梦想恢复礼治。由此,子贡认为孔子所学的内容是文武之道,可谓准确之至。

第二十三章:"叔孙武叔语大夫于朝曰:'子贡贤于仲尼。'子服景伯以告子贡。子贡曰:'譬之宫墙,赐之墙也及肩,窥见室家之好。夫子之墙数仞,不得其门而入,不见宗庙之美,百官之富。得其门者或寡矣。夫子之云,不亦宜乎!'"这一章论述孔子的伟大,也不是子贡主动言说的,是子贡在反驳鲁国大夫叔孙武叔故意以抬高自己来贬低孔子时说的。面对叔孙武叔的蓄意挑衅,子贡直面回击,以围墙的高低为喻,围墙低,人们在围墙外就能看见围墙内的房屋的美好,而围墙高,人们只能通过大门进入围墙之内，才能看到宗庙的华美和房屋的繁多，说明自己的优点人们容易看到，而孔子的伟大人们不容易看到，这正是自己远远不如孔子的原因之所在。这也说明，孔子的伟大就在于不懂得孔子就不知道其伟大。

第二十四章："叔孙武叔毁仲尼。子贡曰：'无以为也。仲尼不可毁也。他人之贤者，丘陵也，犹可逾也；仲尼，日月也，无得而逾焉。人虽欲自绝，其何伤于日月乎？多见其不知量也。'"这一章也是在论述孔子的伟大，同样不是子贡主动言说的，是子贡在反驳叔孙武叔对孔子的诽谤时说的。面对叔孙武叔的诽谤，子贡直接回击，先说出孔子是诽谤不了的，任何诽谤都无损于孔子的伟大这一结论，然后运用比喻的方式，给出理由：别人的贤能犹如山丘，是可以超越的；孔子的贤能犹如日月，是无法超越的；诽谤孔子，对于孔子没有丝毫损伤，只会表明诽谤者不自量力。

第二十五章："陈子禽谓子贡曰：'子为恭也，仲尼岂贤于子乎？'子贡曰：'君子一言以为知，一言以为不知，言不可不慎也。夫子之不可及也，犹天之不可阶而升也。夫子之得邦家者，所谓立之斯立，道之斯行，绥之斯来，动之斯和。其生也荣，其死也哀，如之何其可及也？'"这一章同样是在论述孔子的伟大，同样不是子贡主动言说的，是子贡在回答陈子禽的疑问时说的。对于作为孔子弟子的陈子禽居然也怀疑子贡胜过孔子，子贡不得不首先告诫陈子禽谨言慎语，因为君子一言即可显示其有知或无

知，然后告诉陈子禽，孔子是不可以超越的，犹如天的高不可攀，自己和孔子的差距犹如天地之间的距离，接下来才说出孔子不可以超越的原因，在于孔子具有治理好国家的能力，能够教育、引导、安抚民众，使之极力向善、齐心协力。此处，子贡告诫陈子禽谨言慎语，与孔子"君子欲讷于言而敏于行"（《论语·里仁》），"仁者，其言也讱"（《论语·颜渊》），强调说话谨慎，是一致的。不过，孔子要求说话谨慎，是在言行一致的意义上提出的，子贡要求说话谨慎，是在认知的意义上提出的，这是二者的区别之所在。从子贡从外王的维度论述孔子的不可超越来看，陈子禽认为子贡胜过孔子也许也是基于外王的维度，不过，子贡给出的理由属于"假定"性质，并不是孔子所取得的实际功绩。

由上可知，在孔子生前，子贡虽然问君子，问士，问仁，问友，所涉及的仅仅是孔子思想中内圣的方面，但是在孔子去世后，子贡所关注的主要是君子，同样仅仅涉及孔子思想中内圣的方面。子贡认为"君子恶居下流"，又勇于承认错误、改正错误。当别人在其面前诽谤、贬低孔子时，其又维护孔子形象，并通过这种维护将孔子塑造为三代礼乐文化的拥有者、传承者，是不可以诽谤、超越的伟人，从而开启了后世对于孔子的"神化"。

六

　　从《子张》篇来看，虽然在孔子生前，子张、子夏问及孔子思想中的内圣与外王两个方面，不似子游、曾子、子贡仅问及或提及孔子思想中内圣的一面，但是在孔子去世后，子张、子夏和子游、曾子、子贡一样，主要就孔子关于内圣的思想加以守护、弘扬和发展，涉及修身、节操、为学、践仁、守礼、行孝等方面，以及君子、士等理想人格。其中，子张、子夏、子游、子贡着力于对孔子内圣思想的弘扬和发展，曾子着力于对孔子内圣思想的守护。曾子守护孔子的内圣思想，体现在其宣扬孔子内圣方面的言论而不加以解释和发挥。至于孔子关于外王方面的思想，他们都没有作解读甚至没有提及。

　　在对于孔子思想的弘扬和发挥方面，子张与子夏、子游与子夏有明显不同。子张与子夏的不同，在交友之道方面，其中，子张对于子夏的批评，更是搬出孔子的"君子尊贤而容众，嘉善而矜不能"，直接以孔子之语批评子夏。其实，子夏所言的交友之道，也是以孔子的思想为根据的。子游与子夏的不同，在君子之道的传授方法方面，子游对于子夏的批评以及子夏对于子游的批评的回应都可以从孔子那里找到根据。子张与子夏、子游与子夏在对孔子思想的理解方面各有不同，又都合乎孔子的思想，究其因，一方面是由于孔子因材施教，针对不同的学生的具体

情况，对于同一个问题有不同的甚至可能是差别很大的表述，造成弟子们所接受的知识具有"片面性"；另一方面是由于弟子们对于孔子的思想在认识上各取所需，各有偏差。从子张、子游都对子夏提出批评来看，子夏在对孔子思想的理解上应是比较独特的，也许也是有较大的偏差的。这种独特、偏差也造成了其弟子的困惑，否则，"子夏之门人问交于子张"这类事就不可能发生。弟子们对于孔子思想的理解的不同，显示了孔子去世后儒门在思想上的分化的倾向；弟子们看似站在师门的立场、孔子的立场，实则各自站在自己的立场，从学术层面去看待、批评对方的观点，而不是选择包容和理解对方，显示了这种思想上的分化的不可避免和进一步加剧，也在一定程度上显示了弟子们在学术层面的"争执"。尤其是子游对于子夏的主动批评，显示了这种"争执"是人为的。而这种人为的"争执"，表明在孔子去世后有的弟子有以正统自居的"心思"。

子游、曾子对子张均有评价，而且都是主动的评价，都是以仁为标准，从道德的维度对其所作的评价。对于子张来说，这种评价又都是负面的评价。从子游的"吾友张"来看，子游把子张不仅看作同门中人，还看作"友"，以示自己和子张在个人感情方面的"亲密"，或者说，以"友"来确认自己对于子张的评价的准确性。这么看，子游的评价应该是比较客观的。由于曾子对于子张的评价和子游对于子张的评价是相同的，所以，也可以说曾子的评价也应该是比较客观的。当然，也有一种可能，那就是子游、曾子对于子张的道德维度的负面评价是出于嫉妒。但是不管怎么说，这种评价伤害了子张。由弟子们对同门中人主动作出负面评价，可以看出，在孔子去世后，孔门弟子在人际关系层面的"紧张"已在所难免，儒门的分化除了学术的因素，还有人为的因素。儒门的分化，体现为同门中人从思想的分歧，到彼此关系的破裂。

其实，在孔子生前，孔子和子贡对子张就有评价，我们来看一下他们的评价："子贡问：'师与商也孰贤？'子曰：'师也过，商也不及。'曰：'然则师愈与？'子曰：'过犹不及'"（《论语·先进》）；孔子曰："柴也愚，参也鲁，师也辟，由也喭"（《论语·先进》）。从子贡"师与商也孰贤"来看，在子贡的心里，子张和子夏不仅比自己更优秀，在师门之中也都是非常优秀的，所以他才将二者作比较，问孔子谁更优秀；从子贡"然则师愈与"来看，即便孔子批评了子张，子贡却认为子张更优秀。这里，孔子虽然对子张作出批评性评价，指出其缺点，但是孔子也同样批评了子夏，并指出子夏的缺点。再说，孔子对于弟子的评价，多是负面的，主要是为了指出其缺点，促使其改正，比如他对子羔、曾子、子路的评价也是如此。即便对于自己最喜欢的弟子颜回，孔子也说过"回也非助我者也"（《论语·先进》）。更何况，孔子对弟子的评价多是从性格、为学等维度加以评价的，并没有从道德

的维度加以评价，从而不涉及弟子的人品。①所以单从孔子对子张的性格维度的评价，是看不出子张的人品的。另外，从子贡的角度看，子张是优秀的。这么看，子游、子夏对于子张的道德维度的负面评价就很难说是客观的，很有可能是出于对于子张的嫉妒。而嫉妒，乃是出于想"上位"的需要。值得注意的是，子游对于子夏、子张分别从学术和道德维度加以批评，其"上位"的心情更加迫切。

子贡对于孔子形象的维护和神化是被动的。叔孙武叔、陈子禽都认为子贡比孔子更优秀，其中，叔孙武叔还诽谤孔子，子贡对此作了坚决的回击，极力论证孔子的伟大及其不可超越，但是其论证没有实质性的证据，属于类比、假设之类，显得较为苍白。这也说明子贡很可能至少在某些方面确实比孔子更优秀，以至于子贡言谈之时都找不到孔子比自己优秀的证据。再说，陈子禽是孔子的弟子，不太可能当着子贡的面乱说。

子贡的优秀，孔子生前是看出来的。"子贡问曰：'赐也何如？'子曰：'女器也。'曰：'何器也？'曰：'瑚琏也。'"（《论语·公冶长》）这里，孔子对于子贡的评价不仅是正面的评价，而且还是很高的评价。"子谓子贡曰：'女与回也孰愈？'对曰：'赐也何敢望回？回也闻一以知十，赐也闻一以知二。'子曰：'弗如也。吾与女弗如

_____

① 王毓珣论述孔子评价弟子的原则，认为孔子评价弟子，均不涉及道德。参见王毓珣：《论孔子评价弟子的原则》，《湖南师范大学教育科学学报》2008年第4期，第53—55页。

也.'"（《论语·公冶长》）这里，孔子因为担心子贡与颜回争斗，居然问子贡"女与回也孰愈"。这说明，在孔子的心里，子贡未必比颜回差，虽然孔子表面上只赞扬颜回，还有时批评子贡。子贡对孔子的提问心领神会，就顺着孔子的意图，说自己不如颜回，并从智力的层面加以论证。关键是，孔子一时激动，竟然说自己也不如颜回，以此来压服子贡。既然孔子也认为子贡非常优秀，甚至不比自己最得意的弟子颜回差，叔孙武叔、陈子禽都认为子贡比孔子更优秀，就至少有一定的合理性了。

既然叔孙武叔、陈子禽都认为子贡比孔子更优秀，子贡为什么不但不认可，还坚决予以回击？原因不仅在于孔子是自己的老师，二人存在着师生的名分，更在于子贡对于孔子深厚的情感和子贡本人高尚的人格，哪怕孔子生前对待子贡并没有特别的地方，有时还当面批评子贡，有的思想没有传授给子贡，导致子贡有"怨言"。比如，"子贡曰：'我不欲人之加诸我也，吾亦欲无加诸人。'子曰：'赐也，非尔所及也'"（《论语·公冶长》），这是孔子批评子贡。再如，"子贡曰：'夫子之文章，可得而闻也；夫子之言性与天道，不可得而闻也'"（《论语·公冶长》），这是子贡"抱怨"孔子不曾将"性与天道"方面的思想传授给自己。

子贡对于孔子深厚的情感和子贡本人高尚的人格，不仅体现在孔子生前，更体现在孔子去世后。比如，"太宰问于子贡曰：'夫子圣者与？何其多能也？'子贡曰：'固

天纵之将圣，又多能也。'子闻之曰：'太宰知我乎！吾少也贱，故多能鄙事。君子多乎哉？不多也。'"（《论语·子罕》）子贡为了抬高乃至神化孔子，将孔子的圣人人格和"多能"归结为天意，连孔子本人都不好意思，而是将自己"多能"归结为"少也贱"。再如，孔子去世后，据《孟子·滕文公上》和《史记·孔子世家》记载，只有子贡一人为孔子守丧了六年。

通过以上分析可知，就《子张》篇所载来看，在孔子去世后，子张、子夏、子游、曾子、子贡等都主要从内圣的维度继承和弘扬孔子思想，这是他们共同的"心思"，其中，子张、子夏、子游、子贡主要是通过阐释孔子思想的方式继承、弘扬孔子思想，而曾子主要是通过引用孔子之语的方式继承、弘扬孔子思想。在弘扬孔子思想的过程中，子张、子游与子夏有明显的不同，并因此都批评子夏，显示了孔子去世后子夏"受到同门的批评最为激烈"①，也显示了儒门最初的思想分化，以及同门中人在学术层面的"争执"；在对同门中人的评价上，子游、曾子都从道德维度对子张作出负面评价，也显示了孔子去世后同门中人在人际关系层面的"紧张"，以及彼此关系的破裂。这种"紧张"，反映了子张、子游、曾子在孔子去世后都有以正统自居的心理，其中，子游先后联手子张、

---

① 高专诚：《子夏的思想成就和历史贡献》，《中原文化研究》2017年第4期，第49页。

曾子，分别打击子夏和子张，以正统自居的心理最为强烈。由此也可以看出，儒门的分化有着客观与主观、学术与人为的因素。至于子贡，作为颜回之后，孔门最优秀者①，极力批驳叔孙武叔、陈子禽对于孔子的贬损，显示了其维护孔子的形象、守护儒门的责任感。

（原载《兰州学刊》2023年第11期，有改动）

---

① 辛安亭：《子贡是孔子弟子中最杰出的人物》，《兰州大学学报》（社会科学版）1986年第3期，第54—56页。

孔子去世后弟子们的「心思」——从《论语·子张》看

孔子思想对二传弟子的影响

——以《论语·季氏》为核心的考察

《论语》一书乃孔子弟子及其二传弟子所整理，该书所载孔子主动言说的语言，以及回答弟子所问的语言，大多以"子曰"的方式表达出来，少数以"孔子曰"的方式表达出来。这些以"子曰"方式表达出来的孔子之语，应该是由孔子弟子所记，并收入《论语》之中，而以"孔子曰"方式表达出来的孔子之语，应该是在孔子弟子讲学，引用这些孔子之语时，为二传弟子所记，并收入《论语》之中。因为孔子二传弟子称自己的老师为"子"，只能称孔子为"孔子"。

以"孔子曰"方式出现的孔子主动言说的语言以及回答弟子所问的语言，既然是孔子弟子讲学时所引用的，这说明孔子思想中对二传弟子影响最大的，正是这些语言所表达的思想，研究孔子这些语言就能揭示孔子思想对二传弟子的影响。由于《季氏》篇所载的这些孔子之语最为集中，共有十一章，除此之外，仅《阳货》篇有一章，笔者拟以《季氏》篇为核心，对以"孔子曰"方式出现的孔子主动言说的语言以及回答弟子所问的语言进行梳理，据此讨论孔子思想对二传弟子的影响。

一

《季氏》篇共十四章，前十一章所载，乃以"孔子曰"方式出现的孔子主动言说的语言以及回答弟子所问的语言，其中，第一章是孔子回答弟子所问的语言，以对话的形式表达出来，第二章至第十一章则是孔子主动言说的语言。从内容上来看，前三章讨论"为政治国"问题，第四章和第五章讨论"友"和"乐"问题，第六章、第七章、第八章和第十章讨论"君子"问题，第九章讨论"为学"问题，第十一章讨论"人生境界"问题。

我们先来看前三章中孔子所讨论的"为政治国"问题。

第一章曰："季氏将伐颛臾。冉有、季路见于孔子曰：'季氏将有事于颛臾。'孔子曰：'求！无乃尔是过与？夫颛臾，昔者先王以为东蒙主，且在邦域之中矣，是社稷之臣也。何以伐为？'冉有曰：'夫子欲之，吾二臣者皆不欲也。'孔子曰：'求！周任有言曰："陈力就列，不能者止。"危而不持，颠而不扶，则将焉用彼相矣？且尔言过矣，虎兕出于柙，龟玉毁于椟中，是谁之过与？'冉有曰：'今夫颛臾，固而近于费。今不取，后世必为子孙忧。'孔

子曰：'求！君子疾夫舍曰欲之而必为之辞。丘也闻有国有家者，不患寡而患不均，不患贫而患不安。盖均无贫，和无寡，安无倾。夫如是，故远人不服，则修文德以来之。既来之，则安之。今由与求也，相夫子，远人不服而不能来也，邦分崩离析而不能守也，而谋动干戈于邦内。吾恐季孙之忧，不在颛臾，而在萧墙之内也。'"

从冉有与孔子的对话来看，季氏把持了鲁国政治，造成君弱臣强，鲁君虚设，这已经严重违背了礼制。在此情形之下，季氏为了防止鲁国的附属国颛臾帮助鲁君而准备攻打之，冉有不但没有阻止，反而为其开脱，孔子从礼治的维度表达了自己的观点。在孔子看来，对于诸侯、大夫来说，如果能够实行礼治，就不必担心贫穷，而应该担心财富分配是否做到尊卑上下"各得其分"[①]；不必担心人口少，而应该担心治理国家是否做到君与臣、君与民"上下相安"[②]。因为财富上"各得其分"，人们就不感到贫穷；君臣上下和谐，人们就不感到人口少；政治上"上下相安"，国家就不会倾危。这样，如果远方的人不愿归服，就整治礼乐政教招徕他们，而不应该使用武力；他们来了，就要让他们安居乐业。基于此，孔子批评冉有、子路帮助季氏，是助纣为虐。

由此可以看出，面对鲁国礼制被毁，礼治不再，季氏专权的政治局面，孔子虽然无力改变，但是还是借批评冉

---

① 朱熹：《四书章句集注》，中华书局2015年出版，第171页。
② 朱熹：《四书章句集注》，中华书局2015年出版，第171页。

有、子路来批评季氏，表达自己维护礼治的观点，以及自己的礼治主张。孔子所谓的礼治，在诸侯国内体现为政治上以礼治国，做到"上下相安"；经济上以礼为准，做到"各得其分"。如此，君臣上下各安其位、和睦相处，国家就能长治久安。这里，孔子通过对鲁国社会现实的批判，表达其礼治主张。

接下来，再来看第二章："孔子曰：'天下有道，则礼乐征伐自天子出；天下无道，则礼乐征伐自诸侯出。自诸侯出，盖十世希不失矣；自大夫出，五世希不失矣；陪臣执国命，三世希不失矣。天下有道，则政不在大夫。天下有道，则庶人不议。'"

在孔子看来，天下有道，实行礼治，制礼作乐和对外征伐都由最高统治者天子决定，换言之，普天之下，只有天子才有制礼作乐和对外征伐的权力；天下无道，礼治被弃，天子最多只是象征性的存在，诸侯争霸，大夫专权，制礼作乐和对外征伐先后由诸侯、大夫决定，换言之，天子丧失制礼作乐和对外征伐的权力。其结果是，天下大乱，诸侯传到十代左右，大夫传到五代左右，就会失去国家。至于家臣把持国家政权，传到三代左右，就会失去国家。由此，孔子强调要实行礼治，让天子掌握政权，让诸侯、大夫各安其位，让民众没有议论。

对于孔子的上述思想，杨伯峻认为："可能是从考察历史，尤其是当日时事所得出的结论。'自天子出'，孔子认为尧、舜、禹、汤以及西周都如此的；'天下无道'则

自齐桓公以后，周天子已无发号施令的力量了。齐自桓公称霸，历孝公、昭公、懿公、惠公、顷公、灵公、庄公、景公、悼公、简公十公，至简公而为陈恒所杀，孔子亲身见之；晋自文公称霸，历襄公、灵公、成公、景公、厉公、平公、昭公、顷公九公，六卿专权，也是孔子所亲见的。所以说'十世希不失'。鲁自季友专政，历文子、武子、平子、桓子而为阳虎所执，更是孔子所亲见的。所以说'五世希不失'。至于鲁季氏家臣南蒯、公山弗扰、阳虎之流都当身而败，不曾到过三世。当时各国家臣有专政的，孔子言'三世希不失'，盖宽言之。"①这种看法，从历史和现实的维度论述了孔子上述思想的来源，是合理的。这里，按照杨伯峻的理解，孔子主要是通过回顾历史的方式表达了其礼治主张。

最后，再来看第三章："孔子曰：'禄之去公室五世矣，政逮于大夫四世矣，故夫三桓之子孙微矣。'"

此章与上一章具有连续性。在孔子看来，鲁国礼乐崩毁，鲁君丧失政权，虽然大夫专权，但也不会长久。从历史和现实的维度看，鲁君丧失政权已经经历宣公、成公、襄公、昭公、定公五代了，政权落到大夫手上已经经历文子、武子、平子、桓子四代了，所以，鲁国三桓孟孙、叔孙、季孙的子孙也衰微了，这就是事实。相反，如果鲁国施行礼治，鲁君拥有政权，鲁国就会长久安定。这里，孔

---

① 杨伯峻：《论语译注》，中华书局2015年出版，第172—173页。

子同样主要是通过回顾历史的方式表达了其礼治主张。

由以上可知，孔子在此通过历史和现实的双重维度，借助特定的历史事实和具体的政治事件，论述了其礼治主张，"坚持自己所遵信的既有'礼乐'秩序的基本立场"①。在孔子的心中，实行礼治才能长治久安，违背礼治者必然走向失败，因此，礼治是最好的治国措施，礼是最好的治国之道。

由以上还可知，孔子的政治主张虽然包括礼治主张和德治主张，孔子弟子却选择了其中的礼治主张传授给其二传弟子，原因在于恢复礼治才是孔子内心最真实的诉求；孔子关于礼治的论述，虽然有理论层面的论述和历史层面的论述，包括"摆事实"和"讲道理"两个方面，孔子弟子却选择了其中历史层面的论述，选择了"摆事实"，以此来向二传弟子传授孔子的礼治主张，原因在于历史层面的论述、"摆事实"更容易被理解。

二

在第四章和第五章中孔子讨论"友"和"乐"问题，着重讨论"友"和"乐"对于人的"益"和"损"，展现了孔子在生活世界层面的生存智慧和道德追求。

我们先看第四章："孔子曰：'益者三友，损者三友。

———————————

① 黄朴民：《政治蓝图的构思：〈论语·季氏〉篇释义》，《中华读书报》2017年11月1日，第15版。

友直，友谅，友多闻，益矣。友便辟，友善柔，友便佞，损矣。'"

在孔子看来，不同的朋友会给自己带来不同的影响，这种影响可以概括并划分为"益"和"损"这两类，也即有益的影响和有害的影响这两类，相应的，朋友便可分为"益"友和"损"友这两类。因此，交友要慎重。从孔子的具体论述来看，从朋友对于自己的影响的维度来看，有益的东西可以分为三种，即"直""谅""多闻"，也即正直、诚信、见闻广博；有害的东西也可以分为三种，即"便辟""善柔""便佞"，也即谄媚奉承、假装温和、花言巧语。相应的，给自己带来有益的影响的朋友可以分为三种，具体而言，就是正直的朋友、诚信的朋友和见闻广博的朋友；给自己带来有害的影响的朋友也可以分为三种，具体而言，就是谄媚奉承的朋友、假装温和的朋友和花言巧语的朋友。

由于"直""谅""多闻"属于德的范畴，而"便辟""善柔""便佞"与之相反，属于不道德的存在，我们可以说，孔子是从道德的维度论述交友对于人的影响，论述不同的朋友对于人的利与害、好与坏。由于孔子又从道德的维度判定人，将人划分为君子和小人等，认为君子是有德者，是道德的追求者与践行者，小人是无德者，是道德的违背者与破坏者，我们又可以说，孔子论述交友、论述朋友对于人的"益""损"，本质上是要求人们以君子的标准要求自己，结交君子而远离小人，从而在结交朋友的过程中提升自己的道德。

然后，再看第五章："孔子曰：'益者三乐，损者三乐。乐节礼乐，乐道人之善，乐多贤友，益矣。乐骄乐，乐佚游，乐宴乐，损矣。'"

在孔子看来，不同的快乐会给一个人带来不同的影响，这种影响同样可以概括并划分为"益"和"损"这两类，也即有益的影响和有害的影响这两类，相应的，快乐便可分为有益的快乐和有害的快乐这两类。因此，对待快乐要慎重。从孔子的具体论述来看，从快乐对于自己的影响的维度来看，有益的东西可以分为三种，即"节礼乐""道人之善""多贤友"，也即合于礼乐、称道别人的优点、结交到许多优秀的朋友；有害的东西也可以分为三类，即"骄乐""佚游""宴乐"，也即骄纵而不合礼乐、闲游浪荡、饮酒作乐。相应的，给自己带来有益影响的快乐可以分为三种，具体而言，就是"乐节礼乐，乐道人之善，乐多贤友"，也就是合于礼乐的快乐、称道别人优点的快乐、结交到许多优秀的朋友的快乐；给自己带来有害影响的快乐也可以分为三种，具体而言，就是"乐骄乐，乐佚游，乐宴乐"，也就是骄纵而不合礼乐的快乐、闲游浪荡的快乐、饮酒作乐的快乐。

由于"节礼乐""道人之善""多贤友"属于有道德的人所追求的目标，而"骄乐""佚游""宴乐"属于不道德的人所追求的目标，我们可以说，孔子是从道德的维度论述快乐及其对于人的影响，论述不同的快乐对于人的利与

害、好与坏。由于孔子又从道德的维度判定君子与小人，我们又可以说，孔子论述快乐、论述快乐对于人的"益""损"，本质上是要求人们追求君子之"乐"，抛弃小人之"乐"，从而在追求快乐的过程中成就君子之德。

由以上可知，孔子言及"益"和"损"，并非讨论"益"和"损"问题本身，实则是从"益"和"损"的角度讨论"友"和"乐"的问题；孔子讨论"友"和"乐"的问题时，判断其"益"和"损"的标准都是道德，将交友和快乐这种日常生活层面的看似很普通的事情纳入道德的领域、修身的范围，使交友和快乐之道成为君子的规范。

由以上还可知，孔子关于君子的规范虽然有普遍和具体之区分，涉及道德层面和生活层面，孔子弟子却选择了其中的具体规范及其在日常生活层面的应用传授给二传弟子，原因在于君子的修炼通常就在日常生活中。

三

第六章、第七章、第八章和第十章都是讨论"君子"问题，较为详细地论述了君子的行为规范，涉及君子不应有的"三愆"，以及君子应遵守的"三戒""三畏""九思"等。

我们先看第六章："孔子曰：'侍于君子有三愆：言未及之而言谓之躁，言及之而不言谓之隐，未见颜色而言谓之瞽。'"

所谓"三愆",就是说话时的三种过失,分别是"躁""隐""瞽",也即急躁、隐瞒、瞎眼,具体表现为没有轮到自己说话时就抢着说,轮到自己说话时却不说,不看对方的脸色就说。从"侍于君子有三愆"来看,一般人在说话时容易有此"三愆",而君子却无此"三愆"。这意味着君子懂得什么时候该说,什么时候不该说,说话的时候看对方的脸色。这是从"言"的方面规范君子。

再看第七章:"孔子曰:'君子有三戒:少之时,血气未定,戒之在色;及其壮也,血气方刚,戒之在斗;及其老也,血气既衰,戒之在得。'"

这里,君子之"三戒"分别是指戒"色"、戒"斗"、戒"得",也即戒除迷恋女色、戒除好斗、戒除贪欲,这是君子在不同的人生阶段所要遵守的相应的准则。具体言之,则是年少时戒"色",壮年时戒"斗",年老时戒"得"。孔子所言的君子之"三戒",主要是从保护君子的身体健康的维度加以考虑的,针对的是不同的人生阶段而言的。透过文字的表层,我们可以看到,在孔子的心里,人生的所有阶段都应该遵守此"三戒",只是在不同的阶段各有侧重而已。由于戒"色"、戒"斗"、戒"得",有强调保持对"色""斗""得"的警惕,要求人们轻色、仁爱、廉洁的成分。这么看,孔子的君子之"三戒"又具有道德的意味,是一种道德准则。这是从"行"的方面规范君子。

再往下看第八章："孔子曰：'君子有三畏：畏天命，畏大人，畏圣人之言。小人不知天命而不畏也，狎大人，侮圣人之言。'"

这里，君子所"畏"，乃"天命""大人""圣人之言"，涉及信仰、政治和道德等三个领域。在孔子看来，天命属于信仰的领域，乃人之最高信仰对象，对于人生具有绝对主宰作用；大人属于地位尊贵的人，乃高居于一般人之上的统治者，对于人们的社会实践和日常生活具有控制作用；圣人是道德的化身，圣人之言乃人生实践指南，对于人生实践具有规范作用。因此，君子不得不"畏"。而小人由于智力的原因不知道天命，因而不畏天命，也随之轻视大人，轻视圣人之言。这看似是从君子与小人相比较的方面论述君子，实则是从"智"的方面论述君子。

最后，再看第十章："孔子曰：'君子有九思：视思明，听思聪，色思温，貌思恭，言思忠，事思敬，疑思问，忿思难，见得思义。'"

这里，君子的"九思"涉及视、听、色、貌、言、事、疑、忿、见等日常生活中所能遇到的几乎所有的情形，包括对于明、聪、温、恭、忠、敬、问、难、义等的"思"，要求君子看要看明白，听要听清楚，脸色要温和，外表要谦恭，说话要忠诚，办事要谨慎，有疑问要请教，愤怒要考虑后果，看见可得要考虑是否合乎义。这是从日常生活规范的方面要求君子。

另外，由于孔子认为"君子去仁，恶乎成名"（《论语·里仁》），"君子而不仁者有矣夫，未有小人而仁者也"（《论语·宪问》），以仁定义君子，并以此区别君子与小人，可知，《论语·阳货》所载"子张问仁于孔子。孔子曰：'能行五者于天下为仁矣。''请问之。'曰：'恭、宽、信、敏、惠。恭则不侮，宽则得众，信则人任焉，敏则有功，惠则足以使人'"，讨论的也应是君子的问题。在孔子看来，能够践行恭、宽、信、敏、惠这五种道德就达到了仁的要求。就是说，达到了君子的标准。反过来，可以说，君子应该具有恭、宽、信、敏、惠诸德。由"恭则不侮，宽则得众，信则人任焉，敏则有功，惠则足以使人"，可知，这也是从"行"的方面要求君子。

由以上可知，孔子通过对于"三愆""三戒""三畏""九思""行五者"等的讨论，非常具体地在言、行、智以及日常生活等方面给君子的所作所为划界，确立了君子所应该遵守的行为规范，具有很强的可行性、可操作性，从而在行为规范的层面将君子与小人相区别。

由以上还可知，孔子的理想人格虽然包括圣人和君子这两种，孔子弟子却选择了其中的君子传授给其二传弟子，原因在于圣人是可望而不可即的，连孔子都认为自己没有达到，通往圣人之路也是模糊的，而君子是可以达到的，通往君子之路，孔子有清楚的论述；孔子关于君子的思想虽然涉及君子的本质、君子的规范等，孔子弟子却选择了其中关于君子的规范的思想传授给其二传弟子，原因在于君子的成就重在对于君子的规范的践行。

四

第九章专门讨论"为学"的问题，将为学与为学者的智力、态度相联系，从而将人划分为四种类型、四个等级。

我们来看第九章："孔子曰：'生而知之者，上也；学而知之者，次也；困而学之，又其次也；困而不学，民斯为下矣。'"

从"生而知之者""学而知之者""困而学之""困而不学"来看，这无非是说，从智力的维度看，在知识的获得上，可以将人划分为"生而知"和"学而知"这两种类型。前者生而就有知识，不需要通过后天"学"的途径来获得知识，后者生而没有知识，需要通过后天"学"的途径才能获得知识。从"学"的态度的维度看，在学习的主动性上，又可以将"学而知"的人划分为三种类型，那就是"学而知之者"、"困而学之"者、"困而不学"者。其中，"学而知之者"属于主动学习者，"困而学之"者属于被动学习者，"困而不学"者属于坚决不学的人。这样，将智力因素和为学态度相结合，综合考虑二者，就可以将人划分为"生而知之者"、"学而知之者"、"困而学之"者、"困而不学"者这四种类型。

从"生而知之者，上也；学而知之者，次也；困而学之，又其次也；困而不学，民斯为下矣"来看，以上四种类型的人是有高下优劣的区别的，可以将其视作四个等级的人。具体则是，"生而知之者"最为高贵，居于最上等的地位；"学而知之者"仅次于"生而知之者"，居于次一等的地位；"困而学之"者排在前两者之后，居于第三等的地位；"困而不学"者排在最后，居于最下等的地位。这意味着孔子在此将人划分为四种类型，其实也是划分为四个等级。

从"生而知之者，上也"来看，"生而知"优越于"学而知"，"生而知之者"处于最为高贵的地位，这是人力所不可改变的。从"学而知之者，次也；困而学之，又其次也；困而不学，民斯为下矣"来看，"学而知"的人是可以通过改变学习态度、通过主动自觉的学习让自己成为"学而知之者"，从而成为次一等的人的，而"困而学之"者和"困而不学"者都属于自甘堕落者。

从"困而不学，民斯为下矣"来看，"困而不学"者是"民"。那么，"生而知之者""学而知之者"和"困而学之"者分别指哪些人呢？从孔子"我非生而知之者，好古，敏以求之者也"（《论语·述而》），"若圣与仁，则吾岂敢？抑为之不厌，诲人不倦，则可谓云尔已矣"（《论语·述而》），"君子食无求饱，居无求安，敏于事而慎于言，就有道而正焉，可谓好学也已"（《论语·学而》）来看，"生而知之者"应该是指圣人，"学而知之者"作为"好学"者应该是指君子。由于"学而知之"与"困而学之"相对，"学而知之者"与"困而学之"者相

对，君子与小人相对，那么，既然"学而知之者"是君子，"'困而学之'者就是'小人'"①。

由于"生而知之"以及"生而知之者"出于天生，与后天的人为无关；由于孔子认为自己是"学而知之者"，又把"学而知之者"定位为君子，由此可以看出，在此章中，孔子将人分为四种类型、四个等级，意在强调"学而知之"之于人的重要性，强调"学而知之"乃是成就君子之德的重要路径，而不是简单地论述"生而知"与"学而知"，简单地将人划分为四种类型、四个等级。

由以上还可知，孔子关于为学的思想，虽然涉及"生而知"与"学而知"，但是，重在"学而知"，准确地说，重在"学而知之"。孔子弟子选择了其中的"学而知"传授给其二传弟子，原因在于"生而知"是人力不可左右的，"学而知之"则是人力能够左右的，并且"学而知之"可以成就君子之德。

五

第十一章讨论"人生境界"问题，前半章表述的是一种人生境界，后半章表述的则又是另一种人生境界。

我们来看第十一章："孔子曰：'见善如不及，见不善如探汤。吾见其人矣，吾闻其语矣。隐居以求其志，行义

---

① 陆建华：《〈论语〉"生而知之者上也"章释解》，《中州学刊》2015年第3期，第104页。

以达其道。吾闻其语矣，未见其人也。'"

所谓"见善如不及，见不善如探汤"，是指看见善的行为，极力追求，还好像追赶不上；看见不善的行为，尽力避开，犹如不慎把手伸到了开水里。其所展现的是人作为道德存在所应有的人生境界，涉及的是人与人的关系中所应遵循的规则。这与《论语·里仁》所载孔子之语"见贤思齐焉，见不贤而内自省也"，意思大体一致。只是前者重在外在行动，重在对于仁的追求与践行；后者重在内在省思，重在对于仁的坚守。

所谓"隐居以求其志，行义以达其道"，是指通过隐居来保全自己的志向，通过躬行"义"来实现自己的政治主张。其所表达的是人作为政治存在所应有的人生境界，同时，人的政治存在是以道德存在为基础的。其中，"隐居以求其志"，侧重于"隐"，表达身处无道之世的人生境界，"行义以达其道"，侧重于"见"，表达身处"治世"的人生境界。这与《论语·泰伯》所载孔子之语"天下有道则见，无道则隐。邦有道，贫且贱焉，耻也；邦无道，富且贵焉，耻也"，旨意基本相同，并且都是从"隐"和"见"的维度加以论述的。只是前者重在人生政治志向的层面，后者兼顾人生物质欲望和政治志向这双重层面。

"见善如不及，见不善如探汤"，"隐居以求其志，行义以达其道"分别属于什么样的人生境界？我们可以从子路与孔子的对话以及子贡与孔子的对话中找到答案："子路问君子。子曰：'修己以敬。'曰：'如斯而已乎？'曰：

‘修己以安人。’曰：‘如斯而已乎？’曰：‘修己以安百姓。修己以安百姓，尧舜其犹病诸？’"（《论语·宪问》）"子贡曰：‘如有博施于民而能济众，何如？可谓仁乎？’子曰：‘何事于仁？必也圣乎！尧舜其犹病诸。’"（《论语·雍也》）

在孔子看来，"修己以敬""修己以安人"，其修养自己的目的在于养德、行善，使他人安乐，乃君子所为。而这与"见善如不及，见不善如探汤"的个人修养是一致的，因此，可以说，"见善如不及，见不善如探汤"的境界，其实就是君子的境界。在孔子看来，"修己以安百姓"，修养的最终目的在于使百姓安乐，已经超出了君子所为，其与"博施于民而能济众"本质上是一样的，都是尧舜这样的君王也难以做到的，乃圣人所为。而"隐居以求其志，行义以达其道"所表达的求志、行义，兼济天下，与"修己以安百姓""博施于民而能济众"旨意相同，因此，可以说，"隐居以求其志，行义以达其道"的境界其实就是圣人的境界。

关于"见善如不及，见不善如探汤"，"隐居以求其志，行义以达其道"分属君子的境界和圣人的境界，我们还可以从孔子所云"圣人，吾不得而见之矣；得见君子者，斯可矣"（《论语·述而》）中，找到答案。在孔子看来，从"见"的角度看，圣人是见不到的，君子是能够见到的，而从"隐居以求其志，行义以达其道。吾闻其语矣，未见其人也"来看，"隐居以求其志，行义以达其道"

者也是见不到的，由此可推知，"隐居以求其志，行义以达其道"者，乃圣人，相应的，"隐居以求其志，行义以达其道"乃圣人的境界；而从"见善如不及，见不善如探汤。吾见其人矣，吾闻其语矣"来看，"见善如不及，见不善如探汤"者是能够见到的，由此可推知，"见善如不及，见不善如探汤"者乃君子，相应的，"见善如不及，见不善如探汤"乃君子的境界。

另外，从"见善如不及，见不善如探汤。吾见其人矣，吾闻其语矣"来看，君子是存在于现实中的，因此，可见其人，可闻其语。这意味着，在现实中君子的境界是可以达到的。从"隐居以求其志，行义以达其道。吾闻其语矣，未见其人也"来看，圣人只存在于历史之中，因此，不见其人，但闻其语。这意味着，在现实中圣人的境界是难以达到的。

由以上可知，孔子表述其人生境界为君子的境界和圣人的境界。关于君子的境界，孔子是从"行"的方面论述的，认为其是可以达到的；关于圣人的境界，孔子是从"隐"和"见"的维度论述的，认为其是难以达到的。由于孔子认为圣人只存在于历史之中，圣人的境界难以达到，而君子存在于现实中，君子的境界可以达到，可知，孔子看似分别论述君子和圣人的境界，实则更看重君子的境界。

由以上还可知，孔子的人生境界虽然包括君子的境界和圣人的境界，孔子弟子看似将孔子的这两种人生境界同

时传授给其二传弟子，实则是选择了其中的君子的境界传授给其二传弟子，原因在于孔子更看重君子的境界，因为圣人的境界在孔子看来是难以企及的。

综上所述，孔子思想中对于二传弟子影响最大的主要是其礼治主张，以及其关于"友"和"乐"、君子的行为规范、为学、人生境界等方面的思想。由于孔子论述"友"和"乐"，意在论述君子之涵养和规范；孔子论述为学，不仅意在强调"学"之于人的重要性，还意在强调为学也是成就君子之路；孔子论述人生境界，意在强调君子的境界。我们又可以概括地说，孔子思想中对于二传弟子影响最大的，是其礼治主张，以及其关于君子的规范与境界等方面的思想。

第三辑

孔子视界中的颜回：另一个自己

孔门弟子中优秀的弟子很多，比颜回更有才华的弟子也是有的，但是，孔子却最器重、最喜欢并赞美才华未必十分出众的颜回，与颜回情同父子。[①]究其因，似乎是"颜回笃信其师仁道，孔子欣慰弟子乐学"[②]。简言之，是因为颜回最为"好学"。其实，这只是表面现象。真正的原因在于，颜回身上有太多的孔子的"影子"，孔子从颜回的身上看到了自己。

[①]《论语·先进》载："颜渊死，门人欲厚葬之。子曰：'不可。'门人厚葬之。子曰：'回也视予犹父也，予不得视犹子也。非我也，夫二三子也。'"

[②] 马兰兰、李振纲：《理想与现实的断层：从颜回好学乐道窥视儒家成仁理想与现实的关系》，《宁夏社会科学》2017年第2期，第28页。

　　孔子最引以为豪的是"好学"，并以"好学"将自己区别于他人。首先，孔子说"我非生而知之者，好古，敏以求之者也"（《论语·述而》），从认知能力的维度将自己定位为"学而知之者"（《论语·季氏》），而不是所谓"生而知之者"（《论语·季氏》），认为自己的知识、学问并非来自天赋，而是来自后天的"学"，同时，又认为从学习态度的维度看，自己是一个主动学习的人，属于"好学"者，而不是一个被动学习的人，不属于"困而学之"（《论语·季氏》）者。其次，孔子说"十室之邑，必有忠信如丘者焉，不如丘之好学也"（《论语·公冶长》），在"忠信"与"好学"之间选择"好学"作为标准，从"好学"的维度将自己和他人区别开来，认为自己区别并优越于他人的最为突出之处并不在于忠信之德，而在于"好学"。正因为如此，孔子希望别人将自己看作"好学"者："叶公问孔子于子路，子路不对。子曰：'女奚不曰，其为人也，发愤忘食，乐以忘忧，不知老之将至云尔。'"（《论语·述而》）这里，叶公问子路，孔子是一个什么样的人，子路无法概括孔子的形象，孔子则希望子路从"好学"的维度概括自己，将其理解为"好学"者，就是证据。

　　那么，孔子是怎么"好学"的呢。从孔子"我非生而知之者，好古，敏以求之者也"（《论语·述而》）来看，孔子认为自己的"好学"体现在"好古，敏以求之"，也即爱好学习，并勤勉地追求学问；从孔子"默而识之，学而不厌，诲人不倦，何有于我哉"（《论语·述而》）来看，孔子认为自己的"好学"体现在"学而不厌"，并且"何有于我哉"，也即体现在努力学习而不厌烦，并且视之为很容易办到的事；从孔子"发愤忘食"（《论语·述而》）来看，孔子认为自己的"好学"体现在发愤用功以至于忘记了吃饭；从孔子"学如不及，犹恐失之"（《论语·泰伯》）来看，孔子认为自己的"好学"体现在努力学习还好像追赶什么没有追赶上似的，还害怕丢失了已经学会的东西。由此可以看出，孔子的"好学"是指在态度上认真学习，在感情上喜欢学习，在行动上勤勉学习，同时，在心理上有紧迫感，从而永不停歇、专心致志地学习，达到忘记吃饭、忘记物质欲望，以学习为第一乃至唯一需求的程度。

接下来，我们来看颜回是怎么对待学习的。从"颜渊喟然叹曰：'仰之弥高，钻之弥坚。瞻之在前，忽焉在后。夫子循循然善诱人，博我以文，约我以礼，欲罢不能。既竭吾才，如有所立卓尔。虽欲从之，末由也已'"（《论语·子罕》）来看，这虽是颜回赞叹孔子的道德和学问之高深的文字，但是，其中的"欲罢不能""竭吾才"也透露了颜回自己的为学情况。那就是，用尽自己的才能，永不停歇地学习。从孔子"语之而不惰者，其回也与"

（《论语·子罕》）来看，孔子认为颜回是自己所有的弟子中，唯一一个在学习方面勤奋好学，不懒惰、不懈怠的；从"子谓颜渊曰：'惜乎！吾见其进也，未见其止也'"（《论语·子罕》）来看，孔子认为颜回在学习方面不断进取，一直向前，从不停止。由此可以看出，颜回像孔子一样，不仅是一个认真学习、勤勉不已的人，还是一个为了学习而拼尽全力的人。

基于此，孔子从"好学"的维度看自己的弟子，发现只有颜回"好学"。这在孔子回答鲁哀公和季康子关于"弟子孰为好学"的问题时明确地表达了出来。我们先看孔子回答鲁哀公之问："哀公问：'弟子孰为好学？'孔子对曰：'有颜回者好学，不迁怒，不贰过，不幸短命死矣。今也则亡，未闻好学者也。'"（《论语·雍也》）再看孔子回答季康子之问："季康子问：'弟子孰为好学？'孔子对曰：'有颜回者好学，不幸短命死矣，今也则亡。'"（《论语·先进》）这里，孔子回答鲁哀公和季康子之问，内容大体相同，可以说是直抒胸臆，丝毫不顾及其他弟子的情面，认为只有颜回"好学"，其他弟子即便再努力都算不上"好学"，自从颜回死了之后，弟子中再也没有"好学"者了。同时，孔子的回答还充满了对于颜回的怀念之情、对于颜回早逝的哀痛之情。

二

在孔子看来，拥有"仁"的人生才是理想的人生，才能达至君子乃至圣人的境界。因此，孔子以"求仁"为人生的最高乃至唯一追求，以"得仁"为人生终极目标的实现，并且说"求仁而得仁，又何怨"（《论语·述而》），"朝闻道，夕死可矣"（《论语·里仁》）。基于此，孔子不仅自己追求仁，而且还以仁为核心教育弟子，希望弟子能够拥有仁。

关于孔子对于仁的追求以及对于弟子的教育，我们来看孔子和公西华的对话："子曰：'若圣与仁，则吾岂敢？抑为之不厌，诲人不倦，则可谓云尔已矣。'公西华曰：'正唯弟子不能学也。'"（《论语·述而》）从孔子和公西华的对话来看，孔子认为自己并未达到"圣与仁"的境界，只是既是"为之不厌"的"求仁"者，又是"诲人不倦"，教育弟子"求仁"者。这意味着在孔子看来，自己只是一直孜孜不倦地行走在"求仁"以及教育弟子"求仁"的道路上。公西华认为这正是自己所做不到的。这里，公西华所言，既有谦虚的成分，也有事实的成分。

关于孔子的"求仁而得仁"（《论语·述而》），从而达至君子的境界，我们来看孔子和子贡的对话："子曰：'君子道者三，我无能焉：仁者不忧，知者不惑，勇者不惧。'子贡曰：'夫子自道也。'"（《论语·宪问》）从孔

子和子贡的对话来看，孔子认为君子具有仁、智、勇这三种道德，达到了"不忧""不惑""不惧"的境界，子贡认为这是孔子在述说自己的人生境界。也就是说，在子贡看来，孔子达到了君子的境界。对于子贡的看法，孔子没有否定，可见其是认可的。接着，我们再来看孔子在得知太宰和子贡的谈话内容后所说的话："太宰问于子贡曰：'夫子圣者与？何其多能也？'子贡曰：'固天纵之将圣，又多能也。'子闻之曰：'太宰知我乎！吾少也贱，故多能鄙事。君子多乎哉？不多也。'"（《论语·子罕》）在太宰和子贡看来，孔子达到了仁的极致——圣人的境界，只不过，太宰用孔子的"多能"来证明孔子达到了圣人的境界，而子贡用天意来说明孔子达到了圣人的境界。可是，孔子以"君子多乎哉？不多也"，说明自己只达到了君子的境界。

颜回以"德行"（《论语·先进》）著称，其关于仁的追求，孔子有评价："回也其心三月不违仁，其余则日月至焉而已矣。"（《论语·雍也》）就是说，颜回始终追求仁，像孔子一样，以仁的标准要求自己，一直行走在追求仁的道路上，做到了长久不违背仁。这是其超越其他弟子的地方。其他弟子只是偶尔、暂时做到仁而已，根本达不到仁的标准。

颜回所达到的人生境界，孔子也有评价："回也其庶乎？屡空。"（《论语·先进》）这是说，颜回在道德上已经差不多达到了仁的境界，也即君子的境界，只是经常处于穷困之中。这是以颜回的现实层面的穷困衬托其所达到的君子境界。

由此可知，孔子自己追求仁并达到了仁的境界，也即君子的境界，同时认为在自己所有的弟子中只有颜回遵从自己的教诲，努力追求仁、实践仁，达到了仁的境界，也即君子的境界。

三

关于君子的境界，孔子结合自己的生存状况、人生态度作了形象的表述。他说："饭疏食饮水，曲肱而枕之，乐亦在其中矣。不义而富且贵，于我如浮云。"（《论语·述而》）这是说，他自己安贫乐道，持守仁义并以此为乐，不会因为生活层面的贫困而感到痛苦，更不会因为生活层面的贫困而堕落，即便粗茶淡饭，弯曲手臂当枕头，也乐在其中，也坚守正义，也视用不正当手段得来的富贵为浮云。这明显是在表达君子在困境中的境界。

关于君子的境界，孔子还结合颜回的生存状况、人生态度作了如下形象的表述："贤哉回也，一箪食，一瓢饮，在陋巷，人不堪其忧，回也不改其乐。贤哉回也。"（《论语·雍也》）这是说，颜回虽然身处贫困之中，饮食简单，住处简陋，但是，没有像别人那样充满忧愁，担心自己的生存危机，为生活所烦恼，而是安贫乐道，乐以忘忧。这也明显是在表达君子在困境中的境界。

比较孔子的"饭疏食饮水，曲肱而枕之，乐亦在其中矣"，与颜回的"一箪食，一瓢饮，在陋巷，人不堪其忧，回也不改其乐"，可以看出，二者所表达的内容、所体现的人生境界——君子境界是完全一样的。也正因为如此，后世将二者合称为孔颜之乐，孔子才以"贤哉回也"评价颜回，对颜回的人生境界表示认可和赞扬。

由于孔子和颜回一生都处于天下无道的时代，因而一生都处于困境之中，都没有机会施展自己的政治才华，都没有机会在政治层面推行仁道，所以，孔子虽然说"天下有道则见，无道则隐"（《论语·泰伯》），可是，在表达自己和颜回的君子境界时，都是从人生困境的维度、君子的"隐"的层面表达的。

不过，即便处于人生困境之中，孔子和颜回还是有其困境中的志向的，这种志向同样展现了他们的君子境界："颜渊、季路侍。子曰：'盍各言尔志？'子路曰：'愿车马，衣轻裘，与朋友共，敝之而无憾。'颜渊曰：'愿无伐善，无施劳。'子路曰：'愿闻子之志。'子曰：'老者安之，朋友信之，少者怀之。'"（《论语·公冶长》）这里，颜回的"愿无伐善，无施劳"，与孔子的"老者安之，朋友信之，少者怀之"，是互补的，二者的精神实质是一致的。前者所谓不夸耀自己的善行，不宣扬自己的功劳，是从自我的维度表达君子的境界；后者所谓要使老年人安心，使朋友相信自己，使年轻人怀念自己，是从人我关系的维度表达君子的境界。

从"子谓颜渊曰：'用之则行，舍之则藏，惟我与尔有是夫'"（《论语·述而》）来看，孔子不仅认为自己和颜回在"舍之则藏"方面是一致的，都能做到安贫乐道，保持君子境界，而且认为自己和颜回在"用之则行"方面也是一致的。就是说，自己和颜回如果能够在政治上推行仁道，一定会致力于仁的政治实践，也会同样保持君子境界。

由此可知，孔子和颜回在处于人生困境时，不仅生活状况、人生态度和人生志向是一样的，所体现、展示的君子境界也是一样的。这意味着孔子对于颜回"贤哉回也"的赞扬，既是对于颜回及其人生态度、人生境界的赞扬，也是对于自己及其人生态度、人生境界的赞扬。

四

从《论语》所载来看，颜回作为孔子最欣赏的弟子，请教孔子的次数就两次，这是比较少的。从颜回所请教的内容来看，一次是"问仁"，一次是"问为邦"；从颜回请教的方式来看，既认同孔子的观点，又显示其"好学"、谦虚的一面。

我们先来看颜回"问仁"："颜渊问仁。子曰：'克己复礼为仁。一日克己复礼，天下归仁焉。为仁由己，而由人乎哉？'颜渊曰：'请问其目。'子曰：'非礼勿视，非礼勿听，非礼勿言，非礼勿动。'颜渊曰：'回虽不敏，请事

斯语矣。'"（《论语·颜渊》）这里，颜回问仁，孔子从礼的维度解释仁，同时强调仁的实践性。这里，孔子没有像回答其他弟子所问那样就事论事，而是超出颜回所问，进一步以"为仁由己，而由人乎哉"，提醒颜回践行仁义在于自己，体现了其对于颜回的关爱乃至偏爱。颜回也没有像其他弟子那样，听完老师的回答就不再追问，而是以"请问其目"进行了追问，显示了其好学深思的一面，不过，颜回的追问不是对于孔子所言的质疑、否定，而是以还没有完全弄懂孔子的观点的方式进一步追问，显示其谦虚的一面，这深得孔子之欢心。当孔子以"非礼勿视，非礼勿听，非礼勿言，非礼勿动"回答之后，颜回又以"回虽不敏，请事斯语矣"做出回应，表示自己虽然愚钝，但是会躬行老师的教导，更得孔子之欢心。

接下来，再看颜回"问为邦"："颜渊问为邦。子曰：'行夏之时，乘殷之辂，服周之冕，乐则《韶》《舞》。放郑声，远佞人。郑声淫，佞人殆。'"（《论语·卫灵公》）这里，孔子所言皆属于礼。这表明，孔子没有从德治的维度回答颜回所问，提出"为政以德"（《论语·为政》），而是从礼的维度回答颜回所问，提出"为国以礼"（《论语·先进》）。

由颜回所问可知，其请教孔子的次数虽然不多，只有两次，但是却抓住了孔子思想的核心——仁和主要方面——修身与治国，说明其真正地理解了孔子的思想，也让孔子很欣慰。由于孔子的仁学思想脱胎于礼，德治基于礼治，所以，孔子不仅回答了颜回的问题，还担心颜回离开礼而理解仁。在回答颜回何谓仁时强调仁和礼的关系，也即仁奠基于礼；在回答颜回治国的问题时，干脆直接提出礼治。这是孔子回答颜回所问时不同于其回答其他弟子所问的独特的一面。

由于颜回很懂孔子，又表现得很谦虚，所以，孔子虽然嘴上说"回也非助我者也，于吾言无所不说"（《论语·先进》），认为颜回对自己的话无不心悦诚服，对自己没有帮助，内心却是欣喜的。再说，颜回对孔子的话虽然心悦诚服，不曾提出不同的意见，但是，其对于孔子的思想是能够真正领悟并加以发挥的。就其对于孔子思想的发挥来说，对孔子是有帮助的，所以，孔子又说"吾与回言，终日不违如愚。退而省其私，亦足以发，回也不愚"（《论语·为政》），认为颜回并不愚钝，对自己的话虽然"无不悦服，却并非唯唯诺诺"[①]，能够对自己的思想有独到的见解，并能加以发展。

由此可知，孔子和颜回都"懂"对方。在颜回心里，孔子是"仰之弥高，钻之弥坚。瞻之在前，忽焉在后"（《论语·子罕》）的伟大存在，其学问和道德是高不可及、不可以穷尽的；其"循循然善诱人，博我以文，约我以礼"（《论语·子罕》），是对自己特别关爱的人生导

---

① 秦大忠：《试论"颜回之乐"的本质及其"归仁"的途径——兼谈中国文化传统中的证道追求》，《东岳论丛》2016年第6期，第38页。

师。在孔子心里，颜回最能理解自己，这种理解包括对其思想的理解、对其内心的理解。

通过以上分析可以看出，颜回虽然没有直接表达过自己对于孔子思想的理解，更没有表达过自己的思想，但是，却深受孔子的喜欢，成为孔子心目中最优秀的弟子。孔子对于颜回的"偏爱"，缘于孔子从颜回的身上看到了自己的影子。在孔子的视界中，颜回就是另一个自己，在学习态度、人生境界，以及在处于困境之时所展示的人生志向等方面，同自己都是一样的。他们都是"好学"者，都"求仁而得仁"（《论语·述而》），都达到了君子的境界，都在人生困境中展示了君子之志向。因此，他们是相互吸引、心心相印的。

从礼学、仁学到天道学说：
孔子思想的逻辑发展

孔子曾自述其为学和修养过程曰："吾十有五而志于学，三十而立，四十而不惑，五十而知天命，六十而耳顺，七十而从心所欲不逾矩。"（《论语·为政》）其中的"十有五而志于学，三十而立，四十而不惑，五十而知天命"，主要谈为学过程。谈的是孔子从十五岁左右开始学礼，到三十岁左右建构了礼学体系，从而可以立于礼；在建构了礼学体系之后，不断创新，在四十岁左右建构了仁学体系，从而在社会人事方面"不惑"；在建构了礼学和仁学体系之后，又不断创新，在五十岁左右建构了以天为核心的关于天道的学说。孔子以上思想体系的建构，都与其问学于老子，或与老子交流有关。

一、孔子问礼于老子与孔子礼学的建构

孔子坚信礼的永恒价值，认为社会动乱的根源在于礼

崩乐坏，因而孜孜求礼，希望恢复礼治。二十多岁的孔子在学习礼的过程中遇到困惑，曾向老子求助。《史记·老子韩非列传》对此有记载："孔子适周，将问礼于老子。老子曰：'子所言者，其人与骨皆已朽矣，独其言在耳。且君子得其时则驾，不得其时则蓬累而行。吾闻之，良贾深藏若虚，君子盛德，容貌若愚。去子之骄气与多欲、态色与淫志，是皆无益于子之身。吾所以告子，若是而已。'孔子去，谓弟子曰：'鸟，吾知其能飞；鱼，吾知其能游；兽，吾知其能走。走者可以为罔，游者可以为纶，飞者可以为矰。至于龙，吾不能知，其乘风云而上天。吾今日见老子，其犹龙邪！'"

《史记·孔子世家》对此也有记载："鲁南宫敬叔言鲁君曰：'请与孔子适周。'鲁君与之一乘车，两马，一竖子俱，适周问礼，盖见老子云。辞去，而老子送之曰：'吾闻富贵者送人以财，仁人者送人以言。吾不能富贵，窃仁人之号，送子以言，曰：聪明深察而近于死者，好议人者也。博辩广大危其身者，发人之恶者也。为人子者毋以有己，为人臣者毋以有己。'孔子自周反于鲁，弟子稍益进焉。"

这里，由于老子看到了礼的落后性，认为社会动乱的根源在于礼治，因而反对礼，要求取消礼治。所以，老子面对孔子的求助，直接告诉孔子，作为政治制度的礼已经落后于时代，但是，作为道德的礼依然有其超越历史的价值，这种礼体现为"虚"与"愚"，也即体现为朴实、谦虚、寡欲、宽容、无己的精神。为此，老子希望孔子不要有骄气和过多的欲望，不要有做作的神态和过于远大的志向，不要故作聪明而议论他人之是非，不要故作学识渊博、能力非凡而揭露别人的过错，从而远离祸患。这里，老子提出并重视礼的道德性，有把礼道德化的倾向；这里，孔子问学，老子答以为人。这是要注意的。

另据《礼记》记载，孔子问礼于老子，老子虽然批评政治之礼落后于时代，但还是对于孔子所问丧礼问题给予了回答。以至于后来孔子言及丧礼，就说"吾闻诸老聃曰"，"老聃曰"（《礼记·曾子问》），提起自己问丧礼于老子时，老子所说的话。这说明，只要不是作为政治制度的礼，老子还是认可的，还是愿意说的。

老子在《老子》中一方面说"夫礼者，忠信之薄而乱之首"（《老子·三十八章》），怒斥礼治是国家发生祸乱的罪魁祸首，严厉批评礼的政治价值的负面性，以及礼与道德的分离。另一方面又说"富贵而骄"（《老子·九章》），会给自己留下灾祸；"少私寡欲"（《老子·十九章》），才会长生、幸福；"不自是"，"不自伐"，"不自矜"（《老子·二十二章》），才能显现自己的才华、有功于世、成就事业；保有"愚人之心"（《老子·二十章》），做到"沌沌""昏昏""闷闷"（《老子·二十章》），看起来无知无识、糊里糊涂，才是纯朴自然的真实反映。这些，都是肯定道德之礼的道德价值和人生意义；这些，都贯穿了老子对于礼一贯的态度。

老子回答孔子关于丧礼的问题，说明他对于丧礼是肯定的，否则，他是不会说的。他在《老子》中也言及丧礼："兵者不祥之器，非君子之器。不得已而用之，恬淡为上。胜而不美。而美之者，是乐杀人。夫乐杀人者，则不可以得志于天下矣。吉事尚左，凶事尚右。偏将军居左，上将军居右，言以丧礼处之。杀人之众，以哀悲泣之，战胜以丧礼处之。"（《老子·三十一章》）老子的意思是，战争是凶事，给人们造成的只有伤害，是不宜使用军礼的，只能使用属于凶礼的丧礼，从而"藉丧礼表达对战争为人类带来惨烈灾难时流露内心戒惧审慎的哀戚心情"①。

祭礼和丧礼一样不是政治制度意义上的礼，老子也是肯定的。他在《老子》中也言及祭礼："众人熙熙，如享太牢"（《老子·二十章》），"天地不仁，以万物为刍狗；圣人不仁，以百姓为刍狗"（《老子·五章》），"善建者不拔，善抱者不脱，子孙以祭祀不辍"（《老子·五十四章》）。他没有否定"太牢"，也即祭祀时所用的猪、牛、羊等祭品；肯定"刍狗"，也即祭祀时用草扎成的狗在祭祀、祭礼中的价值，希望人们能够世世代代祭祀祖先。

丧礼、祭礼不是政治制度意义上的礼，涉及先王、祖先和亲人等。对先王的崇拜、对祖先的崇敬、对亲人的怀念，是从三代到春秋时期的人们普遍的情感心理和宗教情

---

① 陈鼓应：《先秦道家之礼观》，《中国文化研究》2000年夏之卷，第1页。

怀。这应该是老子肯定丧礼和祭礼的原因。

三十岁左右，孔子建构了礼学体系。他不因为老子从政治层面批评礼就放弃了对于礼的探索。他认为社会混乱的根源并不像老子讲的那样在于礼治，而在于礼崩乐坏。通过对三代之礼的考察，他认为"殷因于夏礼，所损益可知也；周因于殷礼，所损益可知也。其或继周者，虽百世可知也"（《论语·为政》）。也即认为礼是永远的治国之道，在礼仪的层面可以顺应时代而改变，在本质的层面是不可改变的。为此，他提出"为国以礼"（《论语·先进》）的政治主张，试图恢复三代礼治。这与老子的观点是不一样的。

但是，对于老子所提出的礼的道德性，孔子是认可并有所发挥的。他说"恭而无礼则劳，慎而无礼则葸，勇而无礼则乱，直而无礼则绞"（《论语·泰伯》），"克己复礼为仁"（《论语·颜渊》）；他用"无违"于礼解读"孝"，并具体化为"生，事之以礼；死，葬之以礼，祭之以礼"（《论语·为政》）。这是将恭、慎、勇、直、仁、孝等道德限定在礼的框架范围内，同时又有以礼为德的意味。至于他说"人而不仁，如礼何？人而不仁，如乐何"（《论语·八佾》），试图用仁支撑礼乐的实行，以仁为礼存在的基础，使得礼的道德化倾向更加明显。基于礼的道德化，孔子弟子曾子才说"慎终追远，民德归厚矣"（《论语·学而》），述说丧礼和祭礼所包含的道德基调与道德目的。

老子对丧礼和祭礼的肯定，对丧礼和祭礼所表达的情感心理和宗教情怀的重视，直接影响了孔子。孔子不仅肯定丧礼和祭礼，而且特别看重丧礼和祭礼中的情感因素。他反对"临丧不哀"（《论语·八佾》），他亲历丧事，哀伤不止："子于是日哭，则不歌"（《论语·述而》）；面对居丧者他有同情、理解之情，也有感同身受的悲情："子食于有丧者之侧，未尝饱也。"（《论语·述而》）立足于丧礼的情感基础，孔子从情感的维度，解释丧礼中"三年之丧"的规定："子生三年，然后免于父母之怀。夫三年之丧，天下之通丧也。"（《论语·阳货》）基于此，孔子的弟子子游说"丧致乎哀而止"（《论语·子张》），孔子的另一弟子子张说"丧思哀"（《论语·子张》），都是强调吊丧者之"哀"为丧礼的情感基础。

关于祭礼，《论语·述而》载孔子谨慎地对待祭祀之前的"斋"，以斋戒表示对祭祀的虔诚、对祭祀对象的敬畏："子之所慎：齐、战、疾。"《论语·乡党》载斋戒时的具体规定，包括衣食住等方面："齐，必有明衣，布。齐必变食，居必迁坐。"关于祭礼，孔子做到"祭如在，祭神如神在"（《论语·八佾》），并说"敬鬼神而远之"（《论语·雍也》），"吾不与祭，如不祭"（《论语·八佾》）。在敬畏鬼神的前提下，强调祭祀过程和祭祀行为的庄重肃穆，祭祀者对于祭祀对象真实存在以及祭祀对象接受祭祀的真切感受，祭礼所包含的子孙之于祖先、人之于神的崇敬与感恩之情，反对祭祀实践中祭祀者的"缺席"所意味的祭礼中的情的丧失。由此，孔子弟子子张也提出"祭思敬"（《论语·子张》）。

老子所持守的道德之礼所体现的朴实、谦虚、寡欲、宽容、无己的精神，孔子是直接继承的。他说："巧言令色，鲜矣仁"，"君子食无求饱，居无求安"（《论语·学而》），"刚、毅、木、讷近仁"（《论语·子路》）；"能行五者于天下为仁矣"，这"五者"具体则是"恭、宽、信、敏、惠"（《论语·阳货》）。《论语·子罕》载："子绝四：毋意，毋必，毋固，毋我。"这都是在强调真诚朴实、看淡乃至超越物欲、谦恭宽厚、破除己见、杜绝私心等的重要性。孔子认为做到这些，就能够成就君子人格，就能够实践仁德。

孔子说"我非生而知之者，好古，敏以求之者也"（《论语·述而》），谦称自己不是天赋异禀的人，只是勤奋好学者；又说"饭疏食饮水，曲肱而枕之，乐亦在其中矣。不义而富且贵，于我如浮云"（《论语·述而》），表明自己鄙视富贵，安贫乐道。这些都是在践行老子所强调的谦虚、寡欲等精神。孔子高度评价颜回曰"贤哉，回也！一箪食，一瓢饮，在陋巷，人不堪其忧，回也不改其乐。贤哉，回也"（《论语·雍也》），赞赏颜回忘却贫困，乐于学道守道的精神，也是从寡欲的维度赞赏颜回。

二、老、孔关于仁义的论辩与孔子仁学的修改

孔子在建构了礼学体系之后，面对礼的强制性不再、礼治不可能恢复的现实，以及礼作为人道的不可能性，有感于老子对政治之礼的否定，对道德之礼所体现的朴实、谦虚、寡欲、宽容、无己的精神的肯定，又试图从道德的维度建构自己的思想体系，于是，由对礼的崇尚转向对仁乃至道的思考，由"对周礼加以改造，建构了以仁为核心的儒学"①。他在四十岁左右建构了仁学体系，试图以仁为人道，希望人们通过道德自觉，约束人心、规范人的行为，并想通过老子将自己所写的关于仁义的著作藏于周王室，于是主动拜见老子，与老子就仁义问题展开讨论。此时的老子，思想早已成熟，对孔子的仁义学说提出了批评。

《庄子·天道》对此有记载："孔子西藏书于周室。子路谋曰：'由闻周之征藏史有老聃者，免而归居，夫子欲藏书，则试往因焉。'孔子曰：'善。'往见老聃，而老聃不许，于是繙十二经以说。老聃中其说，曰：'大谩，愿闻其要。'孔子曰：'要在仁义。'老聃曰：'请问：仁义，人之性邪？'孔子曰：'然。君子不仁则不成，不义则不生。仁义，真人之性也，又将奚为矣？'老聃曰：'请问：

① 孙以楷：《老子学说对孔子的影响探析》，《中国哲学史》1997年第3期，第50页。

何谓仁义？'孔子曰：'中心物恺，兼爱无私，此仁义之情也。'老聃曰：'意，几乎后言！夫兼爱，不亦迂乎！无私焉，乃私也。夫子若欲使天下无失其牧乎？则天地固有常矣，日月固有明矣，星辰固有列矣，禽兽固有群矣，树木固有立矣。夫子亦放德而行，循道而趋，已至矣！又何偈偈乎揭仁义，若击鼓而求亡子焉？意，夫子乱人之性也！'"

《庄子·天运》对此有补充记载："孔子见老聃而语仁义。老聃曰：'夫播糠眯目，则天地四方易位矣；蚊虻噆肤，则通昔不寐矣。夫仁义憯然，乃愤吾心，乱莫大焉。吾子使天下无失其朴，吾子亦放风而动，总德而立矣！又奚杰杰然若负建鼓而求亡子者邪！夫鹄不日浴而白，乌不日黔而黑。黑白之朴，不足以为辩；名誉之观，不足以为广。泉涸，鱼相与处于陆，相呴以湿，相濡以沫，不若相忘于江湖。'"

这次讨论虽然围绕仁义而展开，但是，"这次辩论的核心问题：人性究竟是什么"[①]，是孔子和老子讨论的焦点。在孔子看来，仁义是内在于人的存在，是人性的内容，也是人的行为准则，或者说人之道；仁义是君子之德，也是君子之所以为君子的本质之所在；仁义反映的是人的内心中正、顺物安乐、兼爱天下，以及没有私心。在老子看来，"大道废，有仁义"（《老子·十八章》），"失

---

① 孙以楷：《老聃与孔丘交往新考——兼论老子思想发展轨迹》，《学术月刊》1991年第8期，第35页。

道而后德，失德而后仁，失仁而后义，失义而后礼"（《老子·三十八章》），仁义虽然比礼优越，但是，毕竟也是大道衰微、丧失的产物，不是理想的治国之道；"上仁为之而无以为，上义为之而有以为"（《老子·三十八章》），即便"上仁""上义"这种真正的仁义都不符合道、都违背道的无为的属性，其中，"上仁"是有为与无为的统一体，"上义"完全是有为；圣人是道的化身，因此，圣人无为，"圣人不仁"（《老子·五章》），不具有仁德。基于此，老子否定孔子从人性之维解读仁义，认为孔子视仁义为人性的内容，是在摧残人性、扰乱人心；真正的人性是自然、是"朴"，为了抵御仁义的侵害，需要"见素抱朴"（《老子·十九章》），"复归于朴"（《老子·二十八章》）。老子批评孔子以"兼爱无私"理解仁义，认为孔子所谓的"兼爱"是迂腐的，"无私"是最大的自私；现实是"兼爱"不如"辅万物之自然而不敢为"（《老子·六十四章》），"无私""故能成其私"（《老子·七章》）。老子指出顺道而为，依德而行，无为而顺应万物之自然，才是正确的治国途径。

老子的看法对孔子修正其仁学体系有重要影响。孔子从老子的"放德""循道"中发现了老子以道为宗的秘密，突出仁为人生大德，认为仁包括"义"等一切具体之德，从而将仁义思想进一步提炼为以仁为宗的仁学思想。孔子明知"君子而不仁者有矣夫，未有小人而仁者也"（《论语·宪问》），抱怨有的君子在实践层面有时不能以仁为准则要求自己，却依然说"君子去仁，恶乎成名？君子无终食之间违仁，造次必于是，颠沛必于是"（《论语·里仁》），从仁的角度定义君子，划分君子和小人，坚持仁是君子之德，也是君子之所以为君子的本质之所在，但是，孔子认可老子关于仁之于人的后天性的观点。其"民之于仁也，甚于水火"（《论语·卫灵公》），只谈仁对于人生的至上价值，不谈仁之于人的内在性；其"性相近也，习相远也"（《论语·阳货》），只谈人性的先天性，不谈人性之内容。另外，孔子言及仁时只谈"泛爱"（《论语·学而》），不再谈"兼爱"。这些，都是受到了老子的影响。

三、孔子问道于老子与孔子天道学说的建构

老子对道德的肯定是相对的。孔子的仁学体系将道德价值的绝对化，尤其是一开始将仁内在化为人的本性，这是老子所反对的。同时，仁并不被人们所接受和践行，违仁和越礼一样时常发生。这让孔子意识到"道"才是超越礼和仁的终极性存在，促使孔子由对仁和道的思考转向对道的专注与追寻，坚定了他对于道的学说的建构。

孔子五十岁左右依然未能建构关于道的学说，只得求助于老子。《庄子·天运》对此有记载："孔子行年五十有一而不闻道，乃南之沛见老聃。老聃曰：'子来乎？吾闻子，北方之贤者也！子亦得道乎？'孔子曰：'未得也。'

老子曰：'子恶乎求之哉？'曰：'吾求之于度数，五年而未得也。'老子曰：'子又恶乎求之哉？'曰：'吾求之于阴阳，十有二年而未得也。'老子曰：'然，使道而可献，则人莫不献之于其君；使道而可进，则人莫不进之于其亲；使道而可以告人，则人莫不告其兄弟；使道而可以与人，则人莫不与其子孙。然而不可者，无佗也，中无主而不止，外无正而不行。由中出者，不受于外，圣人不出；由外入者，无主于中，圣人不隐。名，公器也，不可多取。仁义，先王之蘧庐也，止可以一宿而不可久处。觏而多责。古之至人，假道于仁，托宿于义，以游逍遥之虚，食于苟简之田，立于不贷之圃。逍遥，无为也；苟简，易养也；不贷，无出也。古者谓是采真之游。……怨、恩、取、与、谏、教、生、杀八者，正之器也，唯循大变无所湮者为能用之。故曰:正者，正也。其心以为不然者，天门弗开矣。'"

由以上记载可知，孔子在三十四岁时开始求道，孔子开始求道时仁学体系尚未建立；孔子先后从礼法度数和阴阳变化中求道，尝试建构道的学说，前后用了十七年时间都未能成功，可谓备尝艰辛，只得求助于老子。老子告诉他，道是不可以告诉或者传授给别人的；求道，需要有内心的体悟能力与身体的践行能力，圣人的传授只是顺其自然的事；仁义只具有暂时的、相对的价值，不可以之为道，但是，可以借助仁义走向道，从而进入逍遥、无为的境界，并实现无为而治、自我满足；只有以道为根本，遵

仁礼与天性：孔子的思想世界

二一六

循道的变化，才能使用怨、恩、取、与、谏、教、生、杀这八种具体方法治理天下。

老子之所以认为道是不可以告诉或者传授给别人的，是因为道不可感知，不可名状，以至于"道之出口，淡乎其无味"（《老子·三十五章》），讲不出所以然，而别人将其跟"物"相比，也听不明白，没办法理解，造成"天下皆谓我道大，似不肖"（《老子·六十七章》）的窘境。可以说，"老子的传道过程就是遭受挫折、走向失败的过程"[①]。因此，他虽然嘴上说"吾言甚易知，甚易行"，不承认道不可传授，但是，还是承认"天下莫能知，莫能行"（《老子·七十章》）。老子之所以认为求道需要天赋，需要求道者自身拥有求道的能力，是因为其发现即便在"士"这个阶层中传道，也只有占据少数的"上士"能够接受道，而占据大多数的"中士"和"下士"是不接受道的，而且其还被"下士"所嘲笑："上士闻道，勤而行之；中士闻道，若存若亡；下士闻道，大笑之。"（《老子·四十一章》）

老子之所以认同仁义的相对价值，尤其是仁的相对价值，与"上仁为之而无以为"（《老子·三十八章》）有关。"上仁"中有"为"的成分，也有"无为"的成分；从无为的角度看，仁是有一定的价值的。老子希望孔子能够抓住"上仁"中的无为，借助这无为进而做到"上德"

① 陆建华：《〈老子〉：哲学视域下的老子自传》，《江淮论坛》2011年第3期，第108页。

那样的"无为而无以为"（《老子·三十八章》），达到因循道和自然无为的境界，从而体悟道、得到道。

不过，老子虽然说道是不可以说的，求道要靠自己的体悟与践行，后来还是告诉了孔子什么是道，以及求道的方法。《庄子·知北游》对此有记载："孔子问于老聃曰：'今日晏闲，敢问至道。'老聃曰：'汝齐戒，疏瀹而心，澡雪而精神，掊击而知。夫道，窅然难言哉！将为汝言其崖略：夫昭昭生于冥冥，有伦生于无形，精神生于道，形本生于精，而万物以形相生。故九窍者胎生，八窍者卵生。其来无迹，其往无崖，无门无房，四达之皇皇也。邀于此者，四肢彊，思虑恂达，耳目聪明。其用心不劳，其应物无方，天不得不高，地不得不广，日月不得不行，万物不得不昌，此其道与！且夫博之不必知，辩之不必慧，圣人以断之矣！若夫益之而不加益，损之而不加损者，圣人之所保也。渊渊乎其若海，魏魏乎其终则复始也。运量万物而不遗。则君子之道，彼其外与！万物皆往资焉而不匮。此其道与！'"

这里，老子的"汝齐戒，疏瀹而心，澡雪而精神，掊击而知"，就是告诉了孔子求道的方法。这方法就是通过内心的斋戒，疏通内心，洗净精神，抛弃智慧；也就是老子在《老子》中所讲的"涤除玄览"（《老子·十章》），"致虚极，守静笃"（《老子·十六章》）。这里，老子告诉孔子，道是宇宙万物的本原，生出天地以及天地间的万物，同时，养育宇宙万物；道是永恒的存在，超越了生和死，没有所谓出处和去处；道是无限的存在，无所谓增加或减少，充满天地，又变化无穷，不因为生、养宇宙万物而耗损自己；道又是宇宙万物的主宰，主宰着天地、日月和万物，也主宰着人类，让遵守道的人"四肢彊，思虑恂达，耳目聪明"。由此可以看出，老子实际上是倾囊相授的。

关于什么是道，老子还以"物之初"说明之，并对其作了解释。《庄子·田子方》对此有记载："老聃曰：'吾游心于物之初。'孔子曰：'何谓邪？'曰：'心困焉而不能知，口辟焉而不能言。尝为汝议乎其将：至阴肃肃，至阳赫赫。肃肃出乎天，赫赫发乎地。两者交通成和而物生焉，或为之纪而莫见其形。消息满虚，一晦一明，日改月化，日有所为而莫见其功。生有所乎萌，死有所乎归，始终相反乎无端，而莫知乎其所穷。非是也，且孰为之宗！'"

这里，老子担心直接讲"道"这个范畴孔子听不懂，明知"道"不可以"物"解，还是勉强以"物"解道，把"道"理解为"物之初"，也即万物开始的地方。可是，孔子依然不明白，老子只得在道不可知、不可言的情形下讲述"道"：道是宇宙万物的本原，生出天地，天地又产生阴阳，由阴阳的交互作用而生出天地间的万物；道不仅主宰万物之生成，还主宰万物的变化和发展，以及万物之死亡，万物正是通过死亡回归于道；道自身是无形的、无穷无尽的，其对于万物的功用也是不可见的。这里，老子对

于道的描述，比其在《老子》中所表述的更具体，可见其对孔子问道尽了力。

孔子弟子子贡曾说："夫子之言性与天道，不可得而闻也。"（《论语·公冶长》）可见，孔子在问道于老子之后，虽然"闻到老子的本体论，闻到老子的宇宙起源论"①，但是，关于道的论述依然不出"人道"的范围，未能把握老子之"道"的真谛，在此情形下，其借助"天"的力量来言"道"，建构了以天道为特色的关于道的学说。可以说，其关于道的学说是以天道学说的面目出现的。由于孔子未曾真正论述天道，而其言天之处却颇多，可知其关于天道的学说更可能是关于天的学说，侧重于对天的思考，只不过其对于天的思考有些许老子的道的学说的成分。要不然，孔子也不敢说"五十而知天命"（《论语·为政》），言其五十岁左右知"天命"。从孔子所言"志于道，据于德，依于仁，游于艺"（《论语·述而》）来看，孔子关于道的学说，跟老子的道的学说在结构上有类似的地方，就是以道为核心，以德为辅助，而且，孔子这里所言的"道""德"与"仁""艺"相对，也与老子言"道""德"与"仁""礼"等相对类似。只不过老子以道、德否定仁、义，而孔子则据道、德肯定仁、义，并且二者对道、德的理解也不同。

从孔子所谓"唯天为大"（《论语·泰伯》）来看，

---

① 詹剑峰：《老子其人其书及其道论》，湖北人民出版社1982年出版，第57页。

孔子把天塑造为至上的存在；从孔子所谓"君子有三畏：畏天命，畏大人，畏圣人之言"（《论语·季氏》），以及"获罪于天，无所祷也"（《论语·八佾》）来看，孔子因为天的至上性，又把天塑造为人类的敬畏者，以及人类的主宰者。根据《论语·阳货》所载"子曰：'予欲无言。'子贡曰：'子如不言，则小子何述焉？'子曰：'天何言哉？四时行焉，百物生焉，天何言哉'"，可知，孔子认为天是人类的效法对象。这些，都有老子之"道"的影子。因为老子所谓的道就是宇宙中最伟大的存在、宇宙万物的绝对主宰者，也是包括人类在内的万物的效法者。另外，老子以道为宇宙万物的本原，认为宇宙万物都是由道所生。孔子受此启发曰"天生德于予"（《论语·述而》），认为天是道德的本原、道德的发生处。

老子认为道无处不在，道在人与万物身上落实为"德"。这种思路也影响了孔子。孔子言"命"，有时干脆说"天命"，就是认为"命"是天之所命，是天意的落实和体现。

四、老子无为而治对孔子的影响

孔子虽然明知老子否定礼和仁义等，依然建构了礼学和仁学体系，但是，他也知道老子否定礼和仁义是因为它们违背了道之无为属性。当其致力于"闻道"时，对老子道之无为有了新的认识，有了一定程度的认可，使得其仁

学视域下的德治思想中有了无为而治的印记。这是要单独论述的。

关于无为而治，老子曰："圣人处无为之事，行不言之教"（《老子·二章》），"圣人云：'我无为而民自化，我好静而民自正，我无事而民自富，我无欲而民自朴'"（《老子·五十七章》），"辅万物之自然而不敢为"（《老子·六十四章》）。认为无为而治的主体是理想的统治者圣人，无为而治包括圣人的"无为"与"不言"，其中，"无为"又包括"好静""无事""无欲"等；无为而治包括政治实践层面的"无事"、教化层面的"不言"与个人修炼层面的"好静"和"无欲"。这些，都是从圣人的维度论述的。从圣人与外物、圣人与民众的关系的维度看无为而治，无为而治就是指圣人顺应万物之本性、民众之意愿而不任意妄为。无为而治的政治效果，则是民众的"自化""自正""自富""自朴"，也即君民关系层面上民众的自然顺化，物质层面上民众的富足，道德素质层面上民众的正直和质朴。这无疑是天下大治的景象。

孔子论无为而治曰："无为而治者，其舜也与？夫何为哉？恭己正南面而已矣。"（《论语·卫灵公》）认为老子的无为而治是指君王并不亲力亲为，端坐于朝堂之上，"恭己正南面而已矣"；老子的无为而治的主体乃是理想的君王，舜就是其中的代表；老子的无为而治并不是空想的产物，有其历史依据，舜治理天下的时代就是实行无为而治的时代。由于受到老子无为而治的影响，孔子论述其德治的思想时云"为政以德，譬如北辰，居其所而众星共之"（《论语·为政》），以北极星安居其位置，众星围绕在其周围类比德治及其效果，认为德治就是以德治国、不需人为，德治的效果就是民众自觉顺服。这里，孔子德治中不需人为、民众自觉顺服的思想，明显有老子无为而治的影子。

老子的无为包括"无事"，所谓"无事"，在孔子看来就是"简"，也即为政简要而不烦琐，尽力使"事"少而简。这可以从孔子与仲弓的问答中看出来："仲弓问子桑伯子。子曰：'可也，简。'仲弓曰：'居敬而行简，以临其民，不亦可乎？居简而行简，无乃大简乎？'子曰：'雍之言然。'"（《论语·雍也》）这是说，"简"指居心恭敬而行事简要，以恭敬之心对待"事"、处理"事"，自然慎为、谨行，简要不烦。至于居心简单而行事简化，则未得为政之"简"的真意。老子的无为包括"无欲"，强调"欲不欲"（《老子·六十四章》），要求统治者减损欲望，尤其是放下贪欲，孔子深知其味曰"欲而不贪"（《论语·尧曰》），并认为禹"菲饮食""恶衣服""卑宫室"（《论语·泰伯》），也即饮食简单、衣服破旧、宫室低矮，物质需求极为低下，是"无欲"之典型。

老子的无为而治要求统治者"好静"。"好静"既是无为的组成部分，也是无为的要求或者说产物。孔子追求仁，而谓"仁者静"（《论语·雍也》），以"静"为仁者的品格，应与老子的"好静"有关联。老子的无为包括

"不言"，孔子则有"无言"（《论语·阳货》）之说，不难看出孔子对老子"不言"的借鉴与利用。

综上所述，孔子思想的形成和发展都与老子密切相关，孔子思想的特色也与老子密切相关。孔子的礼学、仁学以及关于天道的学说都有孔子向老子请教或者与老子讨论的背景，都受到老子思想的影响。老子思想是孔子建构思想以及思想发展的重要源泉。具体来说，孔子问礼于老子，老子批评作为政治制度的礼已经落后于时代，没有影响孔子礼学的建构，但是，老子认为作为道德的礼有其超越历史的价值，这种礼体现为"虚"与"愚"，也即体现为朴实、谦虚、寡欲、宽容、无己的精神，影响了孔子礼学的建构。在孔子和老子关于仁义的论辩中，老子批评孔子所谓仁义是内在于人的存在、是人性的内容等观点，影响了孔子对于仁学思想的修改；老子以道为宗的思想，影响了孔子突出仁为人生大德，将仁义思想提炼为以仁为宗的仁学思想。孔子问道于老子，可惜未能把握"道"的真谛，只得借助"天"的力量来言"道"，建构了天道学说。由于其天道学说，侧重于对天的思考，又更可能是关于天的学说。只不过其对于天的思考有些许老子的道的学说的成分。此外，孔子因为问道于老子，知晓了道之无为的属性，以及老子无为而治的思想，使得其仁学视域下的德治思想中有了无为而治的印记。

庄、孔关系略论

　　庄子是著名的道家学者，庄子与老子的关系，庄子对老子思想的承继和发挥，学界研究颇多。至于庄子与孔子的关系，庄子学说与孔子仁学的内在联系，学者们的研究并不多，这多半是因为《庄子》一书批孔、批儒处较多，以及儒、道的根本对立。本著拟就此作一初步探讨。

一

　　今本《庄子》中，记载最多的人物是孔子，而不是老子；记载道家人物有老子、关尹、壶子、列子、杨朱等五人，记载儒家人物有孔子、颜回、子路、子贡、常季、瞿鹊子、曾参、冉求、原宪、子牢、子张、闵损等十二人。据初步统计，老子分别出现于《养生主》《德充符》《应帝王》《在宥》《天地》《天道》《天运》《田子方》《知北游》《庚桑楚》《则阳》《寓言》《天下》，关尹分别出现于《达

生》《天下》，壶子出现于《大宗师》，列子分别出现于《逍遥游》《应帝王》《至乐》《达生》《田子方》《让王》《列御寇》，杨朱分别出现于《应帝王》《骈拇》《胠箧》《山木》《徐无鬼》《寓言》，道家人物总计出现于《庄子》二十三篇文章中；孔子分别出现于《齐物论》《人间世》《德充符》《大宗师》《天地》《天道》《天运》《秋水》《至乐》《达生》《山木》《田子方》《知北游》《徐无鬼》《则阳》《外物》《寓言》《让王》《盗跖》《渔父》《列御寇》，孔子弟子颜回分别出现于《人间世》《大宗师》《天运》《至乐》《达生》《山木》《田子方》《知北游》《让王》《盗跖》《渔父》，子路分别出现于《天道》《秋水》《田子方》《则阳》《让王》，子贡分别出现于《大宗师》《天地》《天运》《至乐》《让王》，常季出现于《德充符》，曾参分别出现于《骈拇》《胠箧》《在宥》《寓言》《让王》，冉求出现于《知北游》，原宪出现于《让王》，子牢出现于《则阳》，子张出现于《盗跖》，闵损出现于《德充符》，孔门后学瞿鹊子出现于《齐物论》，儒家人物总计出现于《庄子》二十四篇文章中。由上述罗列的事实可知，庄子熟悉孔子、儒学丝毫不逊于熟悉老子、道家。

庄子或借长梧子等虚构人物，或借楚狂接舆等隐者，或借老子等道家类人物讽刺、批判孔子及其儒学。但是，庄子有些重要思想、观点却经由孔子与其弟子对话的方式表达出来。如，庄子的心斋说、坐忘说就是如此："回曰：'敢问心斋？'仲尼曰：'若一志。无听之以耳而听之以心，无听之以心而听之以气。听止于耳，心止于符。气也者，虚而待物者也。唯道集虚。虚者，心斋也。'"（《庄子·人间世》）"仲尼蹴然曰：'何谓坐忘？'颜回曰：'堕肢体，黜聪明，离形去知，同于大通，此谓坐忘。'"（《庄子·大宗师》）心斋和坐忘分别是庄子认识论和人生修养理论的基本内容之一，庄子假托孔子同颜回问答来表述，而不由道家始祖老子同其弟子的问对来完成，可以想象，在庄子心灵深处，孔子所占据的崇高地位。

二

《庄子》提及儒家典籍。《天运》有"丘治《诗》《书》《礼》《乐》《易》《春秋》六经"，《徐无鬼》有"横说之则以《诗》《书》《礼》《乐》，纵说之则以《金板》《六弢》"，《外物》言及《诗》《礼》，《让王》言及《商颂》，《天下》有"《诗》以道志，《书》以道事，《礼》以道行，《乐》以道和，《易》以道阴阳，《春秋》以道名分"。由此可推，庄子谙熟儒家所有经典，并能精确地概括各经典的核心、主旨，其研究儒学之深，非一般儒者所能及。终战国之世，即便像孟子、荀子那样的大儒亦无"《诗》以道志，《书》以道事"之类的高度概括性论断。

《庄子》中的某些文字或取材于《论语》，或是对《论语》的阐发。《庄子》记接舆嘲讽孔子之事曰："孔子适楚，楚狂接舆游其门曰：'凤兮凤兮，何如德之衰也。来

世不可待，往世不可追也。……方今之时，仅免刑焉！……已乎，已乎！……殆乎，殆乎！'"（《庄子·人间世》）此取材于《论语》："楚狂接舆歌而过孔子曰：'凤兮凤兮，何德之衰！往者不可谏，来者犹可追。已而，已而，今之从政者殆而。'"（《论语·微子》）《庄子》记孔子困于陈蔡之事曰："孔子穷于陈蔡之间，七日不火食，藜羹不糁，颜色甚惫。……子路曰：'如此者可谓穷矣！'孔子曰：'是何言也！君子通于道之谓通，穷于道之谓穷。'"（《庄子·让王》）此取材于《论语》："在陈绝粮，从者病，莫能兴。子路愠见曰：'君子亦有穷乎？'子曰：'君子固穷，小人穷斯滥矣'"（《论语·卫灵公》），并添加了些许想象的成分。《庄子》描述天地、四时、万物曰"天地有大美而不言，四时有明法而不议，万物有成理而不说"，得出"圣人者，原天地之美而达万物之理，是故圣人无为，大圣不作，观于天地之谓也"（《庄子·知北游》）的结论。此源于《论语》中，孔子由天无言证明"予欲无言"的合理性："子曰：'予欲无言。'子贡曰：'子如不言，则小子何述焉？'子曰：'天何言哉？四时行焉，百物生焉，天何言哉？'"（《论语·阳货》）庄子"古之至人，先存诸己而后存诸人。所存于己者未定，何暇至于暴人之所行"（《庄子·人间世》），是对孔子"己欲立而立人，己欲达而达人"（《论语·雍也》），"己所不欲，勿施于人"（《论语·卫灵公》）的忠恕之道的发挥。庄子"天下有道，圣人成焉；天下无道，圣人生焉"

（《庄子·人间世》），是对孔子"天下有道则见，无道则隐"（《论语·泰伯》）的说明。庄子"受命于地，唯松柏独也正，在冬夏青青"（《庄子·德充符》），是对孔子"岁寒然后知松柏之后凋也"（《论语·子罕》）的诠释。可见，庄子精研过《论语》，且受《论语》影响至深。

三

仁是孔子思想的核心。以仁为支点，孔子建立了其体系庞大的道德学说。仁既是人生的普遍之德，亦系人生众多具体之德的总和。而仁的血缘基础是为人子、为人弟者具备的孝、悌规范，孔子弟子有子"孝弟也者，其为人之本与"（《论语·学而》）的猜测，揭破了这个秘密；仁的社会本质是宗法之礼，孔子"克己复礼为仁"（《论语·颜渊》），以礼为视、听、言、动的准则的陈述，揭露了仁以礼为本。

对孔子仁学的批判构成了庄子哲学的重要组成部分，展示了庄子仁义论的特色。庄子"自我观之，仁义之端，是非之涂，樊然淆乱，吾恶能知其辩"（《庄子·齐物论》），否定仁义及基于仁义标准的是非的客观性、真理性；"夫孝悌仁义，忠信贞廉，此皆自勉以役其德者也，不足多也"（《庄子·天运》），指斥仁义等违逆人之固有德性，是拖累人的异己力量和精神重荷。针对孔子用仁定位君子，并以此区分君子与小人："君子去仁，恶乎成名？

君子无终食之间违仁，造次必于是，颠沛必于是"（《论语·里仁》），庄子一方面从人的自我存在的角度抨击仁义，指斥追逐道德犹如追逐物欲，同是丧失自我、异化本质："天下尽殉也：彼其所殉仁义也，则俗谓之君子；其所殉货财也，则俗谓之小人。其殉一也，则有君子焉，有小人焉"（《庄子·骈拇》）；另一方面，贬君子独有之德为盗贼之德："跖之徒问于跖曰：'盗亦有道乎？'跖曰：'何适而无有道邪？夫妄意室中之藏，圣也；入先，勇也；出后，义也；知可否，知也；分均，仁也。五者不备而能成大盗者，天下未之有也'"（《庄子·胠箧》），并进而降之为禽兽之德："商大宰荡问仁于庄子。庄子曰：'虎狼，仁也。'曰：'何谓也？'庄子曰：'父子相亲，何为不仁？'"（《庄子·天运》）

但是，庄子受孔子熏染毕竟较深，有时也肯定仁义的相对价值，承认仁义在圣王治世、至人逍遥中作为手段、途径的意义："仁义，先王之蘧庐也，止可以一宿而不可久处。觏而多责。古之至人，假道于仁，托宿于义，以游逍遥之虚……"（《庄子·天运》）另外，庄子虽以忘仁义→忘礼乐→坐忘（参见《庄子·大宗师》），以及敬孝→爱孝→忘亲→亲忘我→兼忘天下→天下兼忘我（参见《庄子·天运》），阐论得道和逍遥的过程、层次、方法，以剥除伦理道德为得道境界、人生逍遥状态，又将此境界、状态定名为"至仁"（《庄子·天运》）、"大仁"（《庄子·齐物论》）。

四

　　孔子为了给仁的存在价值作哲学证明，企图溯仁于"性与天道"（《论语·公冶长》），尝试从人自身（性）、人之外（天道）两条路径予以说明。其"性相近也，习相远也"（《论语·阳货》）一语，似给后继者的发挥留下了广阔的思维空间，然其"君子去仁，恶乎成名"（《论语·里仁》）所确立的君子的道德本位，以及"杀身以成仁"（《论语·卫灵公》）所厘定的生命价值取向，暗含以仁为人性内涵的趋向；其"吾未见好德如好色者也"（《论语·子罕》）的慨叹与彷徨，又预示着以感官欲望为人性内容的倾向。孟子"仁也者，人也"（《孟子·尽心下》），"仁之于父子也，义之于君臣也，礼之于宾主也，知之于贤者也，圣人之于天道也，命也，有性焉，君子不谓命也"（《孟子·尽心下》），"君子所性，仁义礼智根于心"（《孟子·尽心上》），确立人的道德本质，列仁、义、礼、智等为人性基本含义，依托心灵为人性的道德化作证。荀子曰性是"生之所以然"（《荀子·正名》），是"本始材朴"（《荀子·礼论》），直言人性就是与生俱来的自然本性，具体则为感官欲望、生理本能："饥而欲食，寒而欲暖，劳而欲息，好利而恶害……目辨白黑美恶，耳辨音声清浊，口辨酸咸甘苦，鼻辨芬芳腥臊，骨体肤理辨寒暑疾养。"（《荀子·荣辱》）由人性的

满足妨碍他人、扰乱社会，荀子判定性恶，且据此为礼作证："古者圣王以人之性恶，以为偏险而不正，悖乱而不治，是以为之起礼义，制法度……"（《荀子·性恶》）孟、荀人性论正是沿顺孔子思路、遵循孔子所定框架结构的结果。

老子不言性。庄子在否定孔子仁学价值的基础上，因袭孔子的人性视角，从孔子人性的仁义和物欲两个相反相对的发展趋势加以批判："且夫属其性乎仁义者，虽通如曾、史，非吾所谓臧也；属其性于五味，虽通如俞儿，非吾所谓臧也；属其性乎五声，虽通如师旷，非吾所谓聪也；属其性乎五色，虽通如离朱，非吾所谓明也。"（《庄子·骈拇》）这是说，人性内容既非人之外的道德规范，亦非人与禽兽所共有的感官职能、生理欲望。不仅如此，庄子还认为仁义和五色、五声、"五臭"、五味等是乱性、害性之本源。在《庄子·天道》篇，庄子假借老子之口，批评仁义，紧扣孔子"君子去仁，恶乎成名"（《论语·里仁》）的致思路向："老聃曰：'请问：仁义，人之性邪？'孔子曰：'然。君子不仁则不成，不义则不生。仁义，真人之性也。'……老聃曰：'夫子亦放德而行，循道而趋，已至矣！又何偈偈乎仁义，若击鼓而求亡子焉！意，夫子乱人之性也。'"在《庄子·天地》篇，庄子列举失性的五种情状，逐一批驳生理本能的种种表现："且夫失性有五：一曰五色乱目，使目不明；二曰五声乱耳，使耳不聪；三曰五臭熏鼻，困惾中颡；四曰五味浊口，使口厉爽；五曰趣舍滑心，使性飞扬。此五者，皆生之害也。"

在批判孔子仁学、人性观的基础上，庄子确立了人性内涵："吾所谓臧者，非仁义之谓也，臧于其德而已矣；吾所谓臧者，非所谓仁义之谓也，任其性命之情而已矣"（《庄子·骈拇》）；"性者，生之质也。性之动谓之为，为之伪谓之失"（《庄子·庚桑楚》）；"性不可易"（《庄子·天运》）。此谓人性指永恒不变的、得于道的生命本质，它显现为自然、静止、无为等特质。这里，可以看出，庄子理解的人性实即道家圣人的品质，它是对抗以孔子为首的儒家圣人仁义品质的产物。

五

孔子欲从天道高度论证仁之于人的必然性，未曾留下只言片语，其言天之处却比比皆是。孔子"魏巍乎，唯天为大"（《论语·泰伯》），树立天的至上地位；"获罪于天，无所祷也"（《论语·八佾》），塑造天的主宰形象，在天人之间剥夺人的作用；"天何言哉？四时行焉，百物生焉，天何言哉"，因此"予欲无言"（《论语·阳货》），以天为人事的效法对象和最后的依赖者；"天生德于予"（《论语·述而》），以天为道德之源，人类至善的最初创造者。总之，天支配和赐予人类幸福及灾难，人的现实处境可由天意解释。天无疑属人格神。

《老子》单独言"天"十处，言"天门"一处、"天网"一处、"天地"八处、"天道"二处、"天之道"五处、"天下"五十九处。其所谓"天"是自然之天。庄子论天显然受孔子影响。

庄子"德在乎天"（《庄子·秋水》）与孔子"天生德于予"（《论语·述而》）几无区别，只是德的内涵有异。庄子"道与之貌，天与之形"（《庄子·德充符》），从人的当下存在反思人之由来，其道、天生人模式：道、天→人，沿袭孔子"天生德于予"的天生德模式：天→德。二者之不同，在于孔子追溯人的道德属性的根源，庄子进而追溯人的存在根源。人源于天，天的禀赋才是人的内在本质，后天人为便是强加于人的外在异己存在，犹如牛马四足属天赋，络马首、穿牛鼻是人为："天在内，人在外"，"牛马四足是谓天，落马首、穿牛鼻是谓人"（《庄子·秋水》）。这样，"无以人灭天"（《庄子·秋水》）和"尽其所受乎天"（《庄子·应帝王》），就是以天为生命价值的源头、人生实践的准则，从反对人为和尽力实现天赋两个方面接近"与天为徒"（《庄子·大宗师》）的崇高境界。不过，庄子"遁天倍情，忘其所受，古者谓之遁天之刑"（《庄子·养生主》），把悖离天之所予的主观妄作理解为企图逃避天的惩罚，最终把天视为主宰人间的至上神。而这恰是孔子"获罪于天"（《论语·八佾》）观念的延续。至于庄子"天刑之，安可解"（《庄子·德充符》），则是孔子"获罪于天，无所祷也"

（《论语·八佾》）的翻版。

老子唯有"复命"（《老子·十六章》）。庄子论命来自孔子。《论语》载"道之将行也与，命也；道之将废也与，命也"（《论语·宪问》），"商闻之矣：死生有命"（《论语·颜渊》），言仁道行废、生命存亡决定于命，实是将人力不可及的社会和个人境况纳入命所控制的范围。孔子提出"君子有三畏：畏天命，畏大人，畏圣人之言"（《论语·季氏》），列命为政治和伦理、权力和道德之外的第三种制约力量；"不知命，无以为君子也"（《论语·尧曰》），视认知命为君子应备的基本素质；"吾十有五而志于学，三十而立，四十而不惑，五十而知天命……"（《论语·为政》），又视认知命为学问、修养的必经阶段和境界。

庄子承接孔子之命曰"死生、存亡、穷达、贫富、贤与不肖、毁誉、饥渴、寒暑，是事之变，命之行也"（《庄子·德充符》），列举个体生命自身及其在社会中的种种遭际，并将其归结为命的界域；从认知角度诠释孔子之命曰"不知吾所以然而然，命也"（《庄子·达生》）。庄子关于游于羿的射程之内而未被射中这一特殊情形的解释、庄子笔下虚构人物子桑关于"贫"的追问，都是基于命的"不知吾所以然而然"："游于羿之彀中。中央者，中地也；然而不中者，命也。"（《庄子·德充符》）"父母岂欲吾贫哉？……天地岂私贫我哉？求其为之者而不得也！然而至此极者，命也夫。"（《庄子·大宗

师》）孔子有时合天、命而称"天命"，庄子探其缘由曰"受命于天，唯舜独也正"（《庄子·德充符》），指出天、命合一意在说明主宰人的命源自天，命是天之所命；孔子"畏天命"（《论语·季氏》），揭露命的神圣、威严、不可抗拒，庄子因之看待命为"无所逃于天地之间"的"大戒"（《庄子·人间世》）。

另外，庄子有"安之若命"的说法："知不可奈何而安之若命，唯有德者能之。"（《庄子·德充符》）这是把命之外的领域归入命的统摄之中，在心理层次上找寻人生困境的根源，求取精神自慰。这同孔子"知其不可而为之"（《论语·宪问》）正好相反。

六

老子的圣人侧重于治世、治天下，庄子的理想人物致力于治内、修己。就庄子心目中的逍遥者的内在精神追求而言，与孔子理想中的君子、圣人的道德修持，有着千丝万缕的联系。

孔子"求仁而得仁，又何怨"（《论语·述而》），"士志于道，而耻恶衣恶食者，未足与议也"（《论语·里仁》），"朝闻道，夕死可矣"（《论语·里仁》），"贫而无怨"（《论语·宪问》）等语，直言生命的过程就是追寻仁的过程，生命的价值就是得仁、践仁，人生的应然境界就是超越任何形下障碍的道德境界。庄子求道、得道的途径或方法是"忘仁义""忘礼乐"（《庄子·大宗师》），"忘亲""忘天下"（《庄子·天运》），"外天下""外物""外生"（《庄子·大宗师》），其所云"忘""外"，实质就是出脱外在困境，迈入精神自由境域，此与孔子求仁、践仁在方式上无异。只是二者所要超脱的内容有所异，孔子所求恰是庄子所忘。

　　孔子志于道，求仁得仁，将人生道德价值推向极致。用仁观照困扰人的现时生活的陋巷、疏食，就是意义之外的、同人的本质和价值无所关联的东西。以此为准，孔子赞扬穷困潦倒、孜孜求仁的得意弟子颜回曰："贤哉回也，一箪食，一瓢饮，在陋巷，人不堪其忧，回也不改其乐。贤哉回也。"（《论语·雍也》）孔子自述己状曰："饭疏食饮水，曲肱而枕之，乐亦在其中矣。不义而富且贵，于我如浮云。"（《论语·述而》）孔子、颜回之"乐"，当是乐在仁中，乐在生命价值的实现。庄子视界中的得道者，有神人、真人、至人、圣人等理想层面的、超脱自然和社会双重压迫的人物，更有支离疏者（《庄子·人间世》），闉跂支离无脤、瓮㼜大瘿、王骀、哀骀它（《庄子·德充符》），女偊、子祀、子舆、子犁、子来（《庄子·大宗师》）等现实层面的人物。而以上现实层面的得道者，或处刑断足，或形体不健全，或容貌丑陋，或年老，或患病，或患病将死，他们之所以得道、逍遥，恰是漠视形下的生存困境。例如，子祀、子舆、子犁、子来四人"能以无为首，以生为脊，以死为尻"，"知死生存亡之

庄、孔关系略论

一体"，子舆有病，子祀问之曰："女恶之乎?"子舆对曰："亡，予何恶?"（《庄子·大宗师》）《庄子·山木》篇载庄子本人辩其"贫"而非"惫"："魏王曰：'何先生之惫邪?'庄子曰：'贫也，非惫也。士有道德不能行，惫也；衣敝履穿，贫也，非惫也。'"分离道与财物，定位得道于精神境地。庄子描述现实世界的得道者，对于自身境况的辩解，同孔子赞扬颜回、自述己状如出一辙。

总之，庄子谙熟孔子及其思想，精通《论语》及《诗》《书》等儒家经典。庄子的仁义论、人性论、天论、命论，乃至得道方式，都与孔子学说紧密相关。它们或是对孔子思想的批判，或是对孔子思想的继承和发展。

（原载《鹅湖》2001年第8期，有改动）

孔孟与朱熹仁学阐释

　　儒学的根基是仁。自从孔子在人生诸德中择取了仁，仁的人人关系及"爱人"原则便确立了儒家始终不变的视域，拟定了这个视域中人的永恒的、排脱不去的价值内涵。从孔孟到程朱，世易时移，儒学随世而变，因时而化，但在其常更常新的形式、形态下，所包裹的无非是"仁"！

　　仁，儒家的生命所在。生命之树常青，取决于适时适度的自我转换与更新。毋庸置疑，仁也是发展的。它由源而流，淌出一条蔚为壮观的生生长河：孔子、孟子、董仲舒、韩愈、张载、二程、朱熹、王阳明、王夫之、戴震、曾国藩、康有为……这些，都是十分响亮的名字。不必追问是他们创造了仁，还是仁塑造了他们。正是他们构成了仁的不息不已的生命。他们就是仁，仁就是他们。

　　以下仅仅通过对孔、孟、朱三人仁学思想的探讨来揭示仁学发展及其轨迹。

在天、神（帝）的衰落中，哲学意味的人诞生了。当人不得不为自己的行为负责并付出代价时，"德"应运而生。德是人的品行，也是社会和他人对自己的设计，于是有属于德的慈、孝、爱、敬、和、柔、忠、义、贞、信、智、勇、惠、正、直。比如："夫仁、礼、勇，皆民之为也"（《国语·周语中》），"人所以立，信、知、勇也"（《左传》成公十七年）。

《说文》曰："仁，亲也，从人二。"段玉裁《说文解字注》云："独则无耦，耦则相亲，故从人二。"由于慈、孝、爱、敬等都源于"亲"或表达"亲"，也就是说，仁之"亲"几乎囊括了诸德的所有含义；也由于周之天下大乱，但家、国尚相对稳定，宗法之"亲亲"仍是维系社会关系的纽带（否则，就不会有李悝、商鞅的变法），所以孔子欲救拔崩溃之礼、毁坏之乐，于诸德中拣选了仁为其道德体系的基石。

仁被提升为超越一切德性的大德，仁与众德不再并列、平行，不再处于同一层次。它们之间也不是整体与部分的关系，而成了形而上与形而下的联结。即，仁是所有具体之德的根据，具体之德是仁的外现。

这个仁是什么？孔子弟子非常关心。因为唯有知仁，方可行仁。但，孔子未予说明。《论语》记有弟子"问仁"

七处，孔子均答以"为仁"（求仁之术或仁人之行）：

樊迟问仁。孔子答曰："仁者先难而后获，可谓仁矣。"（《论语·雍也》）

"颜渊问仁。子曰：'克己复礼为仁……'颜渊曰：'请问其目。'子曰：'非礼勿视，非礼勿听，非礼勿言，非礼勿动。'颜渊曰：'回虽不敏，请事斯语矣。'"（《论语·颜渊》）

"仲弓问仁。子曰：'出门如见大宾，使民如承大祭；己所不欲，勿施于人；在邦无怨，在家无怨。'仲弓曰：'雍虽不敏，请事斯语矣。'"（《论语·颜渊》）

"司马牛问仁。子曰：'仁者，其言也讱。'曰：'其言也讱，斯谓之仁已乎？'子曰：'为之难，言之得无讱乎？'"（《论语·颜渊》）

"樊迟问仁。子曰：'爱人。'"（《论语·颜渊》）

"樊迟问仁。子曰：'居处恭，执事敬，与人忠。虽之夷狄，不可弃也。'"（《论语·子路》）

"子张问仁于孔子。孔子曰：'能行五者于天下为仁矣。''请问之。'曰：'恭、宽、信、敏、惠。恭则不侮，宽则得众，信则人任焉，敏则有功，惠则足以使人。'"（《论语·阳货》）

也许有人说，上述"问仁"，不是问"仁是什么"，而是问"如何行仁"，故孔子以"为仁"作答。这是臆断。因为《论语》中也记有弟子问如何"为仁"："子贡问为仁。子曰：'工欲善其事，必先利其器。居是邦也，事其

大夫之贤者，友其士之仁者。'"（《论语·卫灵公》）

从概念的发生来说，任何一个概念的完善，特别是哲学范畴的成熟，首先需要实践的孕育，然后才是理论升华。仁在春秋时虽为一德，但作为人生大德则始于孔子。孔子对之提升，使之别于其他诸德，却无法准确定义之，至多只能作描述性摹绘："刚、毅、木、讷近仁。"（《论语·子路》）正如朱熹所云："仁字最难言，故孔子罕言仁。仁自在那里，夫子却不曾说。"（《朱子语类》卷二〇）再者，孔子急于救世，更多关注的是现实问题，而非理论问题。他的仁学的规范性构想取代、淹没了哲学的思考。因此，学生问仁，孔子告以"为仁"时，也不进一步追究。而曾参总括孔子之道，不言：夫子之道，仁而已矣；独曰"夫子之道，忠恕而已矣"（《论语·里仁》）！忠恕，仁之方也。

有子曾推测老师的仁："孝弟也者，其为仁之本与？"（《论语·学而》）无意中揭露了仁的血缘基础和宗法机制。如果我们把有子的推断与仁的本义（"仁，亲也"）相对照，我们会窥破孔子的仁的秘密：孔子恰是把仁的本来意义（亲，即孝悌）当作自己的仁的根基加以提炼、扩充，使仁由孝悌上升为以此为根柢的具有"爱"的趋向的、表达普遍的人人关系的唯一大德。仁超脱孝悌走向形上学领域，"家"中之人的仁，遂成为"国"和"天下"之人的仁。

仁的直接目的是恢复礼。家、国、天下同一，意味着孝悌等同礼，礼、仁并无二致。《论语》充斥着为了复礼而为仁的道德说教，其强烈的实践性，将生命的求索定位于仁的张扬：不"求生以害仁，有杀身以成仁"（《论语·卫灵公》），因之，不但行仁要"行"，学仁、识仁的学、问、思、辩、行中，最要紧的也是"行"。可是，人为什么要行仁？孝悌为本不能给予充足的理由。其因在于：人是社会与个体的二重存在，更何况人的社会存在从来不是简单的宗法存在，被宗法结构扭曲的个体仍然是个体。

由于未能处理好仁、人关系，未能证明人的行仁根据，孔子给自己的仁学留下了遗憾。他虽反复宣讲仁有益于人："民之于仁也，甚于水火（《论语·卫灵公》），声称人具备为仁的能力："我欲仁，斯仁至矣"（《论语·述而》），终因仁、人间的裂痕而不得不哀叹："已矣乎！吾未见好德如好色者也"（《论语·卫灵公》）。不过，孔子一句"性相近也，习相远也"（《论语·阳货》），道出了人性的抽象同一性，为孟子的人性理论与仁的构建提供了源头活水。

二

孟子承接孔子。孔子以仁为核心，孟子则仁义礼智并举。其所以如此，概因孔子没有明确赋予仁以特定的内涵，仁空泛且难以捉摸，不足以直接干涉生活、指导人

生。以义、礼、智补充仁，将仁作适度的下落，仁便亲切可人，贴近生命。这一点，朱熹早已看出："大抵仁字，专言之，则混然而难名。必以仁义礼智四者兼举而并观，则其意味情状，互相形比，乃为易见。"（《朱文公文集》卷五十六）仁义礼智并称，但它们的地位却不等同。在《孟子》中，仁出现157次，义出现108次，礼出现64次，智出现31次。单从统计数字上看，可知仁义高于礼智，仁高于义。事实也是如此：第一，由仁义论人，不涉及礼智："仁，人之安宅也；义，人之正路也。旷安宅而弗居，舍正路而不由，哀哉！"（《孟子·离娄上》）第二，仁义为主，礼智为次："仁之实，事亲是也；义之实，从兄是也；智之实，知斯二者弗去是也；礼之实，节文斯二者是也。"（《孟子·离娄上》）第三，人兽之别的根本是仁："仁也者，人也。"（《孟子·尽心下》）第四，孔子的德治被界定为仁政："尧舜之道，不以仁政，不能平治天下"，"三代之得天下也以仁，其失天下也以不仁"（《孟子·离娄上》）。第五，孟子仁学有后来的程朱"仁包四德"的萌芽、因素（后面详述）。

孔子的缺憾，经孟子消解。何谓仁？孟子未予解释，也未添增新的内容。所谓"仁之实，事亲是也；义之实，从兄是也"（《孟子·离娄上》），"亲亲，仁也"《孟子·尽心上》），只是对孔子及孔子之前的仁的认同和承继。孟子的最大贡献在于发现了仁的位置，为仁找到了存在的场所。孔子有言："君子去仁，恶乎成名？君子无终食之间违仁，造次必于是，颠沛必于是。"（《论语·里仁》）试图把仁安置于君子身上，把君子升格为理想人格。孟子从这种君子与小人的划分上得到启示，由仁的君子同小人之别，伸张、扩大为人和非人（禽兽）的差异："仁也者，人也"（《孟子·尽心下》），"仁，人心也"（《孟子·告子上》）。这样，身外的东西变为自身的存在及其本质，具体的人我关系准则化为抽象个人的普遍特征。仁的关系性、对象性消释，其先天性、内在性随之生成。由此，人的行为的必然性与自由同一（"行仁"等于"仁行"），履行义务就是实现自己。

简单地宣布仁是内在的，那是诗人的单纯，如同孔子高喊"民之于仁也，甚于水火"（《论语·卫灵公》）一样苍白无力。为了论证这一点，孟子排遣天人、漠视人人，着力于单个人，转向心灵的探索，开掘了中国哲学史上全新的领域——人性论。

孔子"性相近"承认有共同的人性，确定人性的普遍性原则，孟子把这种原则解释为善。既然人性善，那么，顺性而行，就是依德而行，仁的实施就是人自身的要求与必然。

缘何性善而不恶？孟子作了如下论证。第一，引《诗》作证："《诗》曰：'天生蒸民，有物有则。民之秉彝，好是懿德。'孔子曰：'为此诗者，其知道乎！故有物必有则，民之秉彝也，故好是懿德。'"（《孟子·告子上》）第二，以水作证："人性之善也，犹水之就下也。

人无有不善，水无有不下。"（《孟子·告子上》）第三，由于"德"不是"性"，民所好"懿德"推不出"性善"；也由于水的比附太牵强，告子也可用之论证性无善与不善："性犹湍水也，决诸东方则东流，决诸西方则西流。人性无分于善不善也，犹水之无分于东西也。"（《孟子·告子上》）孟子从最初试图以性善证明"仁也者，人也"，仁出于人，转向以仁义礼智证明性善。第一，感官、感觉附会心灵、意识："口之于味也，有同耆焉；耳之于声也，有同听焉；目之于色也，有同美焉。至于心，独无所同然乎？心之所同然者何也？谓理也，义也。圣人先得我心之所同然耳。故理、义之悦我心，犹刍豢之悦我口。"（《孟子·告子上》）第二，"四心"→"四端"→"四德"或"四心"→"四德"模式：孟子认为恻隐之心、羞恶之心、恭敬（辞让）之心、是非之心组成完整的人心，人心可分割为"四心"，而"四心"即"四端"或"四德"："恻隐之心，仁之端也；羞恶之心，义之端也；辞让之心，礼之端也；是非之心，智之端也。"（《孟子·公孙丑上》）"恻隐之心，仁也；羞恶之心，义也；恭敬之心，礼也；是非之心，智也。"（《孟子·告子上》）这样，孟子不仅指出"仁义礼智非由外铄我也，我固有之也"（《孟子·告子上》），藏于一身之内，而且点明存于身内之心："君子所性，仁义礼智根于心。"（《孟子·尽心上》）

孟子性善→"仁也者，人也"、"仁也者，人也"→人性固善的循环证明的结果是，什么也没能论述清楚。但他首先断定人心是道德构成物（"四心"），然后推导出道德根源于人心（比如"恻隐之心，仁之端也"），甚或就是人心（比如"恻隐之心，仁也"）的思维方式，框定了儒家人性学说的基本方向，规定了后儒关于仁、人问题的解决路径。

仁、人同一，心中有仁。在求仁上，孟子不像孔子那样一味强调"行"（主体意志力的扩展），而是主张"养"["存其心，养其性"（《孟子·尽心上》）]，将心灵的、精神的世界纳入自己的视野。所以，对孟子而言"学问之道无他"，只不过是"求其放心而已"①（《孟子·告子上》），也即找回放逐的良心、丢失的本心，回到自己。穿越心灵之路，回归自己，则意味着身外欲求的减损、消除，"养心莫善于寡欲"（《孟子·尽心下》），以及"至大至刚""充塞于天地之间""配义与道"的"浩然之气"（《孟子·公孙丑上》）的滋生、充盈。正因为孔孟求仁有外内之别、"行""养"之异，孔子的"杀身成仁"与孟子的"舍生取义"便有所不同：前者是努力实现使命，后者是实践自己。

最后，心仁合一，仁成为人的力量、意志的内在的无尽泉源。一方面，人在社会挤压下，不但不屈服、不忧怨，反而越发保持生命的挺拔："居天下之广居，立天下

---

①吴定《紫石山房文集·求放心解》云："孟子所谓求放心者，非纳其放心聚之于学之谓。'放心'，即孟子所谓'放其良心'、'失其本心'者也。"

之正位，行天下之大道。得志，与民由之；不得志，独行其道。富贵不能淫，贫贱不能移，威武不能屈，此之谓大丈夫。"（《孟子·滕文公下》）另一方面，面对苦难现实，人愈加乐观、向上、自信："天将降大任于是人也，必先苦其心志，劳其筋骨，饿其体肤，空乏其身，行拂乱其所为，所以动心忍性，曾益其所不能。"（《孟子·告子下》）

三

汉代儒学的成功是政治上的。它恢复天人关系的尝试十分明显：放弃孔孟仁人关系的纠缠，独辟蹊径，企望给仁作根本的解决——本体论证明，惜乎理性的深思夭折在神学的阴影之下。魏晋、南北朝、隋唐，儒学沉寂，诸儒延续儒家的血脉，以韩愈为最。儒学理论的更新、拓展在宋代，朱熹集其大成。

朱熹远接孔孟，近续二程，累平生之力注《四书》，于仁多有发挥，推仁学至成熟形态。仁是什么？如何做到仁？此乃千百年困扰儒学生徒的敏感问题。朱熹仁学由此入手。他说："大抵二先生之前，学者全不知有仁字，凡圣贤说仁处，不过只作爱字看了。自二先生以来，学者始知理会仁字，不敢只作爱说，然其流复不免有弊者。盖专务说仁，而于操存涵泳之功不免有所忽略，故无复优柔厌饫之味，克己复礼之实。不但其蔽也愚而已，而又一向离了爱字，悬空揣摸，既无真实见处，故其为说，恍惚惊怪，弊病百端，殆反不若全不知有仁字而只作爱字看却之为愈也。"（《朱文公文集》卷三十一）这是说，过去儒者解仁有两蔽：二程之前，以爱为仁；二程之后，"专务识仁"。

朱熹认为孔子的"仁是理，孝弟是事"（《朱子语类》卷二十），基于孝悌的爱是行仁、求仁，不是仁。同时，爱也不是"民吾同胞，物吾与也"（《西铭》）式的道德与感情上的平等交流，不表现出人与人之间的双向度的情感结构：人⇄人。爱是参照礼而自觉履行道德义务的行动（樊迟问仁，孔子分别答以"爱人"和"居处恭，执事敬，与人忠"），它根于宗法等级并积极维护这种等级："人之有爱，本由亲立，推而及物，自有等级"（《朱子语类》卷五十五）。表现为尊卑、上下间单向度的道德结构：尊（上）→卑（下）、卑（下）→尊（上）。针对程颢以来，"学者须先识仁"（《识仁篇》）的流风，朱熹提出了尖锐的批评："观孔子答门人问为仁者多矣，不过以求仁之方告之，使之从事于此而自得焉尔，初不必先识仁体也。"（《朱文公文集》卷七十三）这里的批评，反对空谈仁的境界，力主仁的实践性，意在"回到孔子去"，再现孔子仁学的真精神，但朱熹的"求仁之方"基本上祖述孔子，创见不多。他的仁学理论的最大建树是对仁的定义，以及因定义仁的需要而对仁与诸德关系、仁人关系的进一步论证。

（一）孔子提拔仁，仁与诸德的关系不言自明。孟子仁义礼智并举，充实了仁的内涵，留下了仁的下落的嫌疑，使仁与诸德的关系转换成仁与义礼智的关系，并进而成为"问题"。宋以前，不知是诸儒尚未意识到这个"问题"，还是有意回避，只列仁为"四德""五常""五行"之首。至程颐乃有："四德之元，犹五常之仁，偏言则一事，专言则包四者。"（《朱子语类》卷九十五）

程颐通过仁的二重化、层次化，开辟了解决仁与义礼智关系问题的思路："偏言"的仁，属具体之德，与义礼智并列，且处于同一层次；"专言"的仁，系人生大德，统摄、涵盖、包裹义礼智及作为具体一德的仁。朱熹接续程氏，解析得更为明白："犹五常之仁，恰似有一个小小底仁，有一个大大底仁。偏言则一事，是小小底仁，只做得仁之一事；专言则包四者，是大大底仁，又是包得礼义智底。"（《朱子语类》卷六）但朱熹认为仁的二重性、层次性不是程颐凭空捏造的，它出自孔子："问：'《论语》中，言仁处皆是包四者？'曰：'有是包四者底，有是偏言底。如克己复礼为仁，巧言令色鲜矣仁，便是包四者。'"（《朱子语类》卷九十五）

仁为何"包四者"？朱熹对此作了精心论证。

1.孟子"四心""四德"说已显现仁包四德的端倪：①由不忍人之心的存在引出恻隐之心、羞恶之心、辞让之心、是非之心："人皆有不忍人之心……所以谓人皆有不忍人之心者，今人乍见孺子将入于井，皆有怵惕恻隐之心。非所以内交于孺子之父母也，非所以要誉于乡党朋友也，非恶其声而然也。由是观之，无恻隐之心，非人也；无羞恶之心，非人也；无辞让人心，非人也；无是非之心，非人也。"（《孟子·公孙丑上》）②仁即人心["仁，人心也"（《孟子·告子上》）]，人心即"四心"，"四心"既是"四端"["恻隐之心，仁之端也……"（《孟子·公孙丑上》）]，又是"四德"["恻隐之心，仁也……"（《孟子·告子上》）]。③以仁标出人兽之别："仁，人也"，又以"四心"规范人："无恻隐之心，非人也；无羞恶之心，非人也；无辞让之心，非人也；无是非之心，非人也。"（《孟子·公孙丑上》）朱熹论"仁包四德"首先依据孟子的上述思路，同时取汲汉儒"四德"与"四时"相比附的模式："问：'仁何以能包四者？'曰：'人只是这一个心，就里面分为四者。且以恻隐论之，本只是这恻隐，遇当辞逊则为辞逊，不安处便为羞恶，分别处便为是非。若无一个动底醒底在里面，便也是不知羞恶，不知辞逊，不知是非。譬如天地只是一个春气，发生之初为春气，发生得过便为夏，收敛便为秋，消缩便为冬。明年又从春起，浑然只是一个发生之气。'"（《朱子语类》卷九十五）

2.朱熹把《论语》中仁与众德的普遍与特殊、一般与具体的关系理解成整体和部分的关联："仁打一动，便是义礼智信当来……只是这一个道理，流出去自然有许多分别。"（《朱子语类》卷九十八）

3.朱熹以生与被生、头与尾类比仁与义礼智的关系："恻隐之心，头尾都是恻隐。三者则头是恻隐，尾是羞恶辞逊是非。若不是恻隐，则三者都是死物。盖恻隐是个头子，羞恶、辞逊、是非便从这里发来。"（《朱子语类》卷五十三）

4.朱熹从仁的方面规矩义礼智，义礼智被看作仁的属性，从而被剥夺自身的独立性："仁者仁之本体，礼者仁之节文，义者仁之断制，智者仁之分别。"（《朱文公文集》卷五十八）

5.予仁以"生"，以"生"统义礼智："问：'仁包四者，只就生意上看否？'曰：'统是一个生意。'"（《朱子语类》卷九十五）"得此生意以有生，然后有礼智义信。以先后言之，则仁为先；以大小言之，则仁为大。"（《朱子语类》卷六）"仁，浑沦言，则浑沦都是一个生意，义礼智都是仁。"（《朱子语类》卷六）

（二）理清仁与诸德间关系的性质，朱熹介入仁人关系的探讨。孟子曰："仁也者，人也。"（《孟子·尽心下》）朱熹述之曰："仁者，人也"（《朱子语类》卷六十一），"人之所以得名，以其仁也。言仁而不言人，则不见理之所寓；言人而不言仁，则人不过是一块血肉耳"（《朱子语类》卷六十一）。孟、朱二人都坚持仁内在于人，但在证明方法上，朱熹除修正"孟子式的道路"，还发挥和完善"董仲舒式的道路"。

孟子对仁的内向性的确认采取了人性论的方式，朱熹沿袭之："大抵仁义礼智，性也。"（《朱文公文集》卷五十六）但孟子似不在意"四德""四端"的区分，其"恻隐之心，仁也""恻隐之心，仁之端也"之类的判断句就是明证。朱熹始分二者。他认为"四德"是性；"四端"是性之所发，是内（性）外（外部环境）因素结合所引发的道德动机，已不属纯粹内在的东西（性），只能是"情"："恻隐羞恶是非辞逊，情也"（《朱文公文集》卷五十六）。根据性情论，朱熹回首孔子之"爱"，断定"爱是情"（《朱子语类》卷二十）。因为孔子的大德（仁）经由孟子内化为性，行仁变为仁行，实践道德义务（爱）当然转为性的外显、发生（情）。此外，孟子"仁，人心也"的设定，"仁，人性也"的求证，导致心性等同、人的存在与存在的本质相混淆。朱熹清醒地意识到这一点，直取"君子所性，仁义礼智根于心"（《孟子·尽心上》），着力于心性的分辨：其一，"仁即心也"，仅指"不是心外别有仁"（《朱子语类》卷六十一），仁根于心；其二，"心之于仁，亦犹水之冷，火之热"（《朱子语类》卷六），仁根于心的实质是，仁是心的固有属性，仁（性）不是心。划分性情、分别心性之后，朱熹借用"横渠心统性情"（《朱子语类》卷五）的学说，阐发了心与性情的关系：心兼性情，心主性情，性情"从心上发出来"[1]。

孟子仁的证明叩开了人的内在世界的大门。可是，人

---

[1] "心统性情"说非本著所论重点，详可见陈来：《朱熹哲学研究》，钱穆：《朱子新学案》。

心为什么有仁？人性中的仁从何而来？人的本质存在为何是道德存在？这些皆是孟子始料不及，更不可能回答的。它表明，要彻底解决仁人关系问题，还必须转向人（抽象的个体）之外、之上。或者求助于人群集合体（社会），或者回眸被我们曾经奉为至上的苍天。董仲舒正是有鉴于此，才重新拾掇为诸子简单抛弃的"神学"，剥取其中人性（德行）取于神性、人源于天的"天人模式"，自觉地承担起找寻人的形上学根据的时代使命："人之（为）人，本于天，天亦人之曾祖父也，此人之所以乃上类天也。人之形体，化天数而成；人之血气，化天志而仁；人之德行，化天理而义。……天之副在乎人，人之情性有由天者矣。"（《春秋繁露·为人者天》）可惜，董氏的"天"神味太浓（应该说人味太浓），天人感应也太赤裸裸。

朱熹分开心性，表面上拉开了心仁距离，实则追溯仁于心灵本体。但心缘何具有仁的特征？为了冲出向内致思的困顿，向外突围，朱熹走上了"董仲舒式的道路"。第一，朱氏接受了程颢对仁的改造。程颢曰："'天地之大德曰生''天地纲缊，万物化醇'，'生之谓性'。万物之生意最可观，此元者善之长也，斯所谓仁也。"（《河南程氏遗书》卷十一）朱熹亦曰："生底意思是仁"，"只从生意上说仁"（《朱子语类》卷六），"仁是个生底意思"（《朱子语类》卷二十）。第二，朱氏依托这个被擢升为天地之大德的"仁"，通过董氏的"天人模式"，上溯于天，推出了人心之"仁"本于天的答案："'天地之大德曰生'，人受天地之气而生，故此心必仁，仁则生矣"（《朱子语类》卷五），"仁者，天地生物之心，而人物之所得以为心"（《朱子语类》卷九十五）。至此，仁人关系问题在仁→人（向内）、仁→天（向外），或仁（德）→人（心、性）→天（天之德：生）的范式下，得以解决。

（三）"孔门之教说许多仁，却未曾正定说出。盖此理直是难言。若立下一个定说，便该括不尽。"（《朱子语类》卷二十）在仁学的发展中，最大的难题莫过于定义仁了。终结仁与诸德、仁与人关系的证明，扫清仁的定义道路上这两大障碍之后，朱熹以极大的理论勇气、超常的智慧，拨开重重迷雾，用优美、简洁、凝练的语言，界定了仁的含义："仁者，爱之理，心之德也。"（《论语集注·学而》）

我们从前面的分析可知，朱熹的仁包括以下内容：①仁不是爱，仁是爱的根基；②仁不是心，性不是心，仁是心的本性；③仁有两层意蕴，即"大大底仁""小小底仁"；④仁是天地之大德（生）。而一语"仁者，爱之理，心之德也"，是否正确的关键就在于能否包容这些。事实说明，这个定义是准确的，理由如下：①"仁者，爱之理"，是说仁是体，爱是用；仁是性，爱是情；仁是根，爱是苗；爱出自仁，仁规定爱。②"仁者，心之德"，是说仁是心的本质属性，仁根植于心但不是心。③"爱之理"指"小小底仁"，"心之德"指"大大底仁"。"爱之理是偏言则一事，心之德是专言则包四者"（《朱子语类》

卷二十）；"心之德是兼四端言之，爱之理只是就仁体段说"（《朱子语类》卷二十）。④"心之德"的本体论意义指"生"之性。"程子曰：心如谷种，其生之性乃仁也……所谓心之德者，即程先生谷种之说"（《朱子语类》卷二十）；"仁者心之德，程子所谓心如谷种，仁则其生之性是也"（《孟子集注·告子上》）。⑤"爱之理"与"心之德"从不同的角度解释"仁"，两者在本质上是统一而不可分的。在此意义上说，"爱之理，便是心之德"（《朱子语类》卷二十），"爱之理能包四德"（《朱子语类》卷二十）。

仁的定义之提出，标志着仁学已发展至成熟形态。这是朱熹在仁学上最伟大的贡献。

综上所述，仁学由孔子发其端，孟子极力阐扬，历千余年风风雨雨，至朱熹而孕育成熟。其间经历了"如何行仁""为何行仁""何谓仁"三个阶段。朱熹之后，诸儒谈仁，或局部修正，或充实某一细节，从不同侧面给仁以新的滋养，赋仁以新的生命，但都未超越孔、孟、朱所建构的仁学体系的基本框架。

（原载《安徽大学学报》（哲学社会科学版）1998年第1期，与孙以楷老师合撰，发表时用的是笔名"昕旸"，有改动）

先秦仁学与宋代理学

　　宗教是哲学的先驱，哲学却是宗教的叛逆者。从"殷人尊神"，到"周人尊礼尚施"；从"率民以事神，先鬼而后礼"，到"事鬼敬神而远之，近人而忠焉"（《礼记·表记》），人类视域逐渐扩展：人走进了自己的意识。"夫民，神之主也"（《左传》桓公六年，随大夫季梁语），"国将兴，听于民；将亡，听于神"（《左传》庄公三十二年，虢史嚚语），则昭示人类意识重心的历史性转移：人不再以天帝鬼神为活动中心，从此把自己置于生活的前台。这样，哲学最终挣脱神学脐带，叩开生命之门。

　　中国哲学直接诞生于"乱世"。"天道远，人道迩"（《左传》昭公十八年，郑子产语），且社会震荡、人无以立，中国哲人无暇顾及遥远之"天道"，急于为自己、为他人找寻安身立命之本，从而铸就了中国哲学的"人道"本质（即便言"天道"，亦不越"人道"特质）。孔子创立的儒学以其对人的定位，对人是"道德动物"的发明

充分显现了这一特征。

儒家由孔子"仁（礼）学"开其端，发展至宋代"理学"成其大，其间，每一时代、阶段各具风貌、各有特色，究其本，始终是人的设置。我们可以说，对人、仁（理）同一的道德证明，构成儒学进程的内在主线，儒学进展其实是论证方式、途径的完善与更新。因此，考察先秦仁学与宋代理学的内在关联，拟出仁（礼）学向理学的逻辑发展，似乎是可能而必要的。

1.人是历史的存在，也是现时的存在。君臣、父子、兄弟、夫妇的关系网络确定了人自身及人在家、国、天下中的别无选择的位置，安分守己为政治强制与道德教化对人的共同期望。一旦强权削弱、丧失，道德便越过自己充当唯一"执法者"，社会胁迫随之化作人的自觉自律。春秋末，象征统治与权威的礼崩溃、瓦解，社会、个人失控、失衡，无所归属。顺乎变"无道"为"有道"的时代要求，孔子剥取"礼"充实"仁"，开出仁学世界，就是如此。

《说文》云"仁，亲也，从人二"，孟子亦云"亲亲，仁也"（《孟子·尽心上》），指出仁本一己之德，囿于血缘家族。孔子根据人与人之间存在血缘亲情的事实，擢升仁为人生大德、人人关系的基本原则。有子"孝弟也者，其为仁之本与"（《论语·学而》）的猜测，"本立而道生"（《论语·学而》）的归纳，揭露了这个秘密：孔子的仁是对人在家中地位的确认；是以此作基点，以国为家、以天下为家，进而对人在国、在天下中位置的肯定。因此，仁既是行己、事上、养民、使民、施人、达人等所有活动的准则，也是这些行为所体现出的恭、敬、惠、义、忠、恕等诸德。但长期浸淫于礼乐文化的孔子，对仁的发挥不可能脱离宗法制的产物和守护者——礼。"克己复礼为仁"，"非礼勿视，非礼勿听，非礼勿言，非礼勿动"（《论语·颜渊》），道出礼与仁的置换、仁的礼本质。否则，何来"吾从周！"（《论语·八佾》）仁是礼，则仁所统摄的众德亦是礼（以礼作则）："恭而无礼则劳，慎而无礼则葸，勇而无礼则乱，直而无礼则绞"（《论语·泰伯》）。其后，孟子取仁，荀子择礼，各执一端，分儒学为两条发展路径。只是孟子重内、崇德性自觉，更接近于孔子的哲学构想；荀子重外、尚社会规范，于人的自律有所背离，因而引出两者不同的学术命运。

认定礼为仁，就是把不属于人的异己力量说成属于人的道德本根，让人自我定位，自愿承担义务、接受命运的馈赠。这是孔子仁的意义所在。然而，自我意识、意志不具道德属性，现实的我不能通过自己自动成为应该的我，"我欲仁，斯仁至矣"（《论语·述而》）；我欲不仁，也可不仁；仁于民甚于水火，民却好色甚于好德，以"生"为人生本质，追求生命的自然延伸，不惜"求生以害仁"

（《论语·卫灵公》），抛弃"杀身以成仁"（《论语·卫灵公》）的生命精神的提升，这迫使孔子溯仁（礼）于"性与天道"（《论语·公冶长》）。其自言"天生德于予"（《论语·述而》），自问"知我者其天乎"（《论语·宪问》）？重拾神学由天而人（天→人）的模式，企望再次沟通天人，搭建儒家天名德实、人道即天道的天人关系框架；其"性相近也，习相远也"（《论语·阳货》），始论人性的先天性、统一性，直指人的行为千差万别的缘由，促使后人进一步追思人何以为人。可惜，孔子未能贯通天人，融合仁、性，接通性与天道；未及人性之内涵、根源。不过，正是孔子的遗憾，给儒学的发展留下了广阔的天地。

2.孟子接续孔子，以"仁也者，人也"（《孟子·尽心下》），把孔子"杀身成仁"的价值选择定义为人的本质，亦即"人之所以异于禽兽者"（《孟子·离娄下》），并通过"性与天道"，在儒学史上第一次为仁作证。

孟子用"凡同类者，举相似也"，"圣人，与我同类者"（《孟子·告子上》），故人性同一，来论证孔子的"性相近"。但孟子认为：人性之同，同时意味着人物之别；人近乎禽兽的自然属性（"性也"）不足以分开人兽，只有仁义礼智的道德制约（"命也"）尚可满足人性规定。所以，在德、色取舍上，孟子取德（仁）为人性内容（"命也，有性焉"）。"口之于味也，目之于色也，耳之于声也，鼻之于臭也，四肢之于安佚也：性也，有命焉，君子不谓性也。仁之于父子也，义之于君臣也，礼之于宾主也，知之于贤者也，圣人之于天道也：命也，有性焉，君子不谓命也"（《孟子·尽心下》）的表述，尽诉孟子的良苦用心。为什么人性内涵是道德伦理？孟子直入人心，迈向心灵境界："仁义礼智根于心。"（《孟子·尽心上》）因为，合而言之，仁构成一心："仁，人心也"（《孟子·告子上》）；分而言之，"四端""四德"组成"四心"："恻隐之心，仁之端也；羞恶之心，义之端也；辞让之心，礼之端也；是非之心，智之端也"（（《孟子·公孙丑上》）；"恻隐之心，仁也；羞恶之心，义也；恭敬之心，礼也；是非之心，智也"（《孟子·告子上》）。为何心是道德构成？孟子以为心是人性之本、道德之源，是仁义礼智的安身处、发端处，这是不言自明的。他举例说："人皆有不忍人之心……所谓人皆有不忍人之心者，今人乍见孺子将入于井，皆有怵惕恻隐之心。非所以内交于孺子之父母也，非所以要誉于乡党朋友也，非恶其声而然也。"（《孟子·公孙丑上》）

仁本于心，人性是仁（仁义礼智），仁的实施有益于他人和社会，故性善。孟子开掘了儒家全新的心性论领域。据此，孟子批驳告子"生之谓性"（《孟子·告子上》）混淆人兽界限，降人为生物性存在的"人形动物"；阐明人之为不善非本性所欲为，乃"不能尽其才"（《孟子·告子上》）、"自贼"（《孟子·公孙丑上》）、"放其心而不知求"（《孟子·告子上》）所致，并提出去恶从

善之方：存心养性。存养之法则为：内"求其放心"（《孟子·告子上》），外驱除物欲，也即"寡欲"（《孟子·尽心下》）。虽然如此，孟子证明仁、人合一的心性论也无法遮掩其缺憾。第一，不能解释心的道德功能，所谓人心固仁，纯属假定。第二，触及了人的善恶两重性，却一味突显"天使"的一面，轻视"野兽"的一面，把"恶"剔除出人性，视人为心灵存在，难以回应现实的挑战。

从人性善推论人本质上是道德存在。这种由性而德（性→德）的思路始终局限于人，而人不是自己的最后根源，孟子被迫像孔子一样回到由天而人的老路：舜有天下是"天与之"（《孟子·万章上》），但他的"诚者，天之道也；思诚者，人之道也"（《孟子·离娄上》）的天道→人道设想，使由天而人的神学幻想质变为哲学思维。同时，孟子的"夫仁，天之尊爵也"（《孟子·公孙丑上》），试图升人德至天德，意在营造打通天人阻隔的另一种式样：由人而天。"尽其心者，知其性也。知其性，则知天矣。存其心，养其性，所以事天也"（《孟子·尽心上》）的"心→性→天"的构想，正是这方面努力的反映。

3.孔子讲德（仁）实是言礼。荀子抓住孔子仁学复礼旨归，力论礼的合理性。

荀子洞晓孟子道德即心的前提的脆弱，深谙孔子纠缠于好德与好色之冲突的无奈，顺应奴隶社会之礼向封建社会之礼的转变，以及新兴地主阶级隆礼尚力的要求，以天道自然排除天的神秘性、道德性；以"天人之分"（《荀子·天论》），断绝天人交通；以"唯圣人为不求知天"（《荀子·天论》），强调人为自己立法，人的主宰力量（出乎荀子意料的是，他的天行有常、万物自然等言论，后成为宋儒生成论、本体论的源头）。为此，荀子尽力从人自身挖掘礼存在的内外根据。

"人有气有生有知亦且有义，故最为天下贵也。"（《荀子·王制》）荀子以为人贵于物，人所独具的"义"（义谓以礼作则而裁制人事，实即礼）是人物差异的标志，也是人之为人的本质："人之所以为人者，非特以二足而无毛也，以其有辨也……辨莫大于分，分莫大于礼。"（《荀子·非相》）这里，荀子"礼也者，人也"的理解与孟子"仁也者，人也"并无二致。但荀子看出礼是社会规范，礼存在的社会根源，他的"人性→人本质"的人性证明，不同于孟子人性、人本质一致的构架，而是通过二者的对立来论证的。

人性的同一性是孔孟人性论的基础，荀子也因循之："凡人之性者，尧舜之与桀跖，其性一也。君子之与小人，其性一也。"（《荀子·性恶》）然，何谓性？性为何？荀子认为性是"天之就"（《荀子·性恶》），是"不可学不可事而在人者"（《荀子·性恶》），是"生之所以然"（《荀子·正名》），是"本始材朴"（《荀子·礼论》）。这就是说，性是与生俱来、不可更改的自然本性，是人的

生理需要和感官机能："饥而欲食，寒而欲暖，劳而欲息，好利而恶害……目辨白黑美恶，耳辨音声清浊，口辨酸咸甘苦，鼻辨芬芳腥臊，骨体肤理辨寒暑疾养。"（《荀子·荣辱》）一言以蔽之，性是告子的"生"，而非孟子的"心"。由于人性的实现、欲望的满足妨碍他人、扰乱纲常："今人之性，生而有好利焉，顺是，故争夺生而辞让亡焉；生而有疾恶焉，顺是，故残贼生而忠信亡焉；生而有耳目之欲，有好声色焉，顺是，故淫乱生而礼义文理亡焉。然则从人之性，顺人之情，必出于争夺，合于犯分乱理而归于暴。"（《荀子·性恶》）荀子判定性恶，性不具有道德意义。既然性恶，既然顺性纵情乱世悖德，则礼应运而生："古者圣王以人之性恶，以为偏险而不正，悖乱而不治，是以为之起礼义，制法度，以矫饰人之情性而正之，以扰化人之情性而导之也，始皆出于治，合于道者也。"（《荀子·性恶》）从性恶的角度论证礼的产生和存在的社会必然性，人不可须臾离却礼。作为"社会动物"的人，其本质当然就是礼，就是道德，而不可能是生物学上的个体的本能。

荀子性恶论看似解决了礼的由来问题，但圣王制礼作乐的直接认定，使其不免陷入困境：圣人与常人同样性恶，何能"起礼义，制法度"（《荀子·性恶》）？就算"圣人化性而起伪，伪起于性而生礼义，礼义生而制法度"（《荀子·性恶》），圣人又从何而来？为何只有圣人能成就自己，成为圣人？不过，"化性起伪"毕竟道出了道德的后天性、可能性，为悖情逆性、弃恶从善给予理论上的说明。荀子肯定道德伦理，显示出对人善的一面的关照，即使他同孟子滑入相同的误区，并且也以剥除物欲为归宿。

由上可知，先秦仁学由孔子开端，孟、荀阐扬。孔子的"仁"树起道德的旗帜，孟子认为人性与人本质相一致，首倡心即性的心性论，荀子认为人性、人本质相对立，始言性、礼为二的性礼（理）论；孔孟复活神学的由天而人模式，孟子独创由人而天式样，荀子提倡天道自然的非道德性论辩；孔子"性与天道"的欠缺，孟子心为仁源的假定，荀子圣王生礼义的窘迫（先秦仁学形上学的缺憾）：这些，都为后世儒学，尤其是宋代理学的发生、发展提出了问题，规划了大致方向。

二

孟、荀而下有《大学》《中庸》。《大学》概括"仁道"为三纲：明明德、亲民、止于至善，为八目：格物、致知、诚意、正心、修身、齐家、治国、平天下；把孔、孟、荀的道德修持提炼为"修身"。《中庸》载"天命之谓性，率性之谓道，修道之谓教"，齐同天命、人性、仁道，浓缩天人之路。汉代董仲舒对人的存在推本求源："人之（为）人，本于天，天亦人之曾祖父也"（《春秋繁露·为人者天》）；为人性作形而上的论证："天两有阴阳之施，

身亦两有贪仁之性"①（《春秋繁露·深察名号》）。董仲舒同时指出人性包含善恶两面，初步融合孟、荀。此外，董仲舒本体化仁②，伦理化天③，又神化天④，其神学形式遮蔽了理性应有的光芒。此后，玄风骤起，佛学畅流，韩愈、李翱等抓住先秦仁学的精髓——人性论，力排佛老，延续儒家血脉，但思维所及，不出孔、孟、荀。

经历汉代政治上的荣耀，遭受佛道理论上的重击，儒学在魏晋、隋唐沉寂之后，终于在宋代走向辉煌，显露出强劲的生命力。宋儒无视秦汉以来诸儒的孜孜努力、勤勉耕耘，直承先秦仁学，实现仁（礼）到理的转化，构建儒家完满的本体论体系，并从本体论高度审视人性善恶，从而推进儒学至成熟形态——理学。

1. 宋代理学始祖周敦颐一语"圣人之道，仁义中正而已矣"（《通书·道第六》），扣住儒学实质，再予以生成论根基："无极之真，二五之精，妙合而凝。'乾道成男，坤道成女'，二气交感，化生万物，万物生生而变化无穷焉。惟人也，得其秀而最灵。形既生矣，神发知矣，五性感动而善恶分万事出矣。圣人定之以中正仁义（圣人之道，仁义中正而已矣），而主静（无欲故静）立人极焉。"

---

① 董氏有斗筲之性、中民之性、圣人之性的划分，但他认为："圣人之性，不可以名性；斗筲之性，又不可以名性；名性者，中民之性。"（《春秋繁露·实性》）

② "仁，天心。"（《春秋繁露·俞序》）

③ "天，仁也。"（《春秋繁露·王道通三》）

④ "天者，百神之大君也。"（《春秋繁露·郊义》）

（《太极图说》）这是儒家第一个系统的本原论模式，它囊括天地万物及人类，阐明仁义的必然性，标志着儒学宇宙观的初步建立，也标志着仁学与理学的不同以及理学对仁学的发展（这种发展，实际上是理学为仁学作形而上的证明）。在这里，我们看到了宋儒对道家、道教的吸收，也看到了荀子"天地合而万物生，阴阳接而变化起"（《荀子·礼论》），"水火有气而无生，草木有生而无知，禽兽有知而无义，人有气有生有知亦且有义，故最为天下贵也"（《荀子·王制》）等思想的影响，只是荀子用此分开天人，周氏以此承接孔、孟，联结天人。有了宇宙论为基奠，周敦颐"天以阳生万物，以阴成万物。生，仁也；成，义也。故圣人在上，以仁育万物，以义正万民"（《通书·顺化第十一》）之论断，就不再属孔孟由天而人的直观想象，而是哲学意义上的推断。

除却儒家生成论的创建之功，周敦颐"礼，理也"（《通书·礼乐第十三》）、"理曰礼"（《通书·诚几德第三》）的表述，对战国时期开始的礼、理相通及理脱胎于礼[1]作结；"圣贤非性生，必养心而至之"（《周敦颐集》卷三《杂著·养心亭说》），融合孟（"养心"）、荀（"圣贤非性生"）人性论。这些都昭示了理学进展的趋势。

---

[1] 谷方：《理的早期形态及其演变》，载中国哲学史学会、浙江省社会科学研究所编：《论宋明理学》，浙江人民出版社1983年出版，第57—75页。

2. 排斥佛老与创立宇宙观是宋儒的双重任务。为了破除"虚"（佛）、"无"（老），张载提取荀子万物（包括人）出乎气的思想，建造了太虚→万物→太虚的万物生灭图式："太虚不能无气，气不能不聚而为万物，万物不能不散而为太虚"（《正蒙·太和》），"万物取足于太虚，人亦出于太虚"（《张子语录·中》）。在此前提下，张载由太虚而心性，给孟子心性论以太虚之本："由太虚，有天之名；由气化，有道之名；合虚与气，有性之名；合性与知觉，有心之名。"（《正蒙·太和》）那么，太虚（天）是什么？张载一面以荀子之"气"释之："太虚即气"，"太虚无形，气之本体"（《正蒙·太和》）；一面又以孔孟德性与心释之："众人之心同一则却是义理，总之则却是天"（《经学理窟·诗书》），"太虚者，心之实也"（《张子语录·中》）。由之，我们可知，张载由天（太虚）而人（心性）的哲学论证是以由人而天（心、义理→太虚、天）为基础的。先人化天，再从天推人，这就是张载宇宙论的逻辑构想。它揭明周敦颐生成论的构思路径，也为程朱天理本体论拟出方法论上的规则。有"天→人"形式下的"人→天"本质，我们既可理解从荀子之气（太虚）到孟子心性的推导，以至得出"性即天也"（《张子语录·上》）、"性即天道"（《正蒙·乾称》）的结论；也可理解气本原论与"天下无一物非我"，"大其心则能体天下之物"（《正蒙·大心》）的和谐共处。

张载太虚为心性之本给出了人性存在的根据，与此相应，人性便是天性（天道）在人身上的体现："天性在人，正犹水性之在冰，凝释虽异，为物一也。"（《正蒙·诚明》）天性的义理抽象，意味着人性是德、是心（道德存在），所以"性于人无不善"（《正蒙·诚明》）。在性善宗旨之下，张载不避性恶，为人的"恶劣的情欲"作解："饮食男女，皆性也"（《正蒙·乾称》）；"形而后有气质之性，善反之，则天地之性存焉。故气质之性，君子有弗性者焉"（《正蒙·诚明》）。此处，张载综合孟、荀，认人性为心（天地之性）、生（气质之性）合一，只因"仁者，人也"（《张子语录·中》）的传统规定，令其折中孟、荀之时又偏向孟，这种偏向是宋儒人性论上普遍的价值取向（周敦颐更趋向荀子）。基于对气质之性的否定，在人生修养上，张载便反对"徇物丧心"（《正蒙·神化》），力倡"忘物累而顺性命"（《正蒙·神化》），这与孟子"养心"无异。另外，我们从张载天地之性、气质之性的剖分，似可发现"太虚即气"与"太虚非气"的矛盾，觉察出太虚→性（心）与太虚→天地之性（心）、气→气质之性（生）的冲撞，也似乎看到了由矛盾而产生的前者向后者的转化。"万事只一天理"（《经学理窟·诗书》），天理替代太虚，已露出转化的端倪，程朱理本论则正是这种转变的结果。

3. 二程继承荀子开启、周敦颐和张载发挥的气的学说，肯定"万物之始，皆气化"（《河南程氏遗书》卷五），"人乃五行之秀气，此是天地清明纯粹气所生也"（《河南

先秦仁学与宋代理学

程氏遗书》卷十八）。但二程从纷繁杂多的现象中发现本质的统一，从万物、从气体贴出来天理："万物一理耳"（《河南程氏粹言》卷一），"万物皆只是一个天理"（河南程氏遗书》卷二上），从而把周、张的本原论提高到本体论。理本论的建立表明儒家精致的本体论体系的正式确立。何谓天理（理）？一方面，天理是天，即"天者，理也"（《河南程氏遗书》卷十一），是天道，即天道"只是理，理便是天道也"（《河南程氏遗书》卷二十二上）；另一方面，天理是人理，即"理只是人理"（《河南程氏遗书》卷十八），是人伦，即"人伦者，天理也"（《河南程氏外书》卷七），是仁，即"仁，理也"（《河南程氏外书》卷六）。由上，我们遂知，理是仁（礼）的本体化，天名德实，"人理"采取了"天理"的形式。

理是世界之本，人为世间一物，其本质当然是理："人之所以为人者，以有天理也"（《河南程氏粹言》卷二），"道之在我，犹饮食居处之不可去，可去皆外物也"（《河南程氏经说》卷八）。人归于天，人不必从自身寻找根据，孟、荀从人性来论证人的本质的范式就变为二程的从天、从人的本质来证明人性的新路径："性即是理"（《河南程氏遗书》卷十八），"心即性也。在天为命，在人为性，论其所主为心，其实只是一个道"（《河南程氏遗书》卷十八），"性与天道一也"（《河南程氏经说》卷八）。性是理（天道），是理之在人者，因此，自性而行便是自理而行。而"自性而行皆善也，圣人因其善也，则为仁义礼智信以名之"(《河南程氏遗书》卷二十五，程颐语），说明理指向善，理之在人（性）则为五德。在此，孟子"性是仁，故性善"变为程氏"性善，故性是仁义礼智信五德"。

"性即理"解答了性善缘由。面对"恶"，二程以"性即气"作答："性即气，气即性，生之谓也。人生气禀，理有善恶，然不是性中元有此两物相对而生也。有自幼而善，有自幼而恶，是气禀有然也。善固性也，然恶亦不可不谓之性也。"（《河南程氏遗书》卷一）理→性（德）、气→性（生）为人性善恶提供本体依据，这是张载人性论的继续，孟、荀人性论的进一步贯通。尤其是"恶亦不可不谓之性"，纳"恶"入性，并正视它的客观存在，比张载"气质之性，君子有弗性者焉"更理智、更合理，虽然程颐、程颢局限于"性固善"的论调，对"目则欲色，耳则欲声"，"鼻则欲香，口则欲味，体则欲安"（《河南程氏遗书》卷二十五）等一味排斥，直至以"损人欲以复天理"（《周易程氏传》卷三）告终。

4. 二程提出的气构造物、理为物本理论解决了世界的构成、世界的统一性问题，也留下了理气关系，以及基于此而出现的理气在物中的地位、由理气决定的善恶在人性中的位置等诸多问题。朱熹哲学应运而生。

"自下推而上去，五行只是二气，二气又只是一理；自上推而下来，只是此一个理，万物分之以为体。（《朱子语类》卷九十四）朱熹首先从万物的现存考索万物之

本，从形下之气抽取形上之理。针对时人囿于生成论而追问理气先后，他一再强调"理与气本无先后之可言"（《朱子语类》卷一），不得已，依旧从"本体"言先后："以本体言之，则有是理，然后有是气。"（《孟子或问》卷三）继而，朱熹由理本气末论理气于物的意义、理气构成物的方式："理也者，形而上之道也，生物之本也；气也者，形而下之器也，生物之具也。"（《朱文公文集》卷五十八）具体则是：理在物（包括人）为性，气在物（包括人）为形，物乃形、性合一的存在："人物之生，同得天地之理以为性，同得天地之气以为形。"（《孟子集注·离娄下》）至于人物不同者，"独人于其间得形气之正，而能有以全其性，为少异耳。虽曰少异，然人物之所以分，实在于此"（《孟子集注·离娄下》）。在此，朱熹消弭了二程"人之所以为人者，以有天理也。天理之不存，则与禽兽何异矣"（《河南程氏粹言》卷二）与"万物皆只是一个天理"（《河南程氏遗书》卷二上），"万物皆有性，此五常性也"（《河南程氏遗书》卷九）的冲突，用形气之正和性之全别人物、分同异。

朱熹由理气而人物的天→人构造，论证了性的由来：理→性，解除了孟子性善的困惑。其之所以能如此，是因为"礼即理也"，"其张之为三纲，其纪之为五常"（《朱文公文集》卷七十）；"三纲之要，五常之本，人伦天理之至"（《朱文公文集》卷十三）。这与张、程天→人之前的人→天预设，一脉相承。接下来，朱熹又以天→人模式解释了告子发端、荀子详论之性："性者，人之所得于天之理也：生者，人之所得于天之气也。性，形而上者也；气，形而下者也。人物之生，莫不有是性，亦莫不有是气。然以气言之，则知觉运动，人与物若不异也；以理言之，则仁义礼智之禀，岂物之所得而全哉？此人之性所以无不善，而为万物之灵也……知觉运动之蠢然者，人与物同……仁义礼智之粹然者，人与物异也。"（《孟子集注·告子上》）朱熹认为孟子以仁义礼智为内涵的性才是性，告子、荀子的"生之谓性"之性是"生"，不是性，"生"的根据在于气：气→生。

从气的高度否定人性中的"生"，这是朱熹的高明之处。可是，"恶"从哪里来？朱熹不得不摇摆于二程的"气禀"与张载的"气质之性"之间：（1）"人之性皆善，然而有生下来善底，有生下来便恶底，此是气禀不同。且如天地之运，万端而无穷，其可见者，日月清明，气候和正之时，人生而禀此气，则为清明浑厚之气，须做个好人；若是日月昏暗，寒暑反常，皆是天地之戾气，人若禀此气，则为不好底人何疑。"（《朱子语类》卷四）为此，要除却气禀之害，必须"要力去用功克治，裁其胜而归于中乃可"（《朱子语类》卷四）。（2）"天地之所以生物者，理也；其生物者，气与质也。人物得是气质以成形，而其理之在是者则谓之性。然所谓气质者，有偏正、纯驳、昏明、厚薄之不齐，故性之在是者，其为品亦不一，所谓气质之性者也……然其本然之理，则纯粹至善而已，所谓天

地之性者也。"（《近思录集注》卷二）为此，人须变化气质，方可复其性。不过，朱熹对张载气质之性还是有所修正：张载由气而论气质之性（气→气质之性），朱熹由理气而论气质之性（理气→气质之性）："论天地之性，则专指理言；论气质之性，则以理与气杂而言之。"（《朱子语类》卷四）这，指出了气质之性可善可恶、善恶相混的根源。

5.程朱之理过分强调外在力量对人的俯视、操纵和决定，忽视了属人的心、德（仁），抑制了人的主体性的发挥，与荀子之礼相似。陆九渊继续理的至上性及本体性："塞宇宙一理耳，学者之所以学，欲明此理耳。此理之大，岂有限量。"（《象山集》卷十二）其沿袭人生气禀论，"人生天地之间，禀阴阳之和，抱五行之秀，其为贵孰得而加焉"（《象山集》卷三十），企图纠程朱之偏。

陆九渊认为理出于礼（仁），仁（礼）出于心，心、仁、理同一："仁，即此心也，此理也"（《象山集》卷一）；心、理不二："盖心，一心也；理，一理也。至当归一，精义无二，此心此理，实不容有二（《象山集》卷一）。既然心、理是一，则心之所发便是理："万物森然于方寸之间，满心而发，充塞宇宙，无非此理"（《象山集》卷三十四）；理之所在便是心："宇宙便是吾心，吾心即是宇宙"（《象山集》卷二十二）。心的这种直接本体化（不再以理的形式出现），致使人心灵化："天之所以与我者"是"此心"，人之所以异于禽兽者是"此心"（《象山集》

卷十一）。而此种心灵化的思路：心（本体之心）→心（个体的存在本质），恰恰又是孟子"人，心也"的表达的确认和证实。

由于心框定人，陆九渊必然得出"人性本善"（《象山集》卷三十四）的性善结论。固守性善以考察人之不善，不善便是"迁于物"（《象山集》卷三十四）、沉湎于欲的缘故，弃恶从善便是要"明此理"（《象山集》卷十四），"保吾心之良"（《象山集》卷三十二），去欲。以上，都是明显地回归孟子。

从上述分析可知，宋代理学通过由人而天实现了仁（礼）向理的飞跃，构建了道德化的本原论、本体论；又经过由天而人的下落，沟通性与天道（理），确证人性、人本。其中，由理而性（理→性）的性、理统一，扬弃孟子的心性（心、性处于同一层次）同一和荀子的性礼（性、礼处于同一层次）对峙；由理本气末、理气相依下的人的形（气）性（理）合一，推论人性的心（理→性）生（气→生）两面，尤为精彩。这些，是对先秦仁学伦理本位传统的继承，也是对孔、孟、荀形而上学缺憾的消解。儒学形上学的最终建立，则又标志着儒学走向成熟形态。

宋代理学筑建了儒家完善的形上、形下体系，它的成功是主要的，细枝末节上的失误、偏颇是次要的。正因为如此，明代王阳明从陆学着手调和朱、陆，其学说仍被称为理学；清代王夫之、戴震等从《经》《书》出发，谴责、

补救理学，仍不出理学界域。但理学的完满无缺，又带来了它自身料想不到的最大遗憾：一种学说的稚嫩、不足，是它的存在的危机所在，也是它的发展的机遇所在；学术的进展永远都是旧的缺憾的消失和新的缺憾不断产生的过程，任何思想只要发育成熟，便因缺乏进一步发展的内外动力而走向衰亡，儒学也不例外。理学之后，儒学在其后几百年间一直处于停滞状态，统治者的扶持只能使之获得政治上的繁荣，即使没有新文化运动及后来的五四运动，儒学的衰落也是必然的。从某种深层的意义上，我们甚至可以说，正是儒学的"垂垂老矣"，导致新文化、新思潮的诞生。

（原载《江淮论坛》1997年第2期，与孙以楷老师合撰，有改动）

先秦道家和儒家的道德发生学说

一般地说，道家文化属非伦理型的，儒家文化是伦理型的，它们分别以道、仁（礼）为核心和价值源头。究其因，在于道家和儒家创立时依据的道德发生论是根本不同的。

一

夏、商、周三代以天为宗，殷周之际的"敬德保民""以德配天"，始对统治者提出道德要求。首先探究道德来源的，则是春秋末期道家创始人老子。

老子"道生一，一生二，二生三，三生万物"（《老子·四十二章》），"道生之，德畜之，物形之，势成之，是以万物莫不尊道而贵德"（《老子·五十一章》），确立道的本原意味和至上地位。以道观人，老子肯定人作为社会主体相对于道之所生的自然万物具有优越性，人与地、天、道同为宇宙间"四大"，又指出人并非独立存在，不能支配和主宰自己，依附于地、天、道："道大，天大，地大，王亦大。域中有四大，而王居其一焉。人法地，地法天，天法道。"（《老子·二十五章》）而"道法自然"（《老子·二十五章》）的自然特质以及"天地相合，以降甘露"（《老子·三十二章》）的自然功能表明道和天地的非道德属性，效法地、天、道的人在本来意义上因之便是无仁无义的自然存在。老子所谓"天地不仁，以万物为刍狗；圣人不仁，以百姓为刍狗"（《老子·五章》），就是此种证明的典型形式。

仁义等伦理规范既不源于道及取法于道的天地，又不本于人自身。老子"上德无为而无以为……上仁为之而无以为，上义为之而有以为，上礼为之而莫之应，则攘臂而扔之。故失道而后德，失德而后仁，失仁而后义，失义而后礼。夫礼者，忠信之薄而乱之首"（《老子·三十八章》），"大道废，有仁义"（《老子·十八章》），阐明道、德（得于道者）丧失的过程就是仁、义、礼产生的过程，仁、义、礼发生于道毁德灭，并且仁、义、礼的发生有逻辑先后。因为以道为准，三者渐次而下，距离道之"无为"基质愈来愈远。

仁义的发生、存在悖道离德，老子"绝仁弃义"（《老子·十九章》），就不仅仅是否定仁义存在的社会和现实职能的价值判断，而且还是否定仁义发生意义的知识判断。

庄子论道与老子无别。它"有情有信，无为无形"；"自本自根，未有天地，自古以固存；神鬼神帝，生天生地"；"万物而不为义，泽及万世而不为仁"（《庄子·大宗师》），是天地宗、万物源，无仁义德性，更非仁义源头。这里，道不仁不义是对孔子由天道而仁的致思意念的自觉批判。由道生天地万物，庄子论人曰"道与之貌，天与之形"（《庄子·德充符》），"夫大块载我以形，劳我以生，佚我以老，息我以死"（《庄子·大宗师》），明确人之本在道，道决定人，而且以鱼、水喻人、道关系及人的自由："鱼相造乎水，人相造乎道。相造乎水者，穿池而养给；相造乎道者，无事而生定"（《庄子·大宗师》），以道诠性，归人性之根本于道，堵塞了孔子从人性角度证明仁之由来的企图。这样，在庄子看来，人生的意义和目的便是追求万物和人类、自然和社会共同本原的"闻道""得道"，不再是孔子的"求仁"（孔子有语"求仁而得仁，又何怨"，见《论语·述而》）。"闻道"的"外天下""外物""外生""朝彻"而后"见独"（《庄子·大宗师》），"得道"的"忘仁义""忘礼乐"而后"坐忘"（《庄子·大宗师》），就是由外而内，去除人之外的、不属于人的、非本质的东西，包括仁义礼智之类道德范畴。"得道"和"闻道"的状态、境界——逍遥，因此而超越"世俗之礼"（《庄子·大宗师》）的障碍。

道与人性不是仁义等的发生地，且人、仁（礼）相分。庄子"道隐于小成，言隐于荣华，故有儒墨之是

非……是非之彰也，道之所以亏也。道之所以亏，爱之所以成"（《庄子·齐物论》），阐释伦理道德之所从来：仁义发生于"成心"（《庄子·齐物论》），即主观一己之见，根源于道的亏毁。

仁义是道被"成心"蒙蔽而损坏的产物，庄子遂有"自我观之，仁义之端，是非之涂，樊然淆乱，吾恶能知其辩"（《庄子·齐物论》）之语，抨击仁义、是非的客观真理性，并以"大仁不仁"（《庄子·齐物论》）与老子"绝仁弃义"相对应。

庄子后学"道者，万物之所由也"（《庄子·渔父》），"夫道，覆载万物者也，洋洋乎大哉"（《庄子·天地》），承继老庄道本原论。道的本原位置，逻辑地确认道对于自然和人事的至上性。"庶物失之者死，得之者生。为事逆之则败，顺之则成。"（《庄子·渔父》）"苟得于道，无自而不可；失焉者，无自而可。"（《庄子·天运》）"道之所在，圣人尊之。"（《庄子·渔父》）庄子后学以上诸语，意在说明道是物之生死、事之成败的关键，是常人立身行事和圣人治理天下的唯一准则、最后标准。

道为安身立命之本、经营天下之纲，"乘道德而浮游"（《庄子·山木》）则为人生的理想境界，违道逆德（得于道者）的仁义便成为为人和治世的祸害源泉："夫至德之世，同与禽兽居，族与万物并。恶乎知君子小人哉！同乎无知，其德不离；同乎无欲，是为素朴。素朴而民性得矣。及至圣人，蹩躠为仁，踶跂为义，而天下始疑矣。澶漫为乐，摘僻为礼，而天下始分矣……道德不废，安取仁义；性情不离，安用礼乐。”“夫赫胥氏之时，民居不知所为，行不知所之，含哺而熙，鼓腹而游。民能以此矣！及至圣人。屈折礼乐以匡天下之形，县跂仁义以慰天下之心，而民乃始踶跂好知，争归于利，不可止也。此亦圣人之过也。”“毁道德以为仁义，圣人之过也。”（《庄子·马蹄》）此谓仁义礼乐蛊惑天下，扰乱民心，致使社会倒退，民人好智逐利。同时，也谓人性得乎道，素朴、自然；仁义礼乐生于圣人作为，源于道、德崩毁和性、情（发乎性者）分离。这里，庄子后学立足道、性批驳儒家伦理，也是对孔子从“性与天道”（《论语·公冶长》）角度论证仁义的发生必然性观点的直接回击。

　　针对孟子、荀子继续孔子之“性”，用人性确证仁义礼智等发生的客观必然性、合理性，庄子后学以人性自然否定人性的仁义（孟子）和生理欲望、感官功能（荀子）等内涵，特别是仁义内涵：“属其性乎仁义者……非吾所谓臧也”，“属其性于五味……非吾所谓臧也”，“属其性乎五声……非吾所谓聪也”，“属其性乎五色……非吾所谓明也”。“吾所谓臧，非仁义之谓也，臧于其德而已矣；吾所谓臧者，非所谓仁义之谓也，任其性命之情而已矣”（《庄子·骈拇》）。并且，视仁义若悖逆人性的“骈拇枝指”（《庄子·骈拇》）。同庄子“大仁不仁”（《庄子·齐物论》）相呼应，庄子后学“至仁无亲”（《庄

子·天运》），抽去仁的"亲亲"原则（《孟子·尽心上》："亲亲，仁也"），定仁义为物我两忘的得道境界。

不过，庄子后学与老庄相比，虽云"孝悌仁义，忠信贞廉，此皆自勉以役其德者也，不足多也"（《庄子·天运》），批评道德伦理拖累德性；又曰"仁义，先王之蘧庐也，止可以一宿而不可久处。觏而多责。古之至人，假道于仁，托宿于义，以游逍遥之虚"（《庄子·天运》），承认仁义作为先王治政、至人逍遥的途径或手段的相对价值。这反映了庄子后学本老庄之道折中儒、道的倾向。

二

孔子崇仁，仁是至高之德，亦是诸德之和。例如，孔子曾言仁包括"恭、宽、信、敏、惠"（《论语·阳货》）。在仁学体系里，孔子提出"君子去仁，恶乎成名"（《论语·里仁》），用仁规定君子，以君子为仁的化身；"志士仁人，无求生以害仁，有杀身以成仁"（《论语·卫灵公》），追求和实践生命的道德价值，视"成仁"为超脱生命本身的价值选择。但孔子"吾未见好德如好色者也"（《论语·子罕》）的慨叹，清楚地昭示了德外色内，仁、人为二的缺憾。此外，老子从道的高度批驳仁义存在的可能性和现实性。这些迫使孔子不得不为仁的发生找寻根据或理由。

孔子弟子有子似乎猜测仁产生于孝悌："本立而道生。

孝弟也者，其为仁之本与？"（《论语·学而》）其实，有子之语仅仅揭明孔子之道是仁，仁之根基是孝悌。因为孝悌为具体之德，孝悌自身含蕴于仁，孝悌存在的可能性、必然性同样需要证明，且依赖于仁方可得到确认。事实上，孔子"性与天道"（《论语·公冶长》）的构思，分别从人之内（性）、人之上（天道）两条路径探本求源，应是真正探索仁义发端处的尝试。这里，由天道出发探求仁，显然受老子以道批仁模式的影响。可惜，孔子"性相近也，习相远也"（《论语·阳货》）的论断，未能实现人性与仁的联结；"天何言哉？四时行焉，百物生焉，天何言哉"（《论语·阳货》）的疑问凸显自然化天的倾向，推演不出道德范畴的仁。最后，孔子被迫沿袭传统，把道德发生权力交予神学之天："天生德于予"（《论语·述而》）。子贡因此亦称"固天纵之（孔子）将圣"（《论语·子罕》）。

孟子所愿是"学孔子"（《孟子·公孙丑上》）。孟子把孔子"无求生以害仁，有杀身以成仁"（《论语·卫灵公》）的价值选择转换为"舍生而取义"（《孟子·告子上》）的价值追求，把君子的本质仁定义为人的普遍本质："仁也者，人也。"（《孟子·尽心下》）沿着孔子指定的人性方向，孟子力论仁义与人的内在联系。

孟子首先将规范人的外在行为的道德，内化为人性的基本内容，断言人性不是人与禽兽同的关于味、色、声、嗅、安佚等的感官欲望，而是标志"人之所以异于禽兽

者"（《孟子·离娄下》），即仁义礼智。然后，依据人性的道德构成，人性的发挥相对于人我关系就是道德实践，判定人性善，并以水作证："人性之善也，犹水之就下也。人无有不善，水无有不下。"（《孟子·告子上》）但是，告子"生之谓性"，"食色，性也"，断定人性为与生俱来的生理现象，根据顺性而行相对于自我需求的满足无道德色彩，推论人性无善无恶，亦以水作证："性犹湍水也。决诸东方则东流，决诸西方则西流。人性之无分于善不善也，犹水之无分于东西也。"（《孟子·告子上》）

面对告子的攻击，孟子走向人之至深处。一方面，孟子"人之所不学而能者，其良能也；所不虑而知者，其良知也。孩提之童，无不知爱其亲者，及其长也，无不知敬其兄也。亲亲，仁也；敬长，义也。无他，达之天下也"（《孟子·尽心上》），无视外在环境和后天教育，归人性中的仁义于先天固有的良知良能：不学不虑，由良知良能自然流淌出仁义。另一方面，孟子主张"仁义礼智根于心"（《孟子·尽心上》），修正孔子"回也，其心三月不违仁，其余则日月至焉而已矣"（《论语·雍也》）所暴露的心、仁分离窘境，安置仁义礼智于心。至于仁义礼智发育于心的缘由，孟子用仁构成"一心"（《孟子·告子上》："仁，人心也"），"四德"或"四端"组成"四心"（《孟子·告子上》："恻隐之心，仁也；羞恶之心，义也；恭敬之心，礼也；是非之心，智也。"《孟子·公孙丑上》："恻隐之心，仁之端也；羞恶之心，义之端也；辞让之心，礼之端也；是非之心，智之端也"）作解。此处，认知之心（《孟子·告子上》："心之官则思"）被诠释为道德心。孟子又以"四心"，"人皆有之"（《告子上》），人有"四端"，"犹其有四体"（《公孙丑上》），说明道德之心客观存在，无须任何主客观理由支持。他甚至举例说："所以谓人皆有不忍人之心者，今人乍见孺子将入于井，皆有怵惕恻隐之心。非所以内交于孺子之父母也，非所以要誉于乡党朋友也，非恶其声而然也。"（《孟子·公孙丑上》）

既已证明人性的道德内涵内在于人："仁义礼智非由外铄我也，我固有之也"（《孟子·告子上》），孟子求仁求义就不再是孔子向外的学、思："博学而笃志，切问而近思，仁在其中矣"（《论语·子张》），而是向内的"求其放心"（《孟子·告子上》）和"寡欲"以"养心"（《孟子·尽心下》）。

另外，孔子"天何言哉？四时行焉，百物生焉"（《论语·阳货》）对天道自然的认同，未与老子"道法自然"（《老子·二十五章》）划清界限，制约了孟子接续孔子由天道考究仁的构想。孟子"夫仁，天之尊爵也"（《孟子·公孙丑上》），"仁义忠信……此天爵也"（《孟子·告子上》），承接孔子"天生德于予"（《论语·述而》），不但未能从天道推导仁，反而依靠尽心、尽性来知天："尽其心者，知其性也。知其性，则知天矣。"（《孟子·尽心上》）此种由心性而天的路向与孔子

由天道而仁的设想正好相反。

孔孟之道乃人道，人道内容乃伦理道德。荀子继承孔孟曰："道者，非天之道，非地之道，人之所以道也，君子之所道也"（《荀子·儒效》）；"道也者何也？曰礼让忠信是也"（《荀子·强国》）。孔子仁学意在复礼，"克己复礼为仁"（《论语·颜渊》）标明人道核心名仁实礼，荀子遂言礼论礼，力证礼之发生。

接受老庄天道自然理念和孔子自然化天趋向，荀子《天论》自觉证明"天行有常""天人之分"，断绝天人沟通，取消天与道德伦理的源流关系，要求人们立足人事，"不求知天"，从人类的客观进程探讨礼义由来。这样，荀子在孔子"性与天道"之间舍弃天道，择取"性"。

孔子杀身成仁的价值取向，孟子"仁也者，人也"（《孟子·尽心下》）的道德定位，荀子发展为："人之所以为人者，非特以二足而无毛也，以其有辩也……辨莫大于分，分莫大于礼"（《荀子·非相》）；"人有气有生有知亦且有义，故最为天下贵也"（《荀子·王制》）。但荀子洞悉孔子"吾未见好德如好色者也"，"回也其心三月不违仁"等语所透露的道德的后天性、外在性，区分人的本质与人性，认为人的本质表明人物之别，人性表达人与禽兽之同；人性是"不事而自然"，"生之所以然者"（《荀子·正名》），具体内容为生理欲求及感官功能："饥而欲食，寒而欲暖，劳而欲息，好利而恶害……目辨白黑美恶，耳辨音声清浊，口辨酸咸甘苦，鼻辨芬芳腥燥，骨体肤理辨寒暑疾养"（《荀子·荣辱》）。因人性的满足造成"争夺生""残贼生""淫乱生"（《荀子·性恶》），危害他人、祸乱社会，"从人之性，顺人之情，必出于争夺，合于犯分乱理而归于暴"（《荀子·性恶》），荀子从人与我、自我与社会的角度判定性恶。

奠基于性恶论，荀子导出礼义等道德："古者圣王以人之性恶，以为偏险而不正，悖乱而不治，是以为之起礼义，制法度，以矫饰人之情性而正之，以扰化人之情性而导之也，始皆出于治合于道者也"；"圣人积思虑，习伪故，以生礼义而起法度"；"圣人化性而起伪，伪起于性而生礼义"（《荀子·性恶》）。此言礼义发生于圣王、圣人，是圣王和圣人顺应社会需要，思虑、化性所为。所谓"礼莫大于圣王"（《荀子·非相》）正谓此。它揭示了道德产生的客观必然性和存在的社会现实性。虽然荀子的上述推求难免留有遗憾：礼义未生，何来圣王和圣人？圣王、圣人与众人同为性恶，何能"化性起伪"？

明了道德是后天的，外在于人的规范，荀子"劝学"承接孔子之"学"，强调"学不可以已"，"学至乎礼"（《荀子·劝学》），而且从认识角度、从主客体两方面证明"学"的可能性："仁义法正有可知可能之理，然而涂之人也，皆有可以知仁义法正之质，皆有可以能仁义法正之具。"（《荀子·性恶》）

三

由上可知，道家之道是形而上的本原之道、自然之道，儒家之道是形而下的人道、仁（礼）道；道家坚持道德发生于道的失落，仁义礼等违逆人性、破坏人的本质，儒家主张道德发生于人性或圣人、圣王，是人的本质。为此，道家以道批判仁义的功用，儒家以人性证明仁义礼智发生的必然性。

然而，在道家和儒家的道德发生学说中，又有相互吸纳对方的一面。老子从本原高度否定道德的道→仁义范式，孔子企图将其改造为从哲学高度论证仁的天道→仁模式；孔孟之天是传统的神学之天、道德之天（孔子有自然化天的成分），荀子和道家之天则是自然之天；儒家用人性说明仁义礼智，庄子及其后学用人性对抗仁义；庄子及其后学理解的人性是自然，孟子理解的人性是道德，荀子理解的人性是生理现象和感官机能，但他们都规定人性的先天性、不变性；孟子的仁义礼智出自心性，先天而内在于人，道家和孔、荀的仁、礼源自社会发展，是后天而外于人的；荀子的人性与人的本质相对立，庄子及其后学和孟子的人性与人的本质相统一，前者统一于道，后者统一于儒家道德；孔、荀之"学"向外求索，但老子"为道日损"（《老子·四十八章》）、庄子忘仁义礼乐等均是剥除人之外的东西，同孟子"养心"保持人之固有的东西相一致；老庄完全否定仁义，庄子后学肯定仁义的相对意义。

先秦道家和儒家的这种彼此对立又互相吸收，对秦汉以降的文化发展影响至深。

（原载《中国哲学史》1998年第3期，有改动）

先秦道家和儒家的道德发生学说

法律产生于原始社会向奴隶社会过渡的时期。作为政治统治的工具，法律是一把双刃剑，有其正反两方面的实施效果。因此，肯定乃至推崇法治，仅仅从法律价值的角度予以证明是不够的，必须予以本原说明，因为反对者也可以从其"负价值"批判之。在礼乐文化非常发达的三代，礼治是治国的根本模式，法律依从于礼而未能引起时人注意。但随着礼乐崩毁于春秋末期，法律从礼乐中分化、独立出来并占据主导地位，其正负面影响愈来愈明显而渐为世人瞩目，从而进入哲人的视野。在此情形下，对法律发生的哲学诠释成为先秦诸子哲思的重点之一。

在先秦诸子中，法家自始至终高举法治旗帜，墨家尚天志也重视法的社会功用，道家和儒家对于法律则有一个从排斥到肯定的曲折过程。明晰以上基本事实，我们可以进一步清楚地看到法家和墨家人物对于法律起源有着自觉的探讨，道家和儒家人物在承认法律存在的合理性之时才开始思索法律的根由。具体说来，先秦诸子分别从天（道、天）、人（性、欲）两个向度论述法律成因，其法律发生学说可分为道生法、法源于性、法取于天、法本于欲等。在法律生成过程中，圣人被赋予特别的使命。

一、道家：道生法

道家反对传统的礼治和继之而起的德治理论，对于法律的态度却前后有别。老子视礼为"乱之首"（《老子·三十八章》），揭露仁义和法律的社会危害，指出仁义与礼的产生源于自然之道的丧失，未深思法律之源。但由老子的"大道废，有仁义"（《老子·十八章》）等，似可类推出道丧法生的结论。

战国以来，随着道家（庄子是例外）对法的肯定，老子从道的至上高度审视和批判仁义礼法，指斥仁义礼法发生的不合理性的运思范式，却启示了道家后学关于法律的形上追问，并被其创造性地转变为道生法。

庄子批评"赏罚利害，五刑之辟"是"教之末"；"礼法度数，形名比详"是"治之末"（《庄子·天道》）。不同于老子直接从本原角度探讨道德和礼义的根源，庄子试图从历史角度，通过追溯人类原初状态来审视德治和法治。他认为原始社会并不是强凌弱、智诈愚，人如禽兽状的野蛮社会，而是大道流行完美无缺的至德之世。"至德之世，同与禽兽居，族与万物并"（《庄子·马蹄》），

"耕而食，织而衣，无有相害之心"（《庄子·盗跖》），人与禽兽、人类与自然混沌一体，民众无知无欲，质朴纯真，德性俱足，社会作为与自然界无所分割的自然界的一部分而融入无限的自然之中。一旦至德之世遭到破坏、大道被废弃，仁义礼法等才滋生并反过来进一步摧残道德（得于道者）性情（道和德在人身上的体现）。这里，庄子从历史的深处考察法律来源，又将其提升到道的高度。

至于中国历史上法律生成的确切时代，庄子定之为大禹统治时期。他借伯成子高之口曰："昔尧治天下，不赏而民劝，不罚而民畏。今子赏罚而民且不仁，德自此衰，刑自此立，后世之乱自此始矣。"（《庄子·天地》）

《黄帝四经》定义法律为是非得失曲直之标准，明确指出法律生发的形上根据是本原之道，即"道生法"（《经法·道法》）。既然法生于道，道之于天下万物居于绝对主宰地位，法律便拥有相应的权威性而不可侵犯，即便社会政治领域中的最高统治者"执道者"亦不可触犯或废弃法律，即超越法律之上。"道生法。法者，引得失以绳，而明曲直者也。故执道者生法而弗敢犯也，法立而弗敢废也"（《经法·道法》），表明了这一思路。同时又表明现实的具体的法律条文的制定者是执道者，即道家理想中的圣人。道生法和圣人制法，从理论与现实、形上与形下两面阐明了法律的发生。基于道家的学术立场，《黄帝四经》在德刑之间扬道抑刑："先德后刑，顺于天"（《十六经·观》），此与《管子》的"先德后刑，顺于天"(《管子·势》) 貌似一致，实则有异：前者之德是道家之德、是得于道者，后者之德是伦理之德。稷下道家道、德、义、礼、法连谓，从道的维度界定德义礼法，以此拉近道德与义礼法的关系，使后者内在于道，为道生法的构想提供了前提条件。

《管子·心术上》曰："虚无无形谓之道，化育万物谓之德，君臣父子人间之事谓之义，登降揖让、贵贱有等、亲疏之体谓之礼；简物、小大一道，杀僇禁诛谓之法。"以德、义、礼、法为道在社会诸方面、各层次的显现，最后得出"法出乎权，权出乎道"的结论，完成法律起源的哲学建构。

鹖冠子把法自然化为"四时之正"(《鹖冠子·度万》)，绝对化为"天地之正器"(《鹖冠子·泰鸿》)，然后定义法为"守一道，制万物者"(《鹖冠子·度万》)，使法依附于道而具有道的特征和功能。道法相似，意味着二者存在着某种内在联系；法遵循道，意味着这种内在关联在本质上犹如母子相连，所以，鹖冠子说"道生法"(《鹖冠子·兵政》)。至于法律的制定者，则是"究道之情，唯道之法，公政以明"(《鹖冠子·环流》)的圣人，这类圣人以求道从道为己任，可谓道的化身。

道家的道丧法生与道生法的思维，从道的高度看待法律，其意不仅在于揭示道法关系，更在于揭开法的形上秘密。老庄大道丧、法律生的致思方式，否定法律出现的哲学根据，隐含道的法律功能以及以道代替法的企图；《黄

帝四经》、稷下道家和鹖冠子道生法的思考向度，把法律的最后根据归结为道，都有以自然为法的趋势。

二、儒家：法源于性

儒家提倡德治、礼治，拒斥法治，然又承认法律的有限价值，并在礼（德）治中容纳法，给予法律以相对地位。孔子崇尚三代之礼，因礼的失落而强调以克己复礼为终极目标的道德自觉，其"为国以礼"（《论语·先进》）的礼治主张，"为政以德"（《论语·为政》）的德治要求，尝试道德教化与礼制规范相统一的德礼兼治，为传统礼治输入新鲜血液，这就是所谓"道之以德，齐之以礼"（《论语·论语·为政》）。立足于道德礼乐的立场，孔子从礼治和法治的客观效果出发，通过比较二者的优劣长短来批评以"道之以政，齐之以刑"（《论语·为政》）为标志的法治。同时，孔子出于正名的政治需求，提出"礼乐不兴则刑罚不中，刑罚不中则民无所措手足"（《论语·子路》），揭示法律在礼治中的辅助作用。由于孔子执着于以德复礼，轻视法律，其"天生德于予"（《论语·述而》）探究的仅是道德伦理的形上之源，虽然此形上之源属神学式的简单认定。孔子之后，儒家继续探索德之源并兼及礼之由来。

从《郭店楚墓竹简》可以看出，儒家以仁义礼智圣为五行，一方面提出"仁生于人"（《郭店楚墓竹简·语丛一》），从人之内挖掘道德源泉；另一方面提出"义生于道"（《郭店楚墓竹简·语丛一》），从人之外、之上追寻道德的本原。此外，儒家还从人性之维寻求礼之所从出，并且在这种求索中经由命的中介作用连接天、性，沟通天人。《郭店楚墓竹简·语丛二》曰"情生于性，礼生于情"，《郭店楚墓竹简·性自命出》曰"性自命出，命自天降"，推演出礼发端于情，根源于天。孔子和郭店楚墓中儒家竹简的作者的上述思想启发了后世学者从天（道）和人性两个方向，尤其是人性方向，深入研究道德和法律之源。孟子和荀子就是用各具特色的人性论破解出道德与礼法之谜。

孟子热衷于宣扬"施仁政于民，省刑罚"（《孟子·梁惠王上》）。在哲学上，其关注的重心依然是道德学说的建构。孟子把政治之礼转化为道德之礼，把德规定为人之为人的本质所在，即人之所以异于禽兽者，且设定仁义礼智为人性内涵来证明之。郭店楚墓中儒家竹简的作者认为情与欲、爱与恶、智与虑以及礼等，或生于性或源于性（参见《郭店楚墓竹简·语丛二》），性的发用体现为道德和感情、理智和欲望等，孟子由此取德为性，断绝性欲相连，将口之于味、目之于色、耳之于声、鼻之于嗅、四肢之于安佚之类属于性的成分归结为命，将仁、义、礼、智之属取决于命的东西纳入性的领域，所谓"口之于味也，目之于色也，耳之于声也，鼻之于臭也，四肢之于安佚也：性也，有命焉，君子不谓性也。仁之于父子也，义之

于君臣也，礼之于宾主也，知之于贤者也，圣人之于天道也：命也，有性焉，君子不谓命也"（《孟子·尽心下》），就是此意。此与告子、荀子的取舍恰好相反。进一步，孟子把心灵二重化为理性之心和德性之心，既以仁义礼智四德为心灵本质，又以心灵为四德存在和发生处。"仁义礼智根于心"（《孟子·尽心上》），此之谓也。

这样，道德之于人便有了心性基础和内在依托。为了神化德性，孟子还刻意沟通天人，提升人之仁为"天之尊爵"（《孟子·公孙丑上》），由尽心导出知性知天。孟子的人性理论激发了荀子关于礼、法的人性根由的致思。

荀子遵循孔子"复礼"主张，标榜礼治，称颂礼是治之始和国之命，致力于礼之本的追究。由于荀子之礼更多地包容法，其礼治理论确认了法律的独特地位，强调隆礼与重法并行，甚至说"治之经，礼与刑"（《荀子·成相》），"非礼"即是"无法"（《荀子·修身》）。因此，其在穷究礼的由来时，必然亦反思法律形成的秘密。有别于在其之前的儒家的溯德情智虑于天的思路，荀子受"有天有人，天人有分。察天人之分，而知所行矣"（《郭店楚墓竹简·穷达以时》）等天人相分言论的洗礼、浸淫，明确指出天乃自然，天人两分，人事在人，礼法非自天降，阻断天礼、天法交通之路。

由此，荀子沿袭儒家的另一思维路径——究德情智虑于性，将法律起源归入人性学说，从人性之恶导出法律的发生。荀子把郭店楚墓竹简中"情生于性""欲生于性"

（《郭店楚墓竹简·语丛二》）的观点向前推进一步，认为人性在本质上就是情欲，"情者，性之质也；欲者，情之应也"（《荀子·正名》），其具体内容为感官功能及生理欲望。无所节制任性而为的结果便是"争夺""残贼""淫乱"（《荀子·性恶》）的滋生，以及辞让、忠信等的丧灭，所以，人性本恶。既然人性之恶招致社会灾难，内在的道德规范不但无力约束和阻止之，反而被其肆意践踏，外在的、超越个人之上的强制性力量必然以制度、规章等形式出现，以协调各阶层利益，维护各类固有的等级秩序，确保社会的正常发展。这种强制性力量就是礼义法度。

《荀子·性恶》曰"古者圣王以人之性恶，以为偏险而不正，悖乱而不治，是以为之起礼义，制法度，以矫饰人之情性而正之，以扰化人之情性而导之也，始皆出于治合于道者也"，说明法律制度和礼义产生于性恶，人性是法律的根源。当然，这里的法源于性是指人性是法律诞生的最初的原因，并不是荀子所批判的法"生于人之性"（《荀子·性恶》），即法直接降生于性之中。在礼义法度的生成过程中，荀子有意抬高了圣人的作用，以为圣人是其制作者。他反复强调"圣人积思虑，习伪故，以生礼义而起法度……圣人化性而起伪，伪起于性而生礼义，礼义生而制法度"（《荀子·性恶》），声称圣人之所以能够创制礼义法度在于他们的化性起伪、去恶从善。囿于礼学主旨与礼治目的，荀子申明礼先法后——礼义生于前，法

度生于后；法律导源于性，却直接生出于礼。

这样，儒家最终以法源于性确立了法律生成的哲学源泉，以圣人制礼作法明确了法律制定的社会主体，以"礼义生而制法度"包裹法律发生学说于礼义发生论之中，使法律产生的哲学证明失去了应有的独立性。

三、墨家：法取于天

墨学为先秦显学，然墨家仅有《墨子》一书传于世，该书基本上反映了墨子本人的哲学和政治思想。墨子贵兼、尊天、重义，也十分重视法律的政治价值。在他看来，不仅统治者治天下、治大国需要有法律和准则可依，就是普通民众也离不开法度，否则将一事无成（参见《墨子·法仪》）。基于此，墨子展开了法律发生的理论探讨。

一方面，墨子考察人类社会的形成和发展，从历史深处寻找法律的成因。他认为人类初期是一个"未有刑政"，也"无政长"（《墨子·尚同上》）的处于自然状态的社会，人们"是其义，以非人之义"（《墨子·尚同上》），没有共同的是非标准，更没有"君臣上下长幼之节，父子兄弟之礼"（《墨子·尚同中》）之类进入文明门槛的产物和象征，犹如禽兽般彼此怨恨、争夺。为了从这种野蛮的状态中摆脱出来，彻底消灭是非无辨的局面，人民渴望政治权威的适时出现，以"一同天下之义"（《墨子·尚同中》），天子、三公、国君、左右将军大夫、乡里之长等经过"选择"应运而生。天子以最高统治者的身份发政施教，发宪布令，意欲维护在上者的至上权威，"为刑政赏誉"曰"上之所是，必亦是之；上之所非，必亦非之"（《墨子·尚同中》），躬行者赏誉之，违抗者毁罚之。这里，墨子否定国家和法律的先天存在，正视了国家和阶级产生时血腥屠杀、弱肉强食的历史事实，认为法律包括刑赏两面，它产生于国家形成之时，产生于社会发展的客观需要，天子、圣王是其制定者。但是，墨子把国家和法律的产生道德化，以为天子、三公等统治者是由民众选择的"贤良、圣知、辩慧之人"（《墨子·尚同中》），法律的使命仅仅是"一同天下之义"，守护正义，无视决定其性质的经济和政治因素。

另一方面，墨子沉思法律的形上根源，从哲学高度寻求其生存的最后根据。他从法律的现实价值追问其由来，"今大者治天下，其次治大国，而无法所度，此不若百工辩也，然则奚以为治法而可"（《墨子·法仪》），又从"仁"的视角否定法律取法于父母、师长、君王之意的可能性。因为三者不具备道德品质，效法父母、师长、君王就是效法"不仁"，将使法律失却公正性和道德意味。在此情形下，墨子自问自答曰："然则奚以为治法而可？故曰：莫若法天。"（《墨子·法仪》）这表明法源自天，法律的内容取决于天意。为何"以天之志为法"（《墨子·天志下》）？墨子解释曰："天之行广而无私，其施厚而不德，其明久而不衰。"（《墨子·法仪》）天是无私、光

明、仁慈的象征，即道德的化身；天是最高贵者，天意不可违背，"顺天意者，兼相爱，交相利，必得赏；反天意者，别相恶，交相贼，必得罚"（《墨子·天志上》）。

由于法源于天，墨子从天意的角度审视法律实践，以顺天之意为"善刑政"，反天之意为"不善刑政"（《墨子·天志中》），批评丧失天意依托的法律的不合理性，有时竟直称"天志"为"明法"（参见《墨子·天志上》）。墨子上述法律本原的探讨以"奚以为治法"（《墨子·法仪》）的哲学追问开始，以归本于天的神学说明作结，这是其哲学缺乏系统的本原（或本体）论，且以天志为至上使然。

四、法家：法本于欲

法家是先秦时期唯一专门讨论法律、法治的学派，李悝、吴起、商鞅、稷下法家、韩非是其杰出代表。商鞅列法律为驾驭民众之根本和治理天下之道，希求明君圣王"垂法而治"（《商君书·壹言》），论述法律具有赏和罚两种功能，其中，刑主赏辅。关于法律的来源，商鞅溯求历史。他认为无君臣上下之分的古代，民乱而不治，圣人因之创造礼，以"列贵贱，制爵位，立名号，以别君臣上下之义"；地广人多，物产丰富，才"分五官而守之"；人民众多而产生奸邪之时，才"立法制，为度量，以禁之"（《商君书·君臣》）。这说明，法律产生于国家起源过程中，法律产生的深层原因是民众的"奸邪"，即从一己欲望出发的趋利避害的非道德行为。

具体地研究人类历史的进程，商鞅分人类进程为三个时期："亲亲而爱私"的上世、"上贤而说仁"的中世、"贵贵而尊官"的下世（参见《商君书·开塞》），认为民知其母而不知其父的上世是民生之初，其亲亲与爱私造成亲疏之别、狡诈奸险，进而激化为战争和暴乱，于是上世亡而中世立。但是，中世"民众而无制，久而相出为道，则有乱"，圣人便划定土地、财物、男女的分界，"立禁"以为制度，"立官"以执法，"立君"以支配官（参见《商君书·开塞》），于是中世亡而下世立。这说明法律产生于中世向下世过渡时期，法律产生的直接原因莫过于道德（仁、贤）自我约束的局限性，以及由此而来的对于非道德的外在规范的迫切需要；其本初原因在于人类开始时的亲亲爱私及其负面效果，即自私及贪欲；圣人是法律的制造者，国家的缔造者。

稷下法家比较德治与法治的优劣，得出"惠者，民之仇雠也；法者，民之父母也"（《管子·法法》）的结论。其探究法之始于人类之初，其上溯法之本于礼。稷下法家回顾历史发展曰"古者未有君臣上下之别，未有夫妇妃匹之合，兽处群居，以力相征"，导致智者诈愚，强者凌弱，老幼孤独不得其养，这时，智者贤人"为民兴利除害，正民之德"，所以，"道术德行，出于贤人"。人民遵从道术德行而归于正道，从而使"名物处，韪非分，则赏罚行

矣"（《管子·君臣下》）。这是说，法律产生于人民辨别名物、分清是非之后，而名物处、是非分是道术德行流行的结果，道术德行又是贤人智者所作；贤人智者之所以如此，却是为了禁止欺诈强暴；智诈愚、强凌弱的弱肉强食，出于人类如野兽般的私欲，而这种私欲正是法律发生的源头活水。法律的初衷便是通过赏罚阻击人之固有的贪欲，框定人的社会行为于规定的范围以内。

在《管子·枢言》里，稷下法家更为明确、简洁地表达法律源起的观点曰："人故相憎也，人之心悍，故为之法。法出于礼，礼出于治。治、礼，道也。万物待治礼而后定。"此谓人因物欲而彼此憎恶，心怀凶悍，法律因此而生以制止之。但法律的根据是礼，礼的根据是"治"（理论），礼和治合而为道，道为万物所遵循的规律。在此意义上，可以说法生于道。只是此道非道家之道。

韩非通过用法与用私、法治与仁治相比较，力证法治是国泰民安之根本，是国家强盛的保证，是捍卫君主权威的武器，而用私和仁治是国家衰落的根由所在。至于法律缘起，韩非亦是从人之情欲方面论证之。《韩非子·八经》曰："凡治天下，必因人情。人情者，有好恶，故赏罚可用；赏罚可用，则禁令可立而治道具矣。"《韩非子·心度》曰："夫民之性，恶劳而乐佚。佚则荒，荒则不治，不治则乱，而赏刑不行于天下者必塞。"说明人之性情即好利恶害、好逸恶劳的自然欲望，任情纵欲则乱而不治；因人情之好恶而利用之，进行赏善罚恶，则法律随之而生。

　　韩非研习《老子》，作《解老》《喻老》，于道家道论多有发明，不过，仍然限制于法家欲生法的思维，未能像道家那样将法与道在发生论意义上联系起来。这是法家哲学的政治特质所致。当然，在制定法律，也即确定法律的内容时，韩非还是提出了道统摄法、法服从道的思想："圣人为法国者，必逆于世而顺于道德。"（《韩非子·奸劫弑臣》）

五、结语

　　综上所述，道家老庄把人类初期视作最美好的大道流行的时期，以此批评道德、法律，有道丧法生的观念，而《黄帝四经》、稷下道家、鹖冠子等援法入道，遂有道生法的架构。儒家孔子、郭店楚墓儒家竹简的作者、孟子等均沟通天人、究德和礼于天，但郭店楚墓儒家竹简的作者又有天人相分思想，孟子同时从心性中找寻仁义礼智的发端，这为荀子对法律发生的探索提供了基本思路。荀子正是在分开天人的前提下，从性恶中挖掘出法律缘由。墨家重义，以仁义为法，肯定法律的价值，因而不像道家那样赞扬原始社会，反而斥之为野蛮无道，导出法律产生的必然性；又因吹胀天的力量，崇尚天志，而有法取于天的理念。法家标榜法治，把人类的开始描绘成人欲横流、混乱纷争的状态，推演出法律发生的不可避免与紧迫性。反对

法治者（庄子）"美化"原始社会，肯定法治者（墨家、法家）"丑化"原始社会，这是一个有趣而值得深思的现象。

此外，在法律的制定方面，道、儒、墨、法诸家几乎都抬出了圣人、圣王等理想人物，使其承担起创制天下大法的历史使命，从而在明确法律发生根据之后，回答了法律内容如何产生的问题。

概言之，先秦诸子的上述法律发生学说从天人两面揭露了法律产生的哲学依据。这种依据或为人之外的、决定自然和人事的天、道，即外在依据；或为人之内的、支配人的天然行为的性、欲，即内在依据。这些，为我们今天的法学理论研究，特别是法律发生学研究，提供了某些参照。

（原载《长安大学学报》（社会科学版）2006年第2期，有改动）

附

录

附录一：
冯友兰视界中的子学、经学与新子学

冯友兰在其两卷本《中国哲学史》中将中国哲学分为"子学时代"与"经学时代"，认为以人物划线，"自孔子至淮南王为子学时代，自董仲舒至康有为为经学时代"[1]；以历史划分，从春秋战国到西汉初期是子学时代，从汉武帝"独尊儒术"时期到晚清是经学时代；以哲学形态划线，上古哲学为子学时代，中古哲学为经学时代；以时间划界，上古时期的哲学为子学时代，中古与近古时期的哲学为经学时代。冯友兰之所以把中国近古时期的哲学依然列入经学时代，是因为"中国实只有上古与中古哲学，而尚无近古哲学"，"谓中国无近古哲学，非谓中国近古时代无哲学也"[2]。就是说，中国没有近古哲学，只有近古时

---

[1] 冯友兰：《中国哲学史》下册，华东师范大学出版社2000年出版，第3页。

[2] 冯友兰：《中国哲学史》下册，华东师范大学出版社2000年出版，第3页。

期的哲学，而近古时期的哲学是中古形态的，所以属于经学。

由于冯友兰在其两卷本《中国哲学史》中将中国哲学分为"子学时代"与"经学时代"，于是便有其关于"子学"与"经学"的分析，本著意在论述冯友兰关于"子学"与"经学"的思想；又由于目前学术界关于"新子学"的讨论较为热烈，本著还试图从冯友兰的角度挖掘冯友兰心中的"新子学"，以期为"新子学"的讨论增添新的内容。

一

关于子学时代之成因，冯友兰认为是由于"自春秋迄汉初，在中国历史中，为一大解放之时代。于其时政治制度，社会组织，及经济制度，皆有根本的改变"[1]。具体而言，则是"贵族政治破坏，上古之政治及社会制度起根本的变化"[2]，"世禄井田之制破，庶民解放，营私产，为富豪，此上古经济制度之一大变动也"[3]。这是说，从春秋中后期到西汉初期，中国社会发生巨变，体现为礼乐制

[1] 冯友兰：《中国哲学史》上册，华东师范大学出版社2000年出版，第19页。

[2] 冯友兰：《中国哲学史》上册，华东师范大学出版社2000年出版，第19页。

[3] 冯友兰：《中国哲学史》上册，华东师范大学出版社2000年出版，第22页。

度与礼乐文化的崩毁，宗法等级制度的破坏与君主专制制度的确立。政治上，代表宗法等级制度的贵族政治、世卿世禄制遭到破坏，固定化的等级结构、阶级结构随之荡然无存，贵族与平民乃至君与臣的"身份""地位"不仅仅取决于先天的宗法血缘，更多取决于后天的人为。经济上，与宗法等级制度、贵族政治相适应的井田制度也伴随宗法等级制度、贵族政治的瓦解而崩坏，商鞅的"废井田，开阡陌"是其典型标志。土地不再是天子的"私产"，不再"国有"，人们可以通过后天的人为"私有"之。面对"溥天之下，莫非王土；率土之滨，莫非王臣"（《诗经·小雅·北山》）的根本制度的大破坏及其造成的社会的大动荡，斯时的知识分子不得不对此作深入的思考，并在制度层面对此作深刻反思，这种思考、反思的结果体现在哲学层面就是"子学"的诞生。这里，冯友兰从制度层面讨论子学的成因，将子学的成因深入到思想、文化赖以产生与发展的社会制度，而没有简单地从思想与文化自身的发展角度论述之，是其过人之处。当然，冯友兰之所以跳出思想、文化自身而另觅子学之成因，其重要原因应该是子学与此前的思想、文化的重大差异，子学是对此前的思想、文化的质的飞跃甚至否定，仅从礼乐文化自身难以找到直接的根据。关于子学产生的制度根源探究，冯友兰是从政治制度入手，而不是从经济制度入手，因为在冯友兰看来，先秦乃至整个中国传统社会，政治制度决定经济制度，也决定着社会的本质和形态。

关于子学的诞生过程，冯友兰说："在一社会之旧制度日即崩坏之过程中，自然有倾向于守旧之人，目睹'世风不古，人心日下'，遂起而为旧制度之拥护者，孔子即此等人也。"①然拥护旧制度，"必说出其所以拥护之之理由，予旧制度以理论上的根据。此种工作，孔子已发其端，后来儒家者流继之。儒家之贡献，即在于此。"②"然因大势之所趋，当时旧制度之日即崩坏，不因儒家之拥护而终止。继孔子而起之士，有批评或反对旧制度者，有欲修正旧制度者，有欲另立新制度以替代旧制度者，有反对一切制度者。此皆过渡时代，旧制度失其权威，新制度尚未确定，人皆徘徊歧路之时，应有之事也。儒家既以理论拥护旧制度，故其余方面，与儒家意见不合者，欲使时君世主及一般人信从其主张，亦须说出其所以有其主张之理由，予之以理论上的根据。荀子所谓十二子之言，皆'持之有故，言之成理'者也。人既有注重理论之习惯，于是所谓名家'坚白同异'等辩论之只有纯理论的兴趣者，亦继之而起。盖理论化之发端，亦即哲学化之开始也。"③

这是说，面对礼乐制度、礼乐文化的毁坏，面对由此而来的天崩地坼般的社会巨变，先秦诸子在哲学层面围绕

---

① 冯友兰：《中国哲学史》上册，华东师范大学出版社2000年出版，第22页。

② 冯友兰：《中国哲学史》上册，华东师范大学出版社2000年出版，第23页。

③ 冯友兰：《中国哲学史》上册，华东师范大学出版社2000年出版，第23页。

"旧制度"的优劣、存废"发声"，在守旧、改革、革命以及否定一切等思路中提出各自的"看法"，并由此展开对话、争论，于是，以儒、墨、道、法、名、阴阳诸家所代表的诸子之学因此而诞生。由此也可看出，冯友兰所谓的"子"主要指先秦至汉初诸子，而非经史子集中的"子"，冯友兰所谓的子学主要指先秦至汉初诸子之学，这与传统的子学观念有区别。传统的子学是"诸子学""诸子百家学"的简称，"一指先秦至汉初诸子百家学术之总称。一指研究诸子思想的学问，内容包括对诸子及其著作的研究，佚子、佚书的研究，历代学者研究诸子的研究等。晋以后，诸子学的研究对象有所扩大，包括后世的著名哲学家在内"[①]。这么看，冯友兰的子学仅属于传统子学中的一部分，也即传统子学中的"先秦至汉初诸子百家学术之总称"。

这里，冯友兰还论及子学的产生方式与子学的特征。在冯友兰看来，在春秋战国时期社会动荡、思想言论极为自由的政治环境下，在以前的思想文化不可能被照搬照用乃至被批评、否定、废弃的价值取向下，在中国还没有真正意义上的"哲学"的学术背景下，先秦诸子无所"依傍"，"无所顾忌"，直接表达其"主张"，并"说出其所以

---

① 严北溟：《哲学大辞典·中国哲学史卷》，上海辞书出版社1985年出版，第563页。

附录一：冯友兰视界中的子学、经学与新子学

三二一

有其主张之理由，予之以理论上的根据"①，也即做出哲学论述、理论证明。同时，先秦诸子以及先秦诸子所代表的各家各派至少在理论上、在社会选择上是平等的，就是说，"平等"地"发声"，"平等"地接受人们的"选择"。在此情形下，没有超越其他"子"之上的"子"，也没有超越其他学派之上的学派，更没有被定于一尊的"子"或学派。这表明，子学之所以是子学，在于其理论兴趣、理论创新方面的原创性，在于其建构方法、路径方面的"无中生有""横空出世"，在于诸子之间、各家各派之间的平等，在于思想自由以及表达思想的自由。当然，这里所说的子学的建构是"无中生有""横空出世"，是指其不依赖于任何所谓"经典"而立论、"发声"，并不意味着子学与过往的"经典"不发生任何联系，而是说子学在形式、内容、思想等方面并不受制于过往的"经典"，更不受其左右。

这么看，凡是通过独创发明、不依不傍的路径而创造出全新哲学的哲学家都有"子"的特质，而具有"子"的特质的哲学家所创造的哲学著作都具有"经"的性质、所创造出的哲学思想都具有子学性质。简言之，子学性质在于其独创发明、不依不傍。

对于子学特征中的诸子之间、各家各派之间的平等以及思想自由与思想表达上的自由，冯友兰特别重视。他

---

① 冯友兰：《中国哲学史》上册，华东师范大学出版社2000年出版，第23页。

说："春秋战国时代所起各方面之诸大变动，皆由于旧文化旧制度之崩坏。旧文化旧制度愈崩坏，思想言论愈自由。"①他在《三松堂自序》中指出："春秋战国时期是诸子百家争鸣的时期。各家各派，尽量发表各自的见解，以平等的资格，同别家互相辩论。不承认有所谓'一尊'，也没有'一尊'。这在中国历史中是思想自由、言论自由、学术最高涨的时代。"②在冯友兰看来，思想的平等与自由是同等重要且互为前提的，没有思想自由就没有思想的平等，没有思想的平等同样没有思想的自由，而有了思想的平等与自由，才有哲学家之间真正的平等，也才有哲学家的"人身"自由。

关于子学时代之终结，冯友兰认为是由于"自春秋时代所开始之政治社会经济的大变动，至汉之中叶渐停止；此等特殊之情形既去，故其时代学术上之特点，即'处士横议'，'各为其所欲焉以自为方'之特点，自亦失其存在之根据"③。就是说，汉朝的建立，结束了春秋战国数百年的动荡，新的政治、经济、社会制度随之正式确立并得以巩固，子学赖以生存的"土壤"也即政治、经济、社会等环境随之消失，子学便不得不退出历史舞台。汉武帝推

---

① 冯友兰：《中国哲学史》上册，华东师范大学出版社2000年出版，第25—26页。

② 冯友兰：《三松堂全集》第一卷，河南人民出版社2000年出版，第187页。

③ 冯友兰：《中国哲学史》上册，华东师范大学出版社2000年出版，第25页。

行董仲舒的"推明孔氏，抑绌百家"（《汉书·董仲舒传》），标志着子学、子学时代的终结。

从冯友兰关于子学时代的成因与终结的讨论可以看出，子学只能产生并存在于社会发生根本性转变的特殊时期，相应的，子学相对于"经学"、子学时代相对于"经学时代"就是特殊的。此外，社会发生根本性转变的特殊时期虽然表现为社会的大动荡，但是，并不是所有的社会大动荡都意味着社会发生根本性转变。比如，汉代以来的历代王朝的更替，都呈现为社会的大动荡，可是，并没有发生社会的根本性转变。所以，冯友兰说，自汉代以来，"至现代以前，中国之政治经济制度及社会组织，除王莽以政治的力量，强改一时外，皆未有根本的变动，故子学时代思想之特殊状况，亦未再现也"①。

由此也可以看出，冯友兰认为哲学、思想是抽象的，但是产生哲学、思想的"土壤"却是具体的；哲学、思想的产生与发展有其内在的规律，但是又决定于其"土壤"的状况。在此意义上，政治的、经济的、社会的环境状况对哲学、思想的形成、发展无论在形式上还是在内容上都具有决定性。这就是为什么有什么样的哲学"土壤"就一定会有什么样的哲学形态。

---

① 冯友兰：《中国哲学史》上册，华东师范大学出版社2000年出版，第26页。

二

关于经学和经学时代，冯友兰说："在经学时代中，诸哲学家无论有无新见，皆须依傍古代即子学时代哲学家之名，大部分依傍经学之名，以发布其所见。其所见亦多以古代即子学时代之哲学中之术语表出之。"[①]冯友兰在《三松堂自序》中也有说明："在经学时代，儒家已定为一尊。儒家的典籍，已变为'经'。这就为全国老百姓的思想，立了限制，树了标准，建了框框。在这个时代中，人们的思想都只能活动于'经'的范围之内。人们即使有一点新的见解，也只可以用注疏的形式发表出来，实际上他们也习惯于依傍古人才能思想。好像是两腿有病的人用拐杖支着才能行走，离开了拐杖，他的腿就不起作用。"[②]

这是说，经学时代，儒家被统治者定为"一尊"，儒家的经典被统治者定为"经"，哲学家的哲学创造、哲学思想不再是哲学家个人的事，也不再是纯粹学术的事，而是被学术以外的因素也即政治因素所"禁锢"。这样，与其说哲学家的哲学创造、哲学思想被固定在"经"的范围内，还不如说被统治者通过"经"的方式所控制。与此相

---

① 冯友兰：《中国哲学史》下册，华东师范大学出版社2000年出版，第3—4页。

② 冯友兰：《三松堂全集》第一卷，河南人民出版社2000年出版，第187页。

应，在经学时代，哲学家即便跳出儒家之"经"去建构自己的哲学思想，也逃不出儒家之外的先秦至汉初其他经典——被先秦至汉初诸子的著作、思想所"限制"。"经典注释"成了经学时代的特色。于是，从西汉董仲舒到晚清康有为，历代哲学家无论是否有自己的哲学思想，无论是否有独特的创见，其哲学思想、创见都属于"经学"，而非"子学"。因为他们都不是像先秦至汉初诸子那样"以我为主"，"凭空而论"，直接地表达其思想、见解，却都是"以经为据"，受制于"经"，通过"解经"的方式曲折地表达其思想、见解。这种"解经"，从形式上看，有的是直接对"经"的文句的注解，有的是对"经"的所谓经义的发挥，但是本质上都是对"经"的解读。不唯如此，经学时代的哲学家不仅思想上离不开经、"依傍"经，就是在解经的"术语"上也离不开经、袭用经。

从冯友兰的上述表述还可知，冯友兰对经学时代哲学家所"依傍"的"经"，有其独特的理解。在冯友兰看来，这"经"并非经史子集中的"经"，也不是传统经学中的"经"，而是指儒家的"经"以及先秦至汉初诸子的著作，其中，儒家的"经"也就是儒家的"十三经"。

此外，佛学虽是外来文化，但是中国化的佛学则是中国的。由于中国化的佛学也不是"凭空而论""横空出世"的，而是有其"依傍"的对象的，冯友兰因而也将其纳入经学时代。他说："不过在此时代中，中国思想，有一全新之成分，即外来异军特起之佛学是也。不过中国人所讲之佛学，其精神亦为中古的。盖中国之佛学家，无论其自己有无新见，皆依傍佛说，以发布其所见。其所见亦多以佛经中所用术语表出之。中国人所讲之佛学，亦可称为经学，不过其所依傍之经，乃号称佛说之经，而非儒家所谓之六艺耳。"①

这无非是说，中国佛教学者的佛学思想是通过阐释来自古印度的佛经而形成的，同时，中国佛教学者表达其思想时所使用的"术语"也来自古印度的佛经。这样，中国佛教学者是"依傍""经"而立论的，在此意义上，其佛学思想的建构采用的是"经学"模式，其佛学思想也就属于"经学"。只是其所"依傍"的经，既非先秦诸子的著作，又非儒家经典，而是古印度的佛经。这意味着"中国之佛学，其精神亦为中古的，其学亦系一种经学"②。

这么看，冯友兰所谓的"经"就不仅包括儒家的"经"以及先秦至汉初的诸子著作，还包括被中国学者所注解、阐释的古印度佛经。这样，冯友兰所谓的经学就不是传统意义上的经学，因为传统意义上的经学乃是指历代注解、阐发儒家经书之学，冯友兰所谓的经学乃是注解、阐发先秦至汉初诸子著作、儒家经典以及被中国佛学家所利用的古印度佛经之学问。这样，传统意义上的经学只是

---

① 冯友兰：《中国哲学史》下册，华东师范大学出版社2000年出版，第4页。

② 冯友兰：《中国哲学史》下册，华东师范大学出版社2000年出版，第5页。

冯友兰所谓的经学的一部分。

这么看，凡是通过注解、诠释别人的著作以表达自己哲学思想的学者都具有经学家的特质，而具有经学家特质的学者所撰写的著作都具有经学著作的性质、所研究出来的成果以及表达出来的哲学都具有经学性质。简言之，经学的性质就在于"依傍"别人的著作来阐发自己的哲学思想。

由于"中古近古时代之哲学，大部分须于其时之经学及佛学中求之"①，冯友兰认定中国中古、近古时代之哲学皆属于"经学"，中国中古、近古时代皆属于经学时代。进而，冯友兰指出："在中古近古时代，因各时期经学之不同，遂有不同之哲学；亦可谓因各时期哲学者不同，遂有不同之经学。"②就是说，在经学时代，经学不是一成不变的，相应的，经学意义上的哲学也不是一成不变的。在经学时代，每个时期有每个时期的经学、哲学，每个时期的经学、哲学有每个时期的特点，由此构成经学时代各个时期的经学、哲学的差别和特点。

从冯友兰关于经学的论述来看，经学不具有独立性、原创性，是依附性、缺乏盎然生机的存在；经学受制于"经"，经学的形成、发展以及经学的表达方式等都被

---

① 冯友兰：《中国哲学史》下册，华东师范大学出版社2000年出版，第5页。

② 冯友兰：《中国哲学史》下册，华东师范大学出版社2000年出版，第5页。

"经"所框定。总体上看，经学无论在形式上还是在内容上相比于子学都是呆板与僵化的存在。所以，冯友兰在晚年总结道："所谓'经学'就是思想僵化、停滞的代名词。思想僵化、停滞就是封建时代一切事物僵化、停滞的反映。'经学'和'子学'，两面对比，'经学'的特点是僵化、停滞，'子学'的特点是标新立异，生动活泼。"①

由于经学是立足于子学而产生的，子学对经学无论在形式上还是在内容上都具有制约乃至决定的作用，冯友兰谈及二者关系时用"旧瓶"与"新酒"的关系表述之。冯友兰说：经学时代"诸哲学家所酿之酒，无论新旧，皆装于古代哲学，大部分为经学，之旧瓶内"②；经学时代，"哲学家之新见，即此后之新酒。特因其不极多，或不极新之故，人仍以之装于上古哲学，大部分为经学，之旧瓶内"③；经学时代，"诸哲学家无论有无新见，皆须依傍古代哲学家之名，大部分依傍经学之名，如以旧瓶装新酒焉"④。这表明，在冯友兰的心目中，酒瓶与酒有着内在联系，其中，旧的酒瓶制约、决定着新的酒的成分与质

①冯友兰：《三松堂全集》第一卷，河南人民出版社2000年出版，第187页。

②冯友兰：《中国哲学史》下册，华东师范大学出版社2000年出版，第4页。

③冯友兰：《中国哲学史》下册，华东师范大学出版社2000年出版，第4页。

④冯友兰：《中国哲学史》下册，华东师范大学出版社2000年出版，第343页。

量，子学对于经学的作用就在于子学是"源"、经学是"流"，子学决定了经学的形式与内容。

关于经学时代的中国佛学与古印度佛经的关系，冯友兰同样以"旧瓶"与"新酒"的关系论述之："中国人所讲佛学，其中亦多有中国人之新见……此即中国人在此方面所酿之新酒也。然亦因其不极多或不极新之故，故仍以之装于佛学之旧瓶内，而旧瓶亦能容受之。"[①]这无非是要说，古印度佛经对于经学时代的中国佛学的作用就在于古印度佛经是"源"、经学时代的中国佛学是"流"，古印度佛经决定了经学时代中国佛学的形式与内容。

由于经学虽然依存于子学而发展，但是经学与子学毕竟是两种哲学，经学相对于子学毕竟有其"新意"，当经学的发展有"挣脱"子学之倾向时，本应该就是经学有可能获得突破、新生并发展出超越经学自身的新哲学之时，经学时代的哲学家却受制于经学思维，不是寻求对于子学的彻底"挣脱"、彻底突破，主动"切断"与子学的联系，而是害怕脱离子学的"保护"，反而"求助"于子学，通过子学的扩张，更准确地说，通过对子学的"扩充"式理解，使得越来越多的著作成为"经"，从而让经学中的新思想能够容纳于子学的框架之中，让经学始终是"经学"而不发生质的变化。这也造成中国哲学有着漫长的经学时代，而没有属于"后"经学时代的近古哲学。所以，冯友

---

① 冯友兰：《中国哲学史》下册，华东师范大学出版社2000年出版，第5页。

兰说："因此旧瓶又富于弹力性，遇新酒多不能容时，则此瓶自能酌量扩充其范围。所以所谓经者，由六而增至十三，而《论语》、《孟子》、《大学》、《中庸》，受宋儒之推崇，特立为'四书'，其权威且压倒原来汉人所谓之六艺。"①

这里，冯友兰在表述自己的观点时依然用他的旧瓶与新酒的比喻来说明之；这里，旧瓶的"富于弹力性"，"自能酌量扩充其范围"，都是新酒的酿造者所赋予的；这里，子学不断地扩展自己的"势力范围"，"经"的数量不断增多，经学一方面有持续不断的新意、新见解，一方面有更多的"经"作为"依靠"。就儒家的"经"来说，就有从六经到十三经的扩充过程。

三

在讨论经学时代时，冯友兰论及西方哲学的分期，同时，比较中西哲学的发展历程，试图从中西哲学比较中进一步论述其经学时代以及经学时代与子学时代之差别。为此，我们有必要讨论冯友兰关于西方哲学分期的话题以及中西哲学分期的比较的话题，并且在此基础上讨论冯友兰关于西方哲学不同发展阶段的看法。

关于西方哲学分期，冯友兰认为西方哲学可分为上

① 冯友兰：《中国哲学史》下册，华东师范大学出版社2000年出版，第4—5页。

古、中古、近古三个时期，这三个时期的划分并不仅是时间层面的，更主要的是"哲学"层面的。在他看来，"普通西洋哲学家多将西洋哲学史分为上古、中古、近古三时期。此非只为方便起见，随意区分。西洋哲学史中，此三时期之哲学，实各有其特别精神，特殊面目也"①。这是说，西方哲学之所以可以划分为上古、中古、近古这三个时期，原因在于这三个时期的哲学各有其"特别精神"与"特殊面目"，也即各有其独特的本质特征。这么说，与其说西方哲学可以划分为上古、中古、近古这三个时期，还不如说西方哲学可以划分为上古、中古、近古这三种形态。

关于中西哲学分期的比较，冯友兰认为西方哲学分为上古、中古、近古三个时期，"中国哲学史，若只注意于其时期方面，本亦可分为上古、中古、近古三时期，此各时期间所有之哲学，本亦可以上古、中古、近古名之。此等名称，本书固已用之。但自别一方面言之，则中国实只有上古与中古哲学，而尚无近古哲学也"②。这是说，中国的子学、子学时代相当于西方的上古哲学、上古哲学时期，中国的经学、经学时代相当于西方的中古哲学、中古哲学时期，可是，中国没有近古哲学、近古哲学时期，只

---

① 冯友兰：《中国哲学史》下册，华东师范大学出版社2000年出版，第3页。

② 冯友兰：《中国哲学史》下册，华东师范大学出版社2000年出版，第3页。

有近古时期的哲学，中国近古时期的哲学属于经学，而西方有近古哲学、近古哲学时期。

关于西方上古哲学与西方中古哲学的关系，冯友兰写道："在西洋哲学史中，自柏拉图、亚里士多德等，建立哲学系统，为其上古哲学之中坚。至中古哲学，则多在此诸系统中打转身者。其中古哲学中，有耶教中之宇宙观及人生观之新成分，其时哲学家亦非不常有新见。然即此等新成分与新见，亦皆依傍古代哲学诸系统，以古代哲学所用之术语表出之。"①这是说，西方上古哲学是西方哲学的开端，相对于其后的中古哲学，是"凭空而起""无中生有"的，是古希腊哲学家在没有任何哲学可以"依傍"的情形下"苦心孤诣""独自发明"的产物。西方中古哲学则是对西方上古哲学的发展，或者说，是建立在对古希腊哲学的"解释"的基础上的。西方中古哲学不仅在思想上"依傍"古希腊哲学而立论，而且在其哲学思想的表述上也离不开古希腊哲学的"术语"。即便中古时期的基督教哲学以宗教的形式出现，也逃不出古希腊哲学的"掌心"。

基于西方上古哲学与中古哲学的如上关系，冯友兰同样运用他的旧瓶与新酒的比喻来论述二者的关系。他说："语谓旧瓶不能装新酒，西洋中古哲学中，非全无新酒，不过因其新酒不极多，或不极新之故，故仍以之装于古代

_____

① 冯友兰：《中国哲学史》下册，华东师范大学出版社2000年出版，第3页。

哲学之旧瓶内，而此旧瓶亦能容受之。"①这是说，西方上古哲学是"源"，为西方中古哲学提供了无尽的给养，西方中古哲学是"流"，是对西方上古哲学的诠释与发挥；西方上古哲学对西方中古哲学具有制约性乃至决定性。由上也可看出，西方上古哲学与中古哲学的关系犹如中国子学与经学的关系；西方哲学史上的上古时代与中古时代犹如中国哲学史上的子学时代与经学时代。

在论述西方哲学分期时，冯友兰论及西方近古哲学。这种论述对于我们理解冯友兰所云"中国无近古哲学"有特殊的价值。冯友兰说："盖西洋哲学史中，所谓中古哲学与近古哲学，除其产生所在之时代不同外，其精神面目，亦有卓绝显著的差异……及乎近世，人之思想全变，新哲学家皆直接观察真实，其哲学亦一空依傍。其所用之术语，亦多新造。盖至近古，新酒甚多又甚新，故旧瓶不能容受；旧瓶破而新瓶代兴。由此言之，在西洋哲学史中，中古哲学与近古哲学，除其产生所在之时代不同外，其精神面目，实有卓绝显著的差异也。"②

这里，冯友兰认为西方中古哲学与近古哲学的差异不是时间层面的差异，而是哲学性质层面的差异，是"精神面目"的根本不同。这同时说明，西方近古哲学并不简单

① 冯友兰：《中国哲学史》下册，华东师范大学出版社2000年出版，第3页。

② 冯友兰：《中国哲学史》下册，华东师范大学出版社2000年出版，第3页。

地是时间的产物，西方之所以有近古哲学，就在于西方近古时期不仅有近古时期的哲学，而且这近古时期的哲学相对于中古哲学具有质的不同。

这里，冯友兰认为，西方近古哲学是挣脱中古哲学束缚，同时也不"依傍"上古哲学的哲学，因而不仅根本上不同于西方中古哲学，而且也根本上不同于西方上古哲学，这种根本不同体现在西方近古哲学来源于哲学家的"直接观察真实"，而不是像西方中古哲学那样根源于西方上古哲学。正因为此，西方近古哲学也就不像西方中古哲学那样"依傍"于古希腊哲学，并且沿袭古希腊哲学的"术语"，而是"一空依傍"，"新造"哲学"术语"，成为不同于西方上古哲学与中古哲学的全新的哲学。基于此，西方近古哲学才不像西方中古哲学那样被装于西方上古哲学之"旧瓶"，成为旧瓶中的"新酒"，而是冲破古希腊哲学之"限制"，打破西方上古哲学之"旧瓶"，一方面自酿"新酒"，一方面自制"新瓶"。

这里，冯友兰认为西方上古哲学与西方近古哲学都属于不"依傍"任何哲学，不用别的任何哲学的"术语"的产物，都属于"无中生有"，因而都是具有非凡的创造性的哲学，都是全新的哲学，这是二者的相同之处。二者的区别在于，前者是西方哲学的"起点"，在此之前无哲学，即便想在思想上有所"依傍"、术语上有所"袭用"，也无所"依傍"、无所"袭用"；后者产生于上古哲学与中古哲学之后，有上古哲学与中古哲学的思想可以"依傍"，有

上古哲学与中古哲学的术语可以"袭用"，但是有而不用："一空依傍"、也不"袭用"。这么说，西方近古哲学与上古哲学就有着隐隐约约的"相似性"。如果说西方中古哲学与上古哲学有一条"明线"相连，那么，西方近古哲学与上古哲学就有一条"暗线"相连。这"暗线"就是二者在哲学建构上的独创性、原创性。

与此对应，中国所要建构的近古形态的新的哲学也应是挣脱中国中古、近古时期的哲学也即经学的束缚，同时也不"依傍"中国上古哲学也即子学的哲学，因而不仅根本不同于经学，而且也根本不同于子学。这种根本不同体现在中国所要建构的近古形态的新的哲学不像经学那样根源于、"依傍"于子学，并且沿袭子学"术语"，而是不依不傍，同时，新建自己的话语体系，成为不同于子学与经学的全新的哲学。基于此，中国所要建构的新的哲学才不被子学、经学等"旧瓶"所限制，而是自造"新酒"和"新瓶"。这样，中国所要建构的近古形态的新的哲学与子学都是不"傍依"任何经典、任何哲学，自制哲学话语的产物，都具有哲学建构上的独创性、原创性。这么看，中国所要建构的近古形态的新的哲学就具有子学性质。

四

相对于西方哲学的上古、中古、近古的分期，为何中国哲学没有近古哲学而长期处于经学时代？换言之，中国为何在近古时期没有超越经学之全新的哲学？冯友兰对此作了分析：“盖人之思想，皆受其物质的精神的环境之限制。春秋、战国之时，因贵族政治之崩坏，政治、经济、社会各方面，皆有根本的变化。及秦汉大一统，政治上定有规模，经济社会各方面之新秩序，亦渐安定。自此而后，朝代虽屡有改易，然在政治、经济、社会各方面，皆未有根本的变化。各方面皆保其守成之局，人亦少有新环境，新经验。以前之思想，其博大精深，又已至相当之程度。故此后之思想，不能不依傍之也。”①

从冯友兰的分析来看，哲学思想的产生与发展受制于其赖以生存的“土壤”，也即政治、经济、社会等因素。子学的产生与终结基于此，经学的产生与长盛不衰基于此，经学一直延续至近古时代，致使中国有近古时代、有近古时代之哲学而没有近古哲学也基于此。具体说来，中国无近古哲学，只有延续至近古的经学，原因就在于从中古到近古，随着秦汉大一统的确立，中国社会各方面都逐渐走向稳定，政治、经济、社会等各方面的秩序、制度也逐步模式化、固定化，直到近古再也没有发生根本性的改变，并且不受朝代更替、社会“治”“乱”的影响，这种状况决定了中古与近古时期的中国哲人所处“环境”、所拥有的“经验”的总体上或曰质的层面的“陈旧”以及“守成”心态，从而造成中国中古时期哲学的经学性质，也同样决定

① 冯友兰：《中国哲学史》下册，华东师范大学出版社2000年出版，第4页。

了中国近古时期哲学的经学性质。此外，从哲学自身的角度看，子学时代所创造的辉煌的思想"博大精深"且相当成熟，大致"规范"了中国哲学的发展方向、发展脉络，其本身犹如高山峻岭，令后人难以逾越，这又给后人以"压力"与"制约"，使得后人既有了"依傍"对象，又"不得不依傍之"，从而造成中国从中古到近古都处于经学时代，而没有西方近古哲学意义上的全新的哲学。此处，冯友兰是从中国自身历史发展的维度所作的分析。

对于中国没有近古哲学，在近古时期依然处于经学时代，冯友兰还分析道："直至最近，中国无论在何方面，皆尚在中古时代。中国在许多方面，不如西洋，盖中国历史缺一近古时代。哲学方面，特其一端而已。"①这是说，中国在时间层面身处近古时期，但是在政治、经济、社会等各方面依然处于中古时期的状态，君主专制、自然经济是其典型特征，在此意义上，中国没有真正意义上的"近古时代"，没有从封建主义到资本主义的飞跃，因而没有西方近古时期所发生的天翻地覆的根本性变化，没有西方资产阶级革命所开启的民主制度、工业革命所开启的商品经济，也就没有产生于近古时期、与近古时期相对应的近古哲学。这里，冯友兰是从中西比较的维度所作的分析，同时，这种比较是以西方为参照和坐标的。

关于经学时代的终结，冯友兰写道："盖旧瓶未破，

① 冯友兰：《中国哲学史》下册，华东师范大学出版社2000年出版，第5页。

有新酒自当以旧瓶装之。必至环境大变，旧思想不足以应时势之需要；应时势而起之新思想既极多极新，旧瓶不能容，于是旧瓶破而新瓶代兴。中国与西洋交通后，政治社会经济学术各方面皆起根本的变化。然西洋学说之初东来，中国人如康有为之徒，仍以之附会于经学，仍欲以旧瓶装此绝新之酒。然旧瓶范围之扩张，已达极点，新酒又至多至新，故终为所撑破。经学之旧瓶破而哲学史上之经学时期亦终矣。"[1]"中国与西洋交通后，政治社会经济学术各方面，皆起根本的变化。此西来之新事物，其初中国人仍以之附会于经学，仍欲以此绝新之酒，装于旧瓶之内"，直至"旧瓶已扩大至极而破裂"[2]。

这是说，中国在其自身的历史进程中没有从其内部自然地发生根本性的变化，从而自觉地产生西方意义上的近古时期，而是在与西方资本主义国家交往的过程中因为外在的因素催生根本性的变化，体现为政治、社会、经济、学术等的巨变，从而产生西方意义上的近古时期。随着中国真正意义上的近古时期的到来，一方面是经学的落伍，既不能解答新问题，也不能容纳新思想特别是"西洋学说"，虽然垂死挣扎，也不再适应新的时代，被新的时代所抛弃；一方面是西方哲学与思想的进入，既不被经学所

---

① 冯友兰：《中国哲学史》下册，华东师范大学出版社2000年出版，第5—6页。

② 冯友兰：《中国哲学史》下册，华东师范大学出版社2000年出版，第343页。

拘限，又能应对新问题、新时代，犹如洪水猛兽，不可抵挡。在此情形之下，经学这个"旧瓶"即使扩张其"范围"、更新其"形状"，也容不下源源不断地进入中国的西方哲学与思想，其自身必然走向崩毁。经学的崩毁无疑就意味着经学时代的结束。

由此可以看出，冯友兰在讨论经学时代的终结时依然运用了他"旧瓶"与"新酒"的比喻，只不过此时的"旧瓶"是经学，而"新酒"是西方哲学与思想；随着西方中古哲学的结束，西方近古哲学应运而生，而中国经学时代虽然结束、经学虽然被抛弃，中国近古哲学并没有应运而生，而是涌入西方哲学与思想；西方哲学与思想既承担了打破"旧瓶"、毁灭经学的责任，又暂时承担了填补经学破灭后中国哲学与思想界的"真空"的任务，直至中国新的哲学的建立。

考虑到西方中古哲学的衰亡与西方近古哲学的产生主要是在不受外部影响的情况下，从西方"内部"造成的，而中国经学的衰亡、新哲学的产生既有"内部"的原因，又有"外部"的原因，其中，"外部"的原因至少在表面上看起到了直接乃至决定性的作用。这意味着中国的新哲学的建构，*至少一开始在多数情况下会受到西方哲学的影响。这么说，中国的新哲学最初的建构者多数应是有西方哲学功底的。

中国的新哲学的建构会受西方哲学影响，也会从子学与经学中汲取养分，但是不会被西方哲学所左右，也不会被子学与经学所"限制"，这是肯定的。否则，它就成了中国化的西方哲学或新的经学。如果是这样的话，它就不可能是中国的新的哲学。从总体上讲，中国的新哲学肯定是超越子学与经学的中国所独有的新哲学。

五

经学之后，中国新的哲学也即中国近古哲学在哪里、呈现何种式样？冯友兰说："前时代之结束，与后时代之开始，常相交互错综。在前时代将结束之时，后时代之主流，即已发现……中国哲学史中之新时代，已在经学时代方结束之时开始。所谓'贞下起元'，此正其例也。不过此新时代之思想家，尚无卓然能自成一系统者。故此新时代之中国哲学史，尚在创造之中。"①

这是说，在经学、经学时代即将终结之时，中国的新哲学已经孕育，只是这新的哲学处于初建之中，尚未成"系统"，更未最终"成型"，因而看不出其"式样"。不过，冯友兰在此却道出了这种新哲学的性质，这是要特别注意的。

中国的新哲学既然是经学终结的产物，当然就不属于"经学"，更不属于解读、诠释经学的产物。这么说，新的哲学与经学"无关"。这里所说的与经学"无关"，并不是

---

① 冯友兰：《中国哲学史》下册，华东师范大学出版社2000年出版，第343页。

说新的哲学与经学没有任何联系，而是说其不会受经学所制约、左右，也不以经学或经学的"附庸"也即经学研究的产物的面目出现。由于经学是对子学、对"经"进行解读与诠释的产物，所以，新的哲学不会像经学一样通过对子学、对"经"进行解读与诠释而建构出来，并受制于子学、受制于"经"，否则就成了"新经学"。这么说，新的哲学与子学也"无关"。这里所说的与子学"无关"，并不是说新的哲学与子学没有任何联系，而是说不会受子学所制约、左右，也不因此而以新的"经学"的面目出现。

中国的新哲学不是"经学"、经学的"附庸"，也不是新的"经学"，而且不受子学与经学所左右，也不以子学或经学经典的"注解"、子学或经学固有思想的诠释的面目出现，这新的哲学就应该是全新的哲学。这全新的哲学无论在哲学建构的方法、路径上，还是在哲学思想内容上都应该是独创的，具有子学独创发明、不依不傍的性质。这么看，中国上古哲学为子学，那么，中国近古哲学因其具有子学性质，就可以被称作"新子学"。

值得注意的是，冯友兰用"贞下起元"表达新哲学的产生。在冯友兰看来，中国哲学的发展体现为元亨利贞等发展阶段的开放式"循环"，在中国已有的哲学进程中，已经完成了一次元亨利贞的历程，其中，"元"代表子学阶段，"贞"代表经学的终结；中国哲学的新发展是"贞下起元"，从"贞"生出新的"元"，也即从经学的终结走向新的子学的诞生，而不是从"贞"又简单地回到"元"，从经学的毁灭、终结回到过去的子学。这样，这新的哲学就是"新子学"。这"新子学"呈现的就是一元复始、万象更新的全新局面、壮丽画卷。

冯友兰以子学时代与经学时代划分中国哲学的分期，以子学与经学论述中国哲学的形态。在冯友兰看来，中国哲学在性质上只有子学与经学这两种形态，不会有第三种形态，因为中国哲学史上已有的哲学要么是子学，要么是经学；中国哲学的未来发展要么不"依傍"任何已有的经典而"独自生成"，要么"依傍"已有的经典而以"经典解释"的面目出现，不可能有第三条"道路"、第三种"选择"；中国的新哲学如果不"依傍"任何已有的经典而"独自生成"，无疑具有子学性质，从而成为新的子学——"新子学"，而如果"依傍"已有的经典而以"经典解释"的面目出现，无疑具有经学性质，从而成为新的经学——"新经学"。

在冯友兰的心中，中国的新哲学既然是突破经学桎梏的产物，就不可能是"新经学"，而只能是"新子学"。

冯友兰在《三松堂自序》中回忆道："我认为在中国历史上有两个社会大转变的时代，一个是春秋战国时代，一个是清朝末年中外交通的时代。在这两个时代中，中国社会的各个方面，都起了根本的变化。这实际上说的是，中国社会由奴隶制向封建制过渡，和由封建制向半殖民地、半封建过渡的两个时代，但是我没有用这些名词，因

为这些名词在当时还没有确定下来。"①在第一个"社会大转变时代"——"春秋战国时代"，产生了中国上古哲学；在第二个"社会人转变时代"——"清朝末年中外交通的时代"，应该产生中国近古哲学，但是产生的却是中国近古时期的哲学，不过，随着经学的破灭，中国近古哲学在艰难的创造中。

由于冯友兰认为哲学、思想的产生取决于其"土壤"，即取决于当时政治的、经济的、社会的环境状况，有什么样的哲学"土壤"就一定会有什么样的哲学形态。而"春秋战国时代"与"清朝末年中外交通的时代"在性质上同属"社会大转变时代"，同是政治、经济、社会巨变的时代，建立在这种时代基础上的哲学在性质上就应该是相同的。"春秋战国时代"产生的中国上古哲学是"子学"，从"清朝末年中外交通的时代"开始艰难生成的中国近古哲学在性质上就应该具有子学性质。既然这种新的哲学属于子学性质，就只能是新的子学——"新子学"。

结合冯友兰关于西方近古哲学的表述，我们可知，中国的新哲学相当于西方的近古哲学，西方近古哲学的产生没用借用西方上古哲学与中古哲学的思想与术语，而是"一空依傍"，自造术语，以此类推，中国新的哲学也一定是不借用中国上古哲学与中古哲学的思想与术语，而是像西方近古哲学那样"一空依傍"，新造术语。西方近古哲

---

① 冯友兰：《三松堂全集》第一卷，河南人民出版社2000年出版，第186页。

学与上古哲学在哲学建构方法上是相似的，这样，西方近古哲学在哲学形态上就具有西方上古哲学的性质；中国的新哲学与中国上古哲学在哲学建构方法上也应是相似的，中国的新哲学在哲学形态上应具有中国上古哲学的性质。中国上古哲学是子学，中国的新哲学就应具有子学性质，从而以"新子学"的面貌出现。

从冯友兰个人的哲学思想的建构来看，冯友兰认为中国哲学中没有近古哲学，为此，他以建构中国近古哲学为使命。他在晚年被自己的母校哥伦比亚大学授予名誉文学博士学位时，在"答词"中回忆道："在四十年代，我开始不满足于做一个哲学史家，而要做一个哲学家。哲学史家讲的是别人就某些哲学问题所想的；哲学家讲的则是他自己就某些哲学问题所想的。在我的《中国哲学史》里，我说过，近代中国哲学正在创造之中。到四十年代，我就努力使自己成为近代中国哲学的创作者之一。"[①]这里，冯友兰不仅论及自己的哲学思想的建构，还论及同时代的"他人"的哲学思想的建构。这里，冯友兰把自己看作"近代中国哲学的创作者之一"，意味着中国近古哲学的创造者不是冯友兰一个人，而是"一群人"；冯友兰不仅把自己所创作的"贞元六书"、所建构的哲学——新理学看作中国近古哲学，同时，也把同一时期其他哲学家所建构的新哲学看作中国近古哲学。这其实是在说，民国时期哲学家们所创建的中国的新哲学乃是中国近古哲学。

---

① 冯友兰：《三松堂全集》第一卷，河南人民出版社2000年出版，第308页。

民国时期哲学家辈出，哲学学派纷呈，并且彼此平等，相互论战，竞高争长，这与春秋战国时期诸子蜂起、百家争鸣、子学盛行何其相似！在此意义上，冯友兰何尝不认为这一时期的哲人是"新子"，冯友兰何尝不认为这一时期的哲人所创建的新哲学就是"新子学"？当然，民国时期的哲学家们所创建的新哲学是否都具有子学性质，是否都配得上"新子学"的称呼，那是另一回事，需要作进一步讨论。比如，冯友兰在《三松堂自序》中就曾说道："当我在南岳写《新理学》的时候，金岳霖也在写他的一部哲学著作，我们的主要观点有些是相同的，不过他不是接着程、朱理学讲的。我是旧瓶装新酒，他是新瓶装新酒。他提出了一些新的看法，并且创造了一些新名词。"[1]这里，冯友兰认为自己的哲学思想是接着程朱理学讲的，是对程朱理学的发挥、发展，因而是新的理学——新理学，但是，毕竟也受程朱理学所"限制"，相当于"旧瓶装新酒"，具有他自己所谓的经学性质，不过，冯友兰认为金岳霖《论道》中建构的哲学思想则是独创的——不仅哲学思想内容是独创的，所用以表达哲学思想的"术语"也即哲学范畴也是独创的，因而不受任何已有的哲学、经典所限制，相当于"新瓶装新酒"，具有冯友兰所谓的子学的性质。就金岳霖及其哲学思想来说，金岳霖无疑属于"新子"，其哲学思想无疑属于"新子学"。

---

[1] 冯友兰：《三松堂全集》第一卷，河南人民出版社2000年出版，第215页。

六

由上可知，冯友兰所谓的子学乃是指先秦汉初诸子之学，只是传统的子学的一部分。在冯友兰看来，由先秦汉初诸子而有先秦汉初诸子之学，由先秦汉初诸子中的"子"而有"子学"。此"子学"的建构"以我为主"，无所依傍，属于"无中生有"，因而是"创构"。冯友兰所谓的"经学"主要指的是从汉代到清代整个中国君主专制时期的哲学，传统的经学又只是冯友兰所谓的经学的一部分。在冯友兰看来，由"经"而有对"经"的注解与诠释、而有"经学"。此"经学"的建构"以我为辅"，"依傍"于"经"，乃至"以经为据"，属于"有中生有"，因而是"重构"。按照冯友兰关于"经""子"关系的论述，应该是先有"子""子学"才有"经"与"经学"，"经"只能是"子"的著作，可是，冯友兰所谓的"经"除却"子"的著作外，还包括儒家的"经"，而且儒家的"经"又有从"六经"到十三经的发展，另外，还包括被中国佛学家所注解、诠释的来自古印度的佛经。这里，"子"始终是那些个"子"，"经"却越来越多。这是因为在冯友兰看来只要不是原创的著作、哲学就属于"经学"性质、"经学"范畴，反过来，"经学"所"依傍"的著作、对象就具有"经"的性质，就可以被称作"经"。

冯友兰认为中国的新哲学的诞生标志着"贞下起元"，

这并不是意味着对"子学"的复归、重新从"子学"出发，因为历代"经学"恰恰是不断地从"子学"出发，因此，这意味着"重新开始"，像"子学"一样"创构"新哲学。这么说，冯友兰所谓的中国的新哲学应该就是新的"子学"也即"新子学"——"新子"所原创的哲学，虽然冯友兰没有明确这么说。

（原载《中州学刊》2019年第5期，有改动）

附录二：
张岱年早期对于孔子思想的研究

张岱年在二十世纪三四十年代集中力量研究中国哲学、西方哲学和马克思主义哲学，其研究中国哲学的成果，除了相关论文，就是其著名著作《中国哲学大纲》。在这些成果中，虽然专门研究孔子思想的论文就只有《孔学平议》这一篇，还略显单薄，偏重于对孔子思想的评价，但是其对孔子思想的研究是系统的，同时又是有创见的。

一

在二十世纪三十年代前期，张岱年关于孔子思想的研究成果主要存于《世界文化与中国文化》《道德之"变"与"常"》《中国思想源流》《中国知论大要》等论文中，涉及孔子的仁、忠等道德观念，孔子的认识论，孔子思想的精神、特点以及对孔子思想的评价等。

在1933年6月发表的论文《世界文化与中国文化》

中，张岱年第一次论及孔子的"仁"。他认为中国文化对于世界的贡献在于"正德"，而"正德"的实际内容在于"仁"的理论与实践，孔子的"夫仁者，己欲立而立人，己欲达而达人"（《论语·雍也》），就是对于"仁"的定义，其意思是"与人共进，相爱以德"①；孔子所言的君子的"无终食之间违仁"（《论语·里仁》），乃是人生所要达到的最高境界，达到这样的境界，人生才是最幸福快乐的；孔子的仁从根本上讲"是动的，是自强不息的"②，具有激励人们奋发向上的特性，使人们在现实中实现并体现理想，在日常生活中达到理想的境界。这里，张岱年无疑是从中西文化的差异、中国文化的特点与贡献等角度论及孔子及其仁学的。

在1933年8月发表的论文《道德之"变"与"常"》中，张岱年将孔子所创立的仁理解为中国道德的"根本的大原则"③，认为"此根本的大原则通贯于一切时代的道德之中，为各时代道德中之一贯者，在此意谓上，可谓道德中之'常'"④，而各个时代的道德都是这"根本的大

---

① 张岱年：《张岱年全集》第一卷，河北人民出版社1996年出版，第155页。

② 张岱年：《张岱年全集》第一卷，河北人民出版社1996年出版，第155页。

③ 张岱年：《张岱年全集》第一卷，河北人民出版社1996年出版，第160页。

④ 张岱年：《张岱年全集》第一卷，河北人民出版社1996年出版，第161页。

原则"的表现。在该文中，张岱年还论及孔子的"忠"。他认为孔子所言的"忠"用的是"忠"的古义，也即"原始意义"，强调的是对人尽心尽力；指的是"对人负责之谓，不惟臣对君负责为忠，而君对人民负责亦曰忠"[①]。

在1934年1月发表的论文《中国思想源流》中，张岱年认为中国思想产生于西周，表现于《诗经》和《尚书》之中，总体上"是主实、重人的，表现一种安毅、刚健、朴实的精神"[②]，而孔子继承和发展《诗经》和《尚书》的上述思想，注重现实，注重人为，注重刚、勇、义，强调积极有为，为此而提出"刚毅木讷近仁"（《论语·子路》），"夫仁者，己欲立而立人，己欲达而达人"（《论语·雍也》），以及"知其不可而为之"（《论语·宪问》）等。此外，张岱年还认为孔子的思想还具有宏大、圆融、中正等特点，孔子讲究节用，又重视礼乐。基于以上，张岱年对孔子作了全面的、完全正面的评价，认为"把古代思想总结起来而成一个一贯系统的第一个哲人是孔子。孔子是开创新时代的人，却也是集大成的人。他结束了以前的时代，开始了新的时代"[③]。这种评价从孔子思想与《诗经》《尚书》的关系来看，是比较切合实际的。

---

① 张岱年：《张岱年全集》第一卷，河北人民出版社1996年出版，第160页。

② 张岱年：《张岱年全集》第一卷，河北人民出版社1996年出版，第193页。

③ 张岱年：《张岱年全集》第一卷，河北人民出版社1996年出版，第194页。

在1934年4月发表的论文《中国知论大要》中，张岱年论及孔子的认识论。他认为孔子的认识论虽然是薄弱的，只涉及认识真理的方法，也即"求真知之道"，但是"首论求真知之道者，实为孔子"①。关于孔子的认识真理的方法，他引用孔子的"知之为知之，不知为不知，是知也"（《论语·为政》），"毋意，毋必，毋固，毋我"（《论语·子罕》），"学而不思则罔，思而不学则殆"（《论语·为政》），"攻乎异端，斯害也已"（《论语·为政》），以及孔子与子贡的对话"子曰：'赐也！女以予为多学而识之者与？'对曰：'然，非与？'曰：'非也。予一以贯之'"（《论语·卫灵公》）等，分别从认识的态度、知识的总结、学思关系、对待他人的不同观点应有的态度等方面，讨论孔子的认识真理的方法，认为孔子主张认识态度的诚实无妄，客观公正；要求在认知过程中学思并重，并及时总结、概括所学的知识，将之提炼为真理；反对攻击他人的不同观点，对他人的不同观点持包容态度。

由此可见，在二十世纪三十年代前期，张岱年对于孔子思想的研究主要涉及对孔子思想的总体评价以及孔子的仁学、认识论。在张岱年的视界中，孔子是中国哲学的创立者，又是其之前的思想文化的总结者；孔子的仁是中国文化的特征及其对世界文化的贡献，是贯穿于各个时代的中国道德的根本原则，刚、勇、忠、义等都是其表现，展

---

① 张岱年：《张岱年全集》第一卷，河北人民出版社1996年出版，第123页。

现了孔子思想的宏大、有为等特点；孔子在认识论领域只涉及认识真理的方法，而且是从学习知识的层面论述的。

二

在二十世纪三十年代后期，张岱年关于孔子思想的研究成果主要存于其完成于1937年2月的著作《中国哲学大纲》中。由于张岱年是从宇宙论、人生论、致知论等方面论述中国哲学的，该书对于孔子思想的论述也围绕以上的三个方面展开。

在该书的"序论"部分，张岱年对孔子作了总体评价，认为孔子是"中国哲学之创始者"，"是集过去时代之学问思想之大成的人，而又是一个新时代的开创者"①。原因在于孔子表面上"述而不作"，实则用类似于"托古改制"的方法对于其以前的学术萌芽、文化成果作系统整理，并在此基础上创立了关于"仁"，也即忠恕的思想。张岱年的这种说法与其在《中国思想源流》中对孔子的评价是一样的。除此之外，张岱年在该书的"序论"中还认为孔子虽然保持对于天的信仰，但是很少讨论天，却十分重视人为，对于鬼神也持存疑态度；孔子在政治上属于改良论者，主张中央集权，希望社会上各阶级的人各尽其分以达到和谐。这是对于孔子关于"天"和"礼"的思想的解读。

---

① 字同：《中国哲学大纲》，商务印书馆1958年出版，第9页。

在该书的"宇宙论"的"引端"部分，张岱年认为"孔子虽非中国宇宙论之创始者，却可以说是中国宇宙论之前导"①，中国宇宙哲学之先驱。原因在于孔子之时人们还没有关于宇宙的观念，"人所认为最大而覆盖一切者是天"②，这种天是具有人格的上帝，孔子虽将天看作是最为根本的存在，视之为自然万物之主宰、人事之最终的决定者，谓"天何言哉？四时行焉，百物生焉，天何言哉"（《论语·阳货》），"获罪于天，无所祷也"（《论语·八佾》），但是结合孔子怀疑鬼神的观点，可知孔子的上述观点是对传统信仰中"天"的人格神地位的怀疑，是将"天"这种高高在上的神理解为"高高在上的苍苍之天"③，孔子之天是从上帝之天到自然之天的过渡。此外，张岱年还认为，从子贡的"夫子之言性与天道，不可得而闻也"（《论语·公冶长》），可以看出孔子论及"天道"；从"子在川上曰：'逝者如斯夫，不舍昼夜'"（《论语·子罕》），可以看出孔子是在讲宇宙。不过，张岱年没有展开论述。

在该书的"宇宙论"的"本根论"部分，张岱年认为孔子所谓天虽然是主宰性存在，但是孔子怀疑鬼神，其"所谓天，似神而非神，非人格上帝而乃自然主宰"④。张

---

① 字同：《中国哲学大纲》，商务印书馆1958年出版，第32页。

② 字同：《中国哲学大纲》，商务印书馆1958年出版，第32页。

③ 字同：《中国哲学大纲》，商务印书馆1958年出版，第32页。

④ 字同：《中国哲学大纲》，商务印书馆1958年出版，第109页。

岱年的这种观点与其在"引端"部分所言是相同的。

在该书的"宇宙论"的"大化论"部分，张岱年引用"子在川上曰：'逝者如斯夫，不舍昼夜'"（《论语·子罕》），认为孔子主张"事物皆逝逝不已，宇宙便是一个如川一般的大流"[①]；孔子这句话意义深远，开启了变易是根本的，一切事物皆处于变易之中，宇宙则是"一个变易不息的大流"[②]这种观念。

由此可见，在《中国哲学大纲》的"宇宙论"部分，张岱年主要研究了孔子关于天、关于宇宙本性的思想，认为孔子之天具有自然与宗教双重属性，是从宗教之天到自然之天的过渡；孔子所谓的宇宙是变易不息的宇宙，变易是宇宙的根本属性。

三

在《中国哲学大纲》的"人生论"的"引端"部分，张岱年认为中国哲学的中心部分是人生论，而"孔子所以是中国哲学的开山祖，乃因为他是第一个提出一个人生论系统者"[③]。这是从中国哲学的特点的维度证明孔子在中

[①] 字同：《中国哲学大纲》，商务印书馆 1958 年出版，第112页。

[②] 字同：《中国哲学大纲》，商务印书馆 1958 年出版，第112页。

[③] 字同：《中国哲学大纲》，商务印书馆 1958 年出版，第185页。

国哲学史上的地位。

在"人生论"的"人性论"部分，张岱年引用孔子的"性相近也，习相远也"（《论语·阳货》），认为孔子所谓的人性，是与"习"相对的存在；孔子不以善恶言性，且不从善恶的维度研究人性，也就是说并不把人性问题看作道德问题；孔子认为人性天生是相近的，人与人的差异缘于"习"。针对有的学者利用"唯上知与下愚不移"（《论语·阳货》），认定孔子主张性有三品，张岱年对此加以反驳，认为孔子既然讲"性相近"，不可能再讲性三品，孔子"所谓上智下愚，原非论性；性本不可以智愚言"[1]。再说，《论语》中"性相近也，习相远也"和"唯上知与下愚不移"属于相分离的两章，不是同属一章，不可并为一谈。

在"人生论"的"人生至道论"部分，张岱年认为人生至道论乃关于人生最高准则的理论，是人生论的中心部分，由孔子所开创，也是孔子哲学的主要部分；孔子以仁为人生理想，仁"是一个宏大而切近的实践准则"[2]。针对有些学者认为孔子没有明确给出仁的定义，张岱年认为孔子的"夫仁者，己欲立而立人，己欲达而达人"（《论语·雍也》），就是对于仁的定义，意指"自强不息，而

---

① 宇同：《中国哲学大纲》，商务印书馆1958年出版，第199页。

② 宇同：《中国哲学大纲》，商务印书馆1958年出版，第267页。

善为人谋。简言之，便是成己成人"①。在张岱年看来，因为子贡误以为"博施于民而能济众"（《论语·雍也》）是仁，孔子以"夫仁者，己欲立而立人，己欲达而达人"（《论语·雍也》）回答子贡，不得不说出仁的含义；"夫仁者"属于定义式的句式，孔子在其他地方论仁，皆不用"夫"字；《论语》中其他地方论仁，对于仁的理解都没有"夫仁者，己欲立而立人，己欲达而达人"（《论语·雍也》）的论述深广，也都没有超出此界定。

　　基于仁是"己欲立而立人，己欲达而达人"（《论语·雍也》），张岱年认为仁作为孔子一以贯之之道，即"忠恕"，在根本上是"爱人"（《论语·颜渊》）的，但是，此"爱人"乃是道德意义上的爱，而非单纯的情感层面的爱；仁的实践必须遵循礼，在此意义上可以说，"克己复礼为仁"（《论语·颜渊》）。基于仁的实践性，张岱年认为孔子强调仁的实践价值，强调人具有实践仁的能力，反对人们以"力不足"（《论语·里仁》）为借口，不去努力实践仁，乃至践踏仁。由此张岱年认为孔子的仁"含括三方面：一忠恕，二克己复礼，三力行"②。更进一步讲，张岱年认为孔子的仁是自强不息与助人有成的结合，是人己兼顾的；仁包含对他人的尊重；仁以自己为起

---

　　① 字同：《中国哲学大纲》，商务印书馆1958年出版，第267页。

　　② 字同：《中国哲学大纲》，商务印书馆1958年出版，第272页。

点，是由己及人的；仁虽然包含情感之爱，物质生活层面的对他人的帮助，更是道德意义上的爱。基于此，张岱年后来在其著作《中国伦理思想研究》第六章"仁爱学说评析"中，就是"以'仁爱'来定位孔子的仁说的"①。

由于张岱年认为孔子以仁为人生理想，他引用孔子的"君子去仁，恶乎成名？君子无终食之间违仁，造次必于是，颠沛必于是"（《论语·里仁》），以及"志士仁人，无求生以害仁，有杀身以成仁"（《论语·卫灵公》），论证仁是人生的行为准则，是人生的理想境界，认为人生的价值就在于追求仁、达到仁。

由于张岱年认为孔子以仁为人生理想，张岱年还认为仁作为人生之德就不是一般意义上的德，而是最高的德，兼涵忠、恕、礼、恭、宽、信、敏、惠等所有的具体之德。相应的，任何具体之德都只是"最高的德之一要素，或达到此最高的德之途径"②。这妥善处理了孔子思想中仁与其他的"德"的关系。

在"人生论"的"人生至道论"部分，张岱年还论及孔子的"义"。张岱年认为孔子的"义"是宜、当然、应该的意思，而义作为人的行为的当然的准则，实质上就是仁，因此，"在孔子，仁与义不是并立的二德，而只是一

---

① 向世陵：《"仁"的层次与蕴含——张岱年先生释孔子之"仁"》，《衡水学院学报》2019年第6期，第61页。

② 字同：《中国哲学大纲》，商务印书馆1958年出版，第273页。

事"[1]，同时，义又不同于忠、恕、礼等，不是特殊的、具体的德。

在"人生论"的"人生问题论"部分，张岱年再次论及孔子的"义"。他引用孔子的"君子义以为质"（《论语·卫灵公》），以及"君子义以为上。君子有勇而无义为乱，小人有勇而无义为盗"（《论语·阳货》），认为孔子将义作为立身之本以及人之行为的准则，面对任何事情都主张合于义则做，不合于义则不做。除此之外，他还引用孔子的"君子喻于义，小人喻于利"（《论语·里仁》），认为孔子将义和利相对照，表达其重视义和反对私利的思想。

在"人生论"的"人生问题论"部分，张岱年还论及孔子关于"命""兼与独""自然与人为""益""欲""情""人死与不朽"等方面的思想。

关于孔子"命"的思想，张岱年引用孔子的"不知命，无以为君子也"（《论语·尧曰》），证明孔子重视命，又解读孔子的命为"人力所无可奈何者"[2]。接着，又基于命乃"人力所无可奈何者"，说明这是孔子提出君子"畏天命"（《论语·季氏》）的原因。此外，张岱年还引用孔子的"道之将行也与，命也；道之将废也与，命

---

① 宇同：《中国哲学大纲》，商务印书馆1958年出版，第274页。

② 宇同：《中国哲学大纲》，商务印书馆1958年出版，第407页。

也。公伯寮其如命何"（《论语·宪问》），认为孔子以命解释自己的成败得失，孔子所谓的命有积极的一面。

关于孔子"兼与独"的思想，张岱年引用孔子的"老者安之，朋友信之，少者怀之"（《论语·公冶长》），"道不行，乘桴浮于海"（《论语·公冶长》），以及"天下有道则见，无道则隐"（《论语·泰伯》）等，说明孔子既有兼善天下的思想，又有退隐的思想；认为孔子主张可行则行，不可行则止；"能兼善则兼善，不能兼善则独善"[1]。

关于孔子"自然与人为"或曰天与人的思想，张岱年认为孔子"兼重天人"，"孔子的学说实以人为为本，而又以'则天'与'无为'为理想境界"[2]。他的理由是：从孔子的人生态度来看，孔子注重积极有为，提出"人能弘道，非道弘人"（《论语·卫灵公》），"见义不为，无勇也"（《论语·为政》）；孔子所宣扬的仁、智等道德，都以强烈的实践性，"都以力行有为为本质"[3]；孔子由有为而无为，由有为之极而达至无为境界，曾言及无为："无为而治者，其舜也与！夫何为哉？恭己正南面而已矣"（《论语·卫灵公》）；孔子因"天何言哉？四时行焉，百物生焉，天何言哉"，而"欲无言"（《论语·阳货》），

---

① 字同：《中国哲学大纲》，商务印书馆 1958 年出版，第421页。

② 字同：《中国哲学大纲》，商务印书馆 1958 年出版，第425页。

③ 字同：《中国哲学大纲》，商务印书馆 1958 年出版，第425页。

评论尧曰："大哉，尧之为君也！巍巍乎，唯天为大，唯尧则之"（《论语·泰伯》），明显是以天为人格的最高标准，以"则天"为生活的最高准则。

关于孔子的"益"的思想，张岱年认为孔子主张"益"。不过，张岱年是从"学"的维度进行讨论的。他认为"孔子最注重学"[①]，一方面以"学而不思则罔，思而不学则殆"（《论语·为政》），提出学思并重的思想；另一方面以"吾尝终日不食，终夜不寝，以思，无益，不如学也"（《论语·卫灵公》），提出学是基础的思想。而孔子之所以注重学，在张岱年看来原因在于学对于人之有益。从孔子对颜回的评价之语"惜乎！吾见其进也，未见其止也"（《论语·子罕》），更见其"主张日进无疆而增益不已"[②]。

关于孔了的"欲"的思想，张岱年认为"孔子乃主张节欲"[③]，节欲之说发端于孔子。他引用孔子的"七十而从心所欲不逾矩"（《论语·为政》），证明孔子注意节制自己的欲；从原宪之问"克、伐、怨、欲不行焉，可以为仁矣"，孔子所答"可以为难矣，仁则吾不知也"（《论语·宪问》），证明孔子不主张去欲，认为去欲虽然难能

[①] 宇同：《中国哲学大纲》，商务印书馆1958年出版，第436页。

[②] 宇同：《中国哲学大纲》，商务印书馆1958年出版，第436页。

[③] 宇同：《中国哲学大纲》，商务印书馆1958年出版，第451页。

可贵，但是达不到仁的境界。至于他引用孔子的"夫仁者，己欲立而立人，己欲达而达人"（《论语·雍也》），证明孔子"仁不在无欲，而在推欲"①，就不太准确了。因为此处的"欲"并非指欲望，而且还是动词。

关于孔子的"情"的思想，张岱年认为孔子对于情，"有一种态度，但尚无明确的理论"②，但是，孔子注重情的正当的流露，希望过一种合理的感情生活。比如，"子食于有丧者之侧，未尝饱也"，"子于是日哭，则不歌"（《论语·述而》），孔子还说过"唯仁者能好人，能恶人"（《论语·里仁》）。张岱年还引用孔子的"君子不忧不惧"，"内省不疚，夫何忧何惧"（《论语·颜渊》），"乐以忘忧，不知老之将至"（《论语·述而》），证明孔子对于"忧"和"惧"这两种情是排斥的，注重消除这两种情绪的干扰；孔子以为理想的人生状态从情的角度看，就是"乐以忘忧"的生存状态。

关于孔子的"人死与不朽"的思想，张岱年引用孔子的"未知生，焉知死"（《论语·先进》），说明孔子只关心生，不想到死；只求知生，不求知死；"孔子对于死，持不容心的态度"③。他引用孔子的"君子疾没世而名不

---

① 宇同：《中国哲学大纲》，商务印书馆1958年出版，第451页。

② 宇同：《中国哲学大纲》，商务印书馆1958年出版，第471页。

③ 宇同：《中国哲学大纲》，商务印书馆1958年出版，第483页。

称焉"（《论语·卫灵公》），证明孔子注重追求不朽；引用孔子的"君子病无能焉，不病人之不己知也"（《论语·卫灵公》），说明孔子追求不朽不是追求名，而是通过追求德业而求得不朽。为此，他还引用孔子高度评价伯夷、叔齐之道德和管仲之功业的文字，来佐证之。

由此可见，在《中国哲学大纲》的"人生论"部分，张岱年主要研究了孔子的人性论、人生至道论、人生问题论等，认为孔子把人性看作天生的、相近的存在，不从善恶的角度研究人性；孔子以"仁"为人生至道、人生理想，而仁是"忠恕"、是"爱人"，涵盖所有的具体之德，"义"作为人的行为准则实质上就是仁。张岱年还认为孔子重视"命"，强调知命、畏命；既有兼善天下的思想，又有退隐的思想；"兼重天人"，又"唯天为大"（《论语·泰伯》）；注重"学"，主张进步、增益；主张节欲，注重"情"的正当流露；重视"生"，主张通过追求德业而实现不朽。

四

在《中国哲学大纲》的"致知论"的"方法论"部分，张岱年认为孔子对于认识本身没有论说，而对于认识方法也即"所以求得真知之方法，曾屡言之"[1]；其关于

---

① 字同：《中国哲学大纲》，商务印书馆1958年出版，第525页。

认识方法的研究，具有开创之功。

张岱年抓住孔子的"吾道一以贯之"（《论语·里仁》）和"君子博学于文"（《论语·雍也》），又把孔子的博学于文直接解读为"多学而识"（《论语·卫灵公》），然后认为孔子的认识方法包括一以贯之和博学于文，其中，一以贯之是认识方法的核心。"可以说，一以贯之是第一原则，博学于文是第二原则"[①]；一以贯之是首要的，博学于文是次要的。为此，张岱年引用了孔子的"盖有不知而作之者，我无是也。多闻，择其善者而从之，多见而识之，知之次也"（《论语·述而》）证明之。其实，这里的"知之次"是从"生而知之者，上也；学而知之者，次也"（《论语·季氏》）来说的，张岱年的理解是有欠缺的。

由于一以贯之是指用一个根本原则或曰核心观念将所得的知识贯穿起来，一以贯之必然以博学于文为基础，所以，张岱年认为孔子虽然列博学于文为第二原则，依然重视博学于文，强调需要做博学于文的功夫，才可以达到一以贯之。

在张岱年看来，孔子的博学于文也即"多学而识"（《论语·卫灵公》）是"学"的功夫，一以贯之是"思"的功夫所达到的状态。所以，他引用孔子的"学而不思则罔，思而不学则殆"（《论语·为政》），以及"吾

---

① 字同：《中国哲学大纲》，商务印书馆 1958 年出版，第 526 页。

尝终日不食，终夜不寝，以思，无益，不如学也"（《论语·卫灵公》），认为孔子学思并重，也即强调一以贯之与博学于文都是重要的，不能忽视任何一方。

对于孔子的认知态度，张岱年引用孔子的"知之为知之，不知为不知，是知也"（《论语·为政》），以及"毋意，毋必，毋固，毋我"（《论语·子罕》），认为孔子强调"不知则自承不知而不妄说，方能渐进于知"①，要求戒绝臆测、武断、固执等主观性。

在"致知论"的"方法论"部分，张岱年还认为先秦哲学中的明、辩问题也是方法论的组成部分，中国哲学中关于"名"的讨论源于孔子的"正名"学说。

关于孔子的"正名"学说，张岱年引用孔子与子路的如下对话加以论述："子路曰：'卫君待子而为政，子将奚先？'子曰：'必也正名乎！'子路曰：'有是哉？子之迂也！奚其正？'子曰：'野哉由也！君子于其所不知，盖阙如也！名不正则言不顺，言不顺则事不成，事不成则礼乐不兴，礼乐不兴则刑罚不中，刑罚不中则民无所措手足。故君子名之必可言也，言之必可行也。君子于其言，无所苟而已矣。'"（《论语·子路》）

张岱年认为孔子的正名意在使名实相应，名实相符，也即使得有其名必有其实，有其实必有其名。同时，他还认为孔子讲正名重视近似的名与名之间的差别。

---

① 字同：《中国哲学大纲》，商务印书馆1958年出版，第526页。

由此可见，在《中国哲学大纲》的"致知论"部分，张岱年主要研究了孔子关于认识方法和"正名"的思想，认为孔子的认识方法以"一以贯之"为核心，注重"一以贯之"和"博学于文"并重，强调诚实、客观的认知态度；孔子的"正名"意在强调名实相符。

五

在二十世纪四十年代早期，张岱年对于孔子思想没有研究。他在1944年完成的著作《品德论》中提及孔子之"仁"，认为"孔子以仁为德之首"①，"己欲立而立人，己欲达而达人"（《论语·雍也》），"乃仁之本旨"②，都是在重复以前的观点。

直到二十世纪四十年代后期，张岱年才又开始研究孔子的思想，其关于孔子思想的研究成果主要见于《孔学平议》《评〈十批判书〉》等论文，以及《中国哲学大纲》的"补遗"之中。其在1948年秋天完成的著作《天人简论》中，引用孔子的"逝者如斯夫，不舍昼夜"（《论语·子罕》），论证其"一切事物皆在变化迁流之中"③的

---

① 张岱年：《张岱年全集》第三卷，河北人民出版社1996年出版，第214页。

② 张岱年：《张岱年全集》第三卷，河北人民出版社1996年出版，第213页。

③ 张岱年：《张岱年全集》第三卷，河北人民出版社1996年出版，第218页。

观点；引用孔子的"鸟兽不可与同群，吾非斯人之徒与而谁与"（《论语·微子》），论证其"人生乃是群生，人类生活乃是群体生活"①的观点，不能算是对于孔子思想的研究。

在1946年5月完成的论文《孔学平议》中，张岱年主张要对"孔子思想进行具体辩证的分析和批评"②，所以，他以"客观的态度与批评的精神"③，对于孔子思想作了较为全面的介绍与评价。他首先将孔子定位为中国传统教育的开创者，汉代以后中国传统社会中正统思想的最高宗师，中国传统哲学"最早的宗师之一"④，然后从对于中国传统思想持批判态度入手，对孔子思想的两面性作了系统分析。在他看来，孔子思想中陈腐的、应加以否定的方面有三点：

其一是"好古"。孔子自称"述而不作，信而好古"（《论语·述而》），张岱年认为这种态度最有害，因为其否认历史的进化，以为历史是退步的，对历史的进步起

---

① 张岱年：《张岱年全集》第三卷，河北人民出版社1996年出版，第223页。

② 刘金鹏：《走出尊孔与反孔的循环：论张岱年孔子观的主旨与意义》，《中南民族大学学报》（人文社会科学版）2018年第1期，第114—115页。

③ 张岱年：《张岱年全集》第一卷，河北人民出版社1996年出版，第349页。

④ 张岱年：《张岱年全集》第一卷，河北人民出版社1996年出版，第346页。

阻碍作用。

其二是鄙视工艺。"樊迟请学稼。子曰：'吾不如老农。'请学为圃。曰：'吾不如老圃。'樊迟出。子曰：'小人哉，樊须也！'"（《论语·子路》）张岱年据此认为孔子鄙视工艺，不重视生产活动，不重视从事农业生产的劳动人民，不知道"农圃的重要实远过于礼乐"[①]。

其三是严分尊卑。张岱年认为孔子最重视礼，而礼乃维护阶级差别、阶级统治的工具，最终维护的是统治阶级的尊严；孔子的"君子学道则爱人，小人学道则易使也"（《论语·阳货》），意在让统治阶级"爱人"，不过分地剥削民众，让民众"易使"，不犯上作乱。

在张岱年看来，孔子思想中比较合理的，至今仍有积极意义的方面也有三点：

其一是兼重三德。张岱年认为仁虽是孔子哲学的核心概念，但是，孔子在仁之外还重视智和勇。在他看来，孔子的仁是爱之扩大、同情之推广，智是对于真理的追求和认知，勇是生命力的充沛、不畏艰难而奋勇前行，而"人生之大道实乃在于同情、知识、生力之协同发展，缺一便是偏枯"[②]。

其二是强调"时"。张岱年认为《论语》中虽然没有

---

① 张岱年：《张岱年全集》第一卷，河北人民出版社1996年出版，第347页。

② 张岱年：《张岱年全集》第一卷，河北人民出版社1996年出版，第348页。

关于"时"的理论，但是，有许多足以表达"时"的文字。比如孔子在高度评价伯夷、叔齐等之后说"我则异于是，无可无不可"（《论语·微子》），孔子提出"毋意，毋必，毋固，毋我"（《论语·子罕》），即有此意。由此，他得出结论："孔子的行动有最高的一贯原则，至于实际办法则随时取宜，无所固执。当为与不当为，要看时间的条件，应随时势而不同。"①

其三是强调"生"。张岱年引用孔子的"天何言哉？四时行焉，百物生焉"（《论语·阳货》）等，认为在孔子心中"行"与"生"是宇宙的根本属性，宇宙是变化发展、运动不已的，不是静止不变的；作为中国宇宙论的最高的观念之一，"生"的观念是由孔子提出的。

在1947年4月发表的论文《评〈十批判书〉》中，张岱年因为评论郭沫若《十批判书》中的《孔墨的批判》而对于孔子有所涉及。他针对大多数学者从守旧与革新的维度研究孔子，判定孔子为守旧派，从孔子生前死后的遭遇否定这一说法：孔子之时并无革新派，更谈不上国家政权落在革新派手上，孔子却过着流亡的生活，并且处处遭受排挤讥刺；汉代新的社会秩序建立后，孔子思想如果是守旧的，就不可能被奉为正统思想。针对判定孔子是守旧派的学者以孔子拥护周制、赞美尧舜作为论据，张岱年解释道："孔子固然是表面上拥护周制，但乃是对待夏商制度

---

① 张岱年：《张岱年全集》第一卷，河北人民出版社1996年出版，第348页。

而言；孔子赞美尧舜，则不免是托古改制。"[1]

在 1948 年 1 月完成的《中国哲学大纲》的"补遗"中，张岱年认为孔子有其一以贯之之道，只是没有形成形式上的系统；"孔子尝论列夏商周三代制度之短长，而欲加以损益，以立新制度"[2]；孔子在天道论方面提出"生"的观念，曰"天何言哉？四时行焉，百物生焉"（《论语·阳货》）等，特别注重"行"与"生"，认为宇宙是运动的，万物是生生不息的。

在"补遗"中，张岱年认为所谓价值哲学应称为"品值"哲学，儒家"品值"思想发端于孔子，孔子的"仁者安仁，知者利仁"（《论语·里仁》），将道德实践的境界分为安仁和利仁；"安仁"为道德而实践道德，以道德本身为目的，以仁为内在品值而实践之，说明仁者以仁为一种内在品值；"利仁"以道德有利而实践道德，以道德为实现目的的手段，以仁为有利而实践之，说明"知者"仅仅注重仁之功用品值。孔子认为《韶》"尽美矣，又尽善也"，《武》"尽美矣，未尽善也"（《论语·八佾》），谓"音乐所表现之品值为美。然而音乐尚可有道德的意义"[3]，不过，孔子对于美、善没有明晰的界定。

① 张岱年：《张岱年全集》第一卷，河北人民出版社 1996 年出版，第 329 页。

② 字同：《中国哲学大纲》，商务印书馆 1958 年出版，第 587 页。

③ 字同：《中国哲学大纲》，商务印书馆 1958 年出版，第 596 页。

在"补遗"中，张岱年认为孔子分辨功、利，虽然不讲求利，但是重视功。孔子曰"大哉，尧之为君也！巍巍乎，唯天为大，唯尧则之。荡荡乎，民无能名焉。巍巍乎其有成功也，焕乎其有文章"（《论语·泰伯》），是赞美尧的功绩；孔子以"博施于民而能济众"（《论语·雍也》）为圣，赞美博施济众的功德。这些都体现了孔子轻利而重功。

在"补遗"中，张岱年认为孔子的认识方法的理论不止以前所理解的思与学、一以贯之、多学而识（博学于文）等三个方面，"实更有五点可说：一绎言，二叩其两端，三辨惑，四一言一蔽，五阙疑"①。为此，张岱年引用孔子的"巽与之言，能无说乎？绎之为贵"（《论语·子罕》），"举一隅不以三隅反，则不复也"（《论语·述而》），"温故而知新"（《论语·为政》）等，论证孔子重视推寻、演绎；引用孔子的"吾有知乎哉？无知也。有鄙夫问于我，空空如也。我叩其两端而竭焉"（《论语·子罕》），证明孔子认为一切问题都源于两端之对待，欲解决问题，必须要先考察产生问题的两端之对待；引用孔子回答子张问"辨惑"以及樊迟问"辨惑"（《论语·颜渊》）的文字，证明孔子重视"辨惑"，要求人们注意反省自己，以免自相矛盾；引用孔子关于"六言六蔽"（《论语·阳货》）的论述，证明孔子认为"凡立一言，

① 字同：《中国哲学大纲》，商务印书馆1958年出版，第600页。

如固执之以为完全自足，则将失之于偏"①，唯有好学才可以破除固陋、超越偏见；引用孔子的"多闻阙疑，慎言其余"（《论语·为政》），"君子于其所不知，盖阙如也"（《论语·子路》），证明孔子对于不能确定的东西存而不论，不强作判断，具有求真所应有的谨慎。

由此可见，在二十世纪四十年代后期，张岱年对于孔子思想的研究主要涉及对于孔子思想的总体介绍和评价，以及孔子的宇宙论、"品值"哲学、"功""利"观、认识论。张岱年认为孔子的思想中陈腐的部分是"好古"、鄙视工艺、严分尊卑，比较合理的部分是兼重三德、强调"时"、强调"生"；孔子在政治上并非守旧派，而具有"托古改制"的意图；孔子在宇宙论方面不仅强调"行"，还强调"生"；孔子在"品值"哲学方面围绕"仁"而展开，有"安仁"和"利仁"等道德境界的划分；孔子在"功""利"观方面重功而轻利；孔子在认识论方面除了提出学思并重、一以贯之、多学而识等认识方法，还提出了绎言、叩其两端、辨惑、一言一蔽、阙疑等方法。

综上所述，张岱年早期对于孔子思想在形式上虽然没有系统的研究，其研究成果多分散在其相关论著之中，而在实际上却又有深入细致的研究。张岱年早期对于孔子思想的研究可以分为三个阶段，那就是二十世纪三十年代前

---

① 宇同：《中国哲学大纲》，商务印书馆1958年出版，第601页。

期、二十世纪三十年代后期和二十世纪四十年代后期。在二十世纪三十年代前期，张岱年对于孔子思想的研究主要在其仁学和认识论领域，并兼及对于孔子思想的总体的、正面的评价。在二十世纪三十年代后期，张岱年对于孔子思想的研究主要从宇宙论、人生论、致知论等方面入手，涉及孔子的天论、人性论、人生至道论、人生问题论、认识方法等方面的思想。在二十世纪四十年代后期，张岱年对于孔子思想的研究主要涉及对于孔子思想的正反两面的系统评价、孔子的政治态度，以及孔子的"品值"哲学、功与利的思想、认识方法等。在张岱年心中，孔子是中国哲学的创始人，奠定了中国哲学的人生哲学特质，孔子的天论、人性论、仁论以及认知理论等对于中国哲学具有首创之功。

（原载《兰州学刊》2024年第8期，有改动）

　　跟随孙以楷老师读研时，我的研究方向是道家与中国哲学，为了更好地理解道家思想，我也看一些儒家的书。后来跟随李宗桂老师读博，我的研究方向是传统文化与现代化，学位论文写的是荀子礼学，儒家的书看得就更多一些。这么多年来，虽然自认为主要研究道家，但是，关于儒家的研究一直没有中断过，还出版了著作《先秦儒家的人性世界》，正在写的一篇十二万字左右的长文也是关于儒家的，而且我还给本科生开设了一门选修课——先秦儒学。

　　职业暮年，想把以前写的儒家类论文整理出来，结集出版。没料到，竟然整理成一本关于孔子研究方面的论文集。这让我有点意外，也有点感慨。关于老子研究方面的论著写得多了，总得写一些关于孔子研究方面的论文，有一本关于孔子研究方面的书，冥冥之中估计我就是这么想的。其实在此之前我还评注过《论语》，不过，评注《论语》是应安徽文艺出版社之约写的，并非主动之举。

这本论文集主要以仁、礼、天、性等为核心，从哲学分析和文本解读两个维度研究孔子的思想。第一个部分主要是哲学分析，论述孔子的仁学、礼学、自然世界和人性论等；第二个部分主要是文本解读，通过对《学而》《子张》《季氏》等的解读，进一步阐释孔子的上述思想；第三部分主要论述孔子上述思想对于孔子弟子、孔子二传弟子以及后世儒学发展的影响。这也是我把这本论文集定名为《仁礼与天性：孔子的思想世界》的原因。

这本论文集是我所出的第二本论文集，以前出过一本，书名叫《新道家与当代中国新哲学——以老庄为核心的阐释》。如果要出第三本论文集，应该是关于中国现代哲学方面的，前提是我这两三年要再写几篇这方面的论文。说实在的，哲学史方面的论文，我实在不想写了。当然，论文集还是不要出得太多，如果真的想做学问，还是要多写点专著。

做了三十余年学问，这个时候看自己以前写的论文，觉得自己是真的做了学问，没有荒废岁月，还是比较欣慰的。也正因如此，我没有焦虑，内心里很平静，即便不再做学问了，也没有什么放不下的。

此书是我在安徽师范大学出版社所出的第三本书，这是缘分。感谢该社总编辑戴兆国先生、责任编辑陈贻云女士所给予的帮助和支持。

写于 2023 年 10 月 21 日

后记